Herta Scheidinger

Die größten Wahrsager der Geschichte

Herta Scheidinger

Die größten Wahrsager der Geschichte

Hellseher, Magier, Scharlatane von der Antike bis in die Gegenwart

K&S

www.kremayr-scheriau.at

ISBN 978-3-218-00828-0

Schutzumschlaggestaltung: Kurt Hamtil
Foto auf dem Schutzumschlag: A.Dreher/pixelio.de
Typografische Gestaltung: Gerald Waibel, Wien
Lektorat: Doris Schwarzer
Druck und Bindung: CPI Moravia Books, Pohořelice

Inhalt

Gewidmet den drei Menschen,
die mich unterstützen,
mich begleiten
und dieses Buch möglich gemacht haben:

Alois Scheidinger,
Helene Tuma,
Robert Glock

Die Seher und Orakelstätten Griechenlands

Zwischen Politik, Reichtum und den Göttern
8. Jh. v. Chr.–392 n. Chr.

ZEUS LIESS VON BEIDEN ENDEN DER WELT JE einen Adler in den Himmel steigen. Diese trafen sich in Delphi, dem Mittelpunkt der Welt. Dieser Mythos zeigt deutlich, welche Bedeutung die Orakel in der antiken Gesellschaft genossen.

Die meisten der Heiligtümer waren Apollon gewidmet, dem Gott des Lichts, der Ordnung, der Klarheit, der Heilkunst und nicht zuletzt der Weissagung. Der griechische Gott bemächtigte sich der alten Kultstätten, die ursprünglich weiblichen Gottheiten gewidmet waren. Es begann eine Entwicklung hin zum Patriarchat, das Weibliche wurde in eine Nebenrolle verdrängt.

Es waren Priester und Propheten, die die Tempel leiteten und den Kontakt mit Delegationen und Fragenden pflegten. Sie verwalteten die weitläufigen Anlagen und den gigantischen Reichtum, den die Weihgeschenke darstellten. Die verborgene Seherin war meist eine Frau. Die Pythien von Delphi mussten selbst weder hellsichtige Fähigkeiten noch eine höhere Bildung besitzen, sie waren von schlichter, bäuerlicher Herkunft. Die Konsultanten wurden nicht bis ins Innere der Heiligtümer vorgelassen, kamen also mit den Seherinnen nicht in persönlichen Kontakt. Sie und ihre Tätigkeit blieben eine verschwommene Vorstellung.

Doch noch eine zweite Entwicklung nahm hier ihren Anfang: Man begann, sich intellektuell mit dem Blick in die Zukunft auseinanderzusetzen. Die Philosophen versuchten zu analysieren, zu erklären und zu verstehen. Die Politiker und Mächtigen erkannten allerdings das Potenzial, das in der Kenntnis der Zukunft lag, und begannen die Befragungen zu vervollkommnen und zu instrumentalisieren. Sie rechtfertigten ihre Vorhaben, Taten und Kriege nicht zuletzt durch Manipulation der „göttlichen" Orakelsprüche. Die gewonnene Erkenntnis lautete: Wer Herr über die Zukunft ist, kontrolliert die Gegenwart.

Die Prophezeiungen wurden zur politischen Zweckdichtung, um Einfluss auf das zukünftige Geschehen zu nehmen. Überliefert ist die Geschichte von Themistokles (um 525–459 v. Chr.), der, als er zum Archonten gewählt wurde, begann, den Hafen von Athen zu erweitern. Um jedoch seinen Plan zur Verteidigung Athens gegen die Perser unter dem gefürchteten König Xerxes (519–465 v. Chr.) zu verwirklichen, brauchte er die Bestätigung der Götter. Er schickte eine Delegation nach Delphi, um einen Orakelspruch für die Zukunft Athens zu erfragen. Die reich beschenkte Pythia sagte daraufhin ein Schreckensszenario voraus, das in seiner Deutlichkeit und Brutalität in der Geschichte des Orakels einzigartig ist. Athen sollte den Persern zum Opfer fallen und durch Feuer und Schwert zerstört werden, die Einwohner, die nicht fliehen wollten, sollten abgeschlachtet werden und in einem Meer aus Blut versinken. Die Botschaft, mit der die Delegation zurückkehrte, war so furchtbar, dass man sie ein zweites Mal losschickte, mit der Bitte, doch einen milderen Spruch mit einem doch möglichen Ausweg zu gewähren. Herodot zitierte die zwölf Verse der Pythia wie folgt:

„Des Olympiers Zorn besänftigt selbst nicht Athena, mag sie mit vielen Worten und klugem Rat ihn auch bitten. Darum sag ich ein zweites,

ein unverbrüchliches Wort dir: Alles gehört den Feinden, soviel des Kekorps Hügel und des Kithairons Tiefe, des göttlichen Berges, einschließt. Nur die hölzerne Mauer schenkt Zeus seiner Tritogeneia, sie allein bleibt heil zur Rettung für dich und die Kinder. Nicht zu Lande halte du stand den feindlichen Scharen, die zu Roß und Fuß dich bedrängen; nein, kehre den Rücken, fliehe! Es kommt die Zeit, da deine Stirn du erhebst! Salamis, göttliche Insel, du mordest die Söhne der Mutter, wenn Demeter das Korn ausstreut, oder wenn sie es erntet."

Themistokles veranlasste nach diesem zweiten Orakelspruch zwei Dinge. Als Erstes ließ er 200 Kriegsschiffe bauen, denn diese hatten hölzerne Mauern, und er sah die einzige Chance der Athener in einer Seeschlacht. Dann evakuierte er per Dekret Athen, um den Feind in die Irre zu führen, da dieser glauben musste, Athen hätte kapituliert. Im September 480 v. Chr. zog man mit den Schiffen in die Schlacht. Die schnellen, wendigen Trieren der Griechen besiegten die schweren, trägen Kriegsschiffe der Perser in der Seeschlacht bei Salamis. Xerxes, der die Schlacht beobachtet hatte, floh zurück nach Asien. Themistokles hatte mithilfe der Pythia seinen Willen bekommen und überhäufte das Orakel nun mit Schätzen aus der Kriegsbeute. Selbst wenn die Schlacht anders ausgegangen wäre, hätte das Orakel durch seinen etwas schwammigen Orakelspruch, der ohne Weiteres auch andere Deutungen zugelassen hätte, Recht behalten.

Es kamen also nicht nur Privatpersonen zu den heiligen Stätten, um durch einen Orakelspruch die Lösung ihrer Probleme zu finden, ganze Staaten und Königreiche schickten Delegationen zu den Kultstätten, um die Zukunft zu erfragen. Hierin lag auch die eigentliche Bedeutung der Heiligtümer: Sie besaßen einen ungeheuren politischen Einfluss und wussten diesen auch gewinnbringend zu nutzen. Die Reichtümer, die in den Schatzhäusern in Delphi,

Dodona, Didyma oder Klaros angehäuft waren, machten die Orakel selbst zur politischen und wirtschaftlichen Macht. Alle politischen Lager kamen zu den heiligen Stätten, so wussten die Priester über die Pläne und Befürchtungen von Freund und Feind Bescheid. Was sie so nicht erfuhren, trugen ihnen Spitzel und Agenten zu. Für Kritik waren die Priester und Propheten allerdings nicht besonders zugänglich, so wurde dem Fabeldichter Äsop, im 6. Jahrhundert v. Chr., sein Spott und seine Kritik an den reichen Delphern zum Verhängnis. Man versteckte eine goldene Schale aus dem Tempelschatz in seinem Reisegepäck und bezichtigte ihn des Diebstahls und der Gotteslästerung. Er wurde zum Tode verurteilt und von den Priestern des Apollon-Tempels über den Hyamischen Felsen gestürzt.

Dass die Orakelstätten selbst oft mehrmals angegriffen, zerstört und geplündert wurden, war kein Zufall. Dabei ging es den Eroberern um die Zerstörung eines feindlichen Machtzentrums und die Aneignung unbeschreiblicher Reichtümer, den Zorn der Götter, denen die Heiligtümer geweiht waren, fürchteten sie scheinbar nicht.

In der griechischen Welt gab es einige sehr bedeutende Orakelstätten, über deren Tempelanlagen, Praktiken und Orakel uns Dichter, Historiker und Schreiber wie Homer, Herodot, Pausanias, Hesiod oder Plutarch Aufzeichnungen und Beschreibungen hinterlassen haben.

Die Orakelstätten lagen in Griechenland und Kleinasien verteilt. Oft wurden sie in sehr unwegsamen Gegenden im Gebirge oder in Tälern angesiedelt und waren für die Konsultanten nur sehr mühsam und durch lange Reisen zu erreichen.

In Delphi wurden die Fragenden alleine nicht vorgelassen, sie mussten von einem Proxenos begleitet werden. Dieser war ein ständiger Vertreter eines Staates beim Orakel, der die Zugehörigkeit des Fragenden bestätigte und ihn einführte.

Die Vielfalt der Orakel war groß, so wurde dem Fragenden je nach persönlicher Wichtigkeit und der Größe seines Vermögens einiges geboten. Es gab Prophetische und Visionsorakel, Baumorakel, Losorakel und schließlich das Totenorakel. Man weissagte aus den Eingeweiden der Opfertiere und dem Flug der Vögel. Bei höhergestellten Personen oder offiziellen Delegationen ging es jedoch um direkte Botschaften der Gottheit, die durch die Seherin sprach.

Die Prophezeiungen waren jedoch nicht immer klar und positiv. Die oft mehrdeutigen und rätselhaften Botschaften der Götter ließen die Fragenden meist verwirrt zurück. Manchmal dauerte es Jahre, bis ein Spruch von den Priestern und Gelehrten gedeutet werden konnte. Manchmal schien die Antwort klar und führte durch ihr Missverstehen direkt zur Katastrophe. Was natürlich das alleinige Verschulden der Fragesteller war: Sie hätten um einen zweiten Spruch bitten müssen, um den ersten zu erklären.

Die perfekte Inszenierung der Befragung und die beeindruckende Größe und die Pracht der Heiligtümer schüchterten die Ratsuchenden ein und sie verließen die Orakelstätten tief erschüttert, ob sie die Orakelsprüche verstanden oder nicht.

Das Orakel von Delphi

Das Delphische Orakel war wohl das berühmteste Orakel der Antike. Es lag in einer unwegsamen Gegend am Südausläufer des Parnass-Gebirges in 550 Metern Höhe, im Pleistos-Tal. Der felsige Landstrich wurde oft von Erdbeben erschüttert und Steinschläge waren keine Seltenheit. Das Heiligtum wirkte wenig einladend, trotzdem erfreute es sich größter Beliebtheit bei den Menschen aller Bevölkerungsschichten.

Ursprünglich war es der chthonischen Erdmutter Gaia geweiht. Ihre hellsichtige Schlange Python lebte in der Felsspalte, um die herum später der Tempel des Gottes Apollon entstand. Apollon tötete die geflügelte Schlange und ihr Blut sickerte ins Erdreich, damit übertrug sich die Hellsichtigkeit Pythons auf den Boden und das Wasser von Delphi.

Die erste Erwähnung findet die Orakelstätte bei Homer um das 8. Jahrhundert v. Chr. In den Anfängen wurde das Orakel nur einmal im Jahr, am Geburtstag Apollons, am siebenten Tag des Monats Bysios, befragt. Später, als der Andrang der Ratsuchenden stieg, durfte man das Orakel an jedem siebenten Tag im Monat befragen. Allerdings ruhte das Orakel in den drei Wintermonaten, da reiste Apollon auf seinem Schwanenwagen in das Land der Hyperboreer in den Norden. Das Heiligtum gehörte in den drei Monaten dem Gott Dionysos, bis Apollon im Frühling wiederkehrte.

Der Gott sprach direkt durch seine Seherin, die Pythia. Diese war zu Beginn eine etwa 15-jährige Jungfrau, nachdem diese allerdings entführt und vergewaltigt worden war, wurden die jungen Mädchen durch 50-jährige Frauen ersetzt.

Am Tag der Befragung nahm die Pythia ein Bad im Wasser der heiligen Quelle Kastalia, danach trank sie aus einer zweiten Quelle namens Kassiotis. Sie wurde von den Priestern in den Tempel gebracht, wo sie ein Zicklein mit Wasser besprengte. Blieb das Tier ruhig stehen, fiel die Befragung aus, zitterte und zuckte die Ziege, dann war das ein Zeichen, dass Apollon anwesend war. Das Tier wurde geschlachtet und verbrannt, anschließend inhalierte die Pythia am Altar der Hestia Räucherwerk, das aus allerlei halluzinogenen Zutaten wie Laudanum, Weihrauch und Bilsenkraut bestand. Sobald sie in einen Zustand der Trance fiel, wurde sie zum Adyton, der abgeschlossenen Orakelzelle, gebracht, das nur die Pythia und die anwesenden Priester betreten durften. Das Orakel saß auf einem dreibeinigen Hocker über einer Erdspalte, aus der berauschende Dämpfe aufstiegen. Ihr wurden nun die Fragen gestellt, die Apollon durch sie beantwortete. Die oft unverständlichen Laute, die die Pythia im Drogenrausch von sich gab, wurden von den Priestern in Verse gefasst und dem Fragenden überreicht.

Es gab drei Möglichkeiten, eine Antwort auf seine Fragen zu bekommen. Reiche und bedeutende Persönlichkeiten befragten die Pythia selbst. Für weniger begüterte standen noch die Omendeutung und das Binärorakel zur Verfügung. Beim Binärorakel durften nur Entscheidungsfragen gestellt werden, die mit Ja oder Nein zu beantworten waren. Die Pythia griff in einen Beutel mit weißen und schwarzen Bohnen und zog eine heraus. Bei Weiß hieß die Antwort „ja", bei Schwarz „nein".

Der hölzerne Tempel war im Jahre 548 v. Chr. durch ein Feuer zerstört worden und wurde durch einen prachtvollen Steinbau ersetzt.

Die Vorhalle des Tempels, der Pronaos, war mit Lebensweisheiten und Sprüchen geschmückt. Thales von Milet (625–546 v. Chr.) verewigte sich mit dem Spruch: „Erkenne dich selbst".

Im weitläufigen Tempelbezirk befanden sich etliche Schatzhäuser, die der Aufbewahrung von Weihgeschenken dienten.

In den Schriften von Plutarch und Herodot finden sich Berichte darüber, dass die bekanntesten Persönlichkeiten des antiken Griechenlands das Orakel befragten. Unter ihnen war auch Alexander der Große, der im Jahre 335 v. Chr. im Winter zum Tempel kam, als die Pythia nicht weissagte. Zornig schleifte er die Seherin an den Haaren zum Tempel, um eine Antwort auf seine Frage zu bekommen, wie der geplante Feldzug gegen die Perser ausgehen werde. Die empörte Pythia rief: „Oh Sohn, du bist unwiderstehlich", dies deutete Alexander als „unbesiegbar" und so hatte er seine Antwort.

Um die Rechtmäßigkeit seiner Herrschaft bestätigen zu lassen, wandte sich König Gyges von Sardes im Jahre 685 v. Chr. an das Orakel. Ein sehr üppiges Geschenk an das Heiligtum ließ den kleinen Schönheitsfehler verschwinden, dass er seinen Vorgänger ermordet hatte, und das Orakel bestätigte ihn als König. Sagte ihm jedoch auch voraus, dass die Herrschaft seiner Dynastie in der fünften Generation enden würde.

Diese Prophezeiung traf König Krösus von Lydien, der das Pech hatte, der fünfte König zu sein. Er ließ sieben Orakel testen, um das zuverlässigste zu finden, und entschied sich für Delphi. Im Jahre 546 v. Chr. plante der König einen Feldzug gegen den Perserkönig Kyros II. Er schickte Geschenke aus Silber und Gold an den Tempel und seine Priester, um den Gott Apollon gnädig zu stimmen. Die Antwort des Orakels lautete: „Wenn Krösus den Halys überschreitet, wird er ein großes Reich zerstören." Krösus dachte an das Reich der Perser, zerstörte im Krieg jedoch sein eigenes Reich.

Das Orakel von Dodona

Die Orakelstätte von Dodona gilt als das älteste Orakel im griechischen Mutterland. Sie war dem Gott Zeus und Dione gewidmet, die nach Homer als seine Gemahlin und Mutter der Aphrodite verehrt wurde.

Dodona liegt in der gebirgigen Landschaft von Epirus. Laut dem Dichter Hesiod lag das Orakel am Rande der griechischen Welt. Der Legende nach sollen zwei schwarze Tauben von Theben abgeflogen sein, die erste ließ sich in der Oase von Siwa nieder, die zweite setzte sich auf die Eiche von Dodona und gebot mit menschlicher Stimme die Errichtung eines Orakels. Bei den „Tauben" soll es sich um zwei Priesterinnen aus Theben gehandelt haben, die von den Phöniziern entführt und verkauft wurden. Die erste schriftliche Erwähnung findet man bei Homer, der in der Ilias und der Odyssee vom Orakel des Zeus berichtet.

Zu Beginn lebten asketische Priester in der Orakelstätte, die das Rauschen in den Blättern der großen Eiche deuteten. Man deutete den Flug der Tauben am Himmel. Mit der Erweiterung des Heiligtums zogen auch Priesterinnen in den Tempelbezirk von Dodona. Huldigte man Zeus in den Anfängen unter freiem Himmel, so wurden nun neue Gebäude aus Stein errichtet. Es gab mehrere Tempel, Verwaltungsgebäude, ein großes Theater, das 20.000 Zuschauer fasste, und ein Stadion für sportliche Wettkämpfe.

Um das Heiligtum befand sich ein Zaun aus dreifüßigen Gestellen, die Bronzekessel trugen. Berührten die Pilger die Gefäße, so begannen diese zu schwingen und schlugen gegeneinander, was wie Gongschläge klang. Fing sich der Wind in den Kesseln, war ein Heulen oder Jaulen zu hören. Diese Geräusche, die oft wie Stimmen klangen, wurden von den Priestern gedeutet. Am Fuße der Eiche entsprang eine Quelle, der man heilende Kräfte nachsagte, so erlangte das Heiligtum auch eine Bedeutung bei der Krankenheilung.

Mit der Zunahme an Fragenden und Pilgern änderte sich auch die Art der Befragung. Die Priesterinnen bedienten sich des Losorakels, bei dem kleine Bleitäfelchen aus einem Topf gezogen wurden, auf denen die Orakelsprüche standen. Es vollzog sich ein Wandel vom Zeichen- zum Wortorakel.

Die Orakelstätte wurde mehrmals zerstört und wieder aufgebaut, so war das Orakel bis in die christliche Zeit hinein tätig. 392 n. Chr. ließ Theodosius das Orakel schließen und die heilige Eiche fällen.

Das Orakel von Didyma

Didyma lag in Kleinasien nahe der ionischen Hafenstadt Milet im Latmos-Gebirge und war dem Gott Apollon gewidmet. Zeus soll an der dort entspringenden Quelle unter einem Lorbeerbaum die Zwillinge Apollon und Artemis mit seiner Geliebten Leto gezeugt haben. Auch hier wurde eine viel ältere Kultstätte in Besitz genommen, die einer weiblichen Gottheit gewidmet war.

Das Heiligtum wurde von Priestern aus dem Geschlecht der Branchiden geführt, die später durch Priesterinnen und Kultbeamte, sogenannte Propheten, ersetzt wurden.

Der beeindruckende hellenistische Tempel, der nach den Plänen von Paionios von Ephesus und Daphnis von Milet errichtet wurde, war mit den fast 20 Meter hohen Säulen seiner doppelten Ringhalle wohl eine der elegantesten und größten Anlagen seiner Zeit. Ein 16,5 Kilometer langer gepflasterter, mit Statuen und Säulen gesäumter Prozessionsweg führte von der Stadt Milet zur Orakelstätte. Das Heiligtum wurde mehrmals zerstört und wiederaufgebaut, die Bauarbeiten kamen aber wegen der gigantischen Größe der Anlage nie zu einem Abschluss.

Im 6. Jahrhundert v. Chr. schuf der Bildhauer Kanachos aus Sikyon eine Bronzestatue des Apollon Didymeus, der links einen Bogen hielt und in seiner ausgestreckten rechten Hand einen Hirschen trug. Durch einen Mechanismus konnte die Statue in Bewegung gesetzt werden. Dieses Kultbild wurde im Jahre 494 v. Chr. von den Persern geraubt, später jedoch von Seleukos I. wieder an das Heiligtum zurückgegeben.

Vor der Befragung durch die Ratsuchenden mussten die Priesterinnen drei Tage lang fasten, dann hielten sie ihre Füße in das Wasser der heiligen Quelle und hielten ihr Gesicht über den aufsteigenden Dunst. Nun konnte die Weissagung beginnen. Die in der Vorhalle wartenden Konsultanten hatten ihre Fragen bereits am Vortag abgegeben. Sie bekamen den Spruch des Orakels nicht in schriftlicher Form, die Propheten übermittelten den Spruch der Seherin mündlich durch ein sogenanntes Erscheinungstor.

Das Orakel wurde von ägyptischen Pharaonen, lydischen Königen bis hin zu Alexander dem Großen und dem Römer Gaius Iulius Caesar befragt. Kaiser Hadrian soll selbst als Prophet am Heiligtum des Apollon tätig gewesen sein. Alexander der Große, Kaiser Trajan und Iulius Caesar waren auch am Wiederaufbau und der baulichen Erweiterung des Heiligtums beteiligt.

Das Fest der „penteterischen Didymeen", mit seinen sportlichen und musischen Wettkämpfen, wurde ab der Wende zum 2. Jahrhundert v. Chr. alle fünf Jahre gefeiert.

Nach der Zerstörung der Kultstätten durch Kaiser Theodosius wurden die Steine für den Bau einer Basilika verwendet und Didyma wurde zum Bischofssitz.

Das Nekromanteion von Ephyra

Das Nekromanteion von Ephyra war das einzige Totenorakel auf griechischem Boden, an der Küste von Epirus in der antiken Landschaft von Thesprotia. Es wurde von Homer in der Odyssee genau beschrieben, und auch Herodot berichtet über die Orakelstätte.

Die Besucher mussten ihre Frage am Eingang mit einer Opferspende an die Priester abgeben, danach wurden sie ins Innere der Anlage geführt. Schwere Bronzetüren verschlossen die unterirdischen Gänge und der Ratsuchende verschwand für 29 Tage in völliger Dunkelheit.

Bevor man seine Antwort bekam, musste man eine langwierige Prozedur durchlaufen, die aus rituellen Waschungen, Wechselbädern und einer strengen Diät bestand. Die Priester tauchten mit ihren Fackeln in den Kammern der Wartenden auf, erzählten von den Seelen der Toten und stellten gezielte Fragen. Archäologen fanden bei ihren Grabungen Säcke mit Haschisch, das zusätzlich zur Diät aus Saubohnen die Ratsuchenden in den Incubatio, den Tempelschlaf, versetzte. Viele erlitten Ohnmachts- und Schwindelanfälle oder hatten Halluzinationen. Schließlich wurden sie durch ein Labyrinth von Gängen zu einem Raum geführt, in dem sie einen Krug voll Blut, das von den Opfertieren stammte, in ein Loch im Boden gossen, damit die Seelen der Verstorbenen davon trinken konnten. Da in dem darunterliegenden Raum das Blut Zentimeterhoch stand, muss der Gestank fast unerträglich gewesen sein. Am 29. Tag schließlich war es endlich so weit, die Ratsuchenden kamen in einen großen Raum, in dem dicke Rauchschwaden das flackernde Licht der Fackeln gespenstisch dämpften. Ein Bronzekessel, in dem sich die Seele des zu befragenden Verstorbenen manifestierte, schwebte von der Decke herab. Der herbeigerufene Tote verkündete seine Botschaft und der Kessel verschwand wieder. Nach der Befragung wurde der Ratsuchende mit Schwefel behandelt, wie es nach dem Kontakt mit Toten Vorschrift war, er musste schwören, absolutes Stillschweigen über die Vorgänge der vergangenen 29 Tage zu bewahren. Danach wurde er durch endlose Gänge zu einer weiteren Bronzetüre geführt und ins gleißende Sonnenlicht entlassen, wo er benebelt und orientierungslos zurückblieb. Bei Ausgrabungen wurden der Bronzekessel und ein Kranmechanismus entdeckt, mit dessen Hilfe der schwere Kessel samt Seele von der Decke heruntergelassen und wieder hochgezogen wurde. Der Verstorbene wurde wohl von einem der Priester dargestellt, die zuvor durch gezielte Befragungen alle nötigen Informationen gesammelt hatten. Die Inszenierung der Erscheinung war perfekt, weichgekocht durch fast einen Monat in Dunkelheit und von Orientierungslosigkeit und Halluzinationen geplagt, glaubte der Konsultant, mit der Seele des Verstorbenen zu sprechen.

Herodot berichtete von Periandros, dem Tyrannen von Korinth, der um 580 v. Chr. eine Delegation nach Ephyra entsandte, um die Seele seiner verstorbenen Frau Melissa zum Verbleib eines wertvollen Pfandes zu befragen. Periandros hatte seine Frau ermordet und ihren Leichnam ohne Kleidung verbrannt. Nach den vorgeschriebenen 29 Tagen erschien die verstorbene Melissa nackt vor den Boten des Tyrannen und beklagte sich über die Kälte, die sie plagte. Den Verbleib des gesuchten Gegenstandes verriet sie allerdings nicht. An ihren Gatten schickte sie die Botschaft: „Periandros, du hast die Brote in einen kalten Ofen gelegt."

Der Tyrann hatte sich an der Leiche seiner ermordeten Gattin vergangen, bevor er sie verbrannt hatte, und verstand die Botschaft sofort. Er opferte die schönsten Kleider der Korintherinnen im Feuer und entsandte erneut seine Boten. Diesmal gab die jetzt zufriedene Melissa ihr Geheimnis preis.

Obwohl das Orakel mit eher fragwürdigen Methoden arbeitete, war es doch für Überraschungen und tiefe Einblicke gut.

Nach dem 3. Makedonisch-Römischen Krieg gegen Perseus ordnete der römische Konsul Lucius Aemilius im Jahre 167 v. Chr. die Zerstörung von 70 Städten an, darunter befand sich auch Ephyra. Durch die unterirdisch gelagerten Vorräte an Schwefel und Hülsenfrüchten brannte die Orakelstätte vollständig aus.

Das Orakel von Klaros

Das Orakel von Klaros in Kleinasien, nahe der Stadt Kolophon, ist eine der jüngeren Orakelstätten. Die Heilige Höhle, die sich unter dem Tempel befand, war ursprünglich eine Kultstätte der Göttin Kybele, bevor der Gott Apollon von ihr Besitz ergriff.

Nach den Berichten von Pausanias soll die Seherin Manto, Tochter des Sehers Teiresias, nach ihrer Verschleppung nach Delphi von Apollon nach Klaros gesandt worden sein, um das Orakel zu gründen. Der erste überlieferte Orakelspruch war an Alexander den Großen gerichtet. Ihm war im Traum die Göttin Nemesis erschienen und hatte ihn zum Bau der Stadt Neu-Smyrna aufgefordert.

Das Orakel wurde, wie alle anderen auch, angegriffen und zerstört. Da die Anlage jedoch nicht so pompös und gigantisch war wie die von Didyma oder Delphi, wurde es rasch wieder aufgebaut und war schnell wieder einsatzfähig. Seine Hochblüte erlebte Klaros in der römischen Kaiserzeit.

Unter dem Tempel des Apollon entsprang eine Quelle, die seherische Fähigkeiten verlieh. Die Priester oder Propheten stammten aus einer bestimmten Familie in Milet. Tacitus berichtete in seinen *Annalen* über die Befragung des Orakels von Klaros. So musste der Konsulent sein Weiheopfer einem der Priester übergeben. Der Wahrsagepriester durchlief eine Abfolge von heiligen Handlungen, dann ließ er sich die Anzahl der Fragenden und deren Namen nennen und stieg hinab in die Höhle der Grotte. Er trank vom Wasser der Quelle und gab seine Orakelsprüche zu den Themen, an die die Fragenden dachten. Die in Hexametern verfassten Verse wurden auf Tafeln übergeben. Bei Privatpersonen wurden auch bereits vorgefertigte Tafeln mit passenden Sprüchen verwendet.

Delegationen aus den verschiedensten Ländern trafen in Kolophon ein, um ihre Fragen an das Orakel zu richten. Sie kamen aus dem Römischen Reich, aus Südrussland, aus Bulgarien und Dalmatien.

Der römische Konsul und Feldherr Germanicus fragte um 18 n. Chr. beim Orakel von Klaros nach seinem weiteren Schicksal. Das Orakel offenbarte ihm, dass er nur noch ein Jahr zu leben hätte. Er setzte seine Reise durch Kleinasien nach Syrien und Ägypten fort. Auf seiner Rückreise erkrankte er schwer und starb am 10. Oktober 19 n. Chr. in Antiochia. Angeblich wurde er vergiftet.

Nach der Hinrichtung seiner Frau Valeria Messalina (ca. 25 n. Chr.–48 n. Chr.) wollte Kaiser Claudius erneut heiraten. Es gab zwei Kandidatinnen. Lollia Paulina und seine Nichte Julia Agrippina die Jüngere. Da Lollia nicht länger auf die Entscheidung warten wollte, befragte sie das Orakel, wen Claudius erwählen würde. Das Orakel favorisierte Agrippina und hatte damit Recht. Lollia Paulina nahm sich auf Druck von Agrippina das Leben.

Unabhängige Seher

Doch nicht nur die Orakelstätten genossen großes Ansehen, auch von den Heiligtümern unabhängige Seher erlangten Ruhm und Aufmerksamkeit.

Die bekannten griechischen Seher stammten meist aus Dynastien, in denen die Gabe der Hellsichtigkeit weitergegeben wurde. Wie das Geschlecht der Melampodiden, die vom Seher und Heiler Melampus abstammten, der mit Tieren sprechen konnte und in die Zukunft sah, weil ihm Schlangen die Ohren abgeleckt hatten.

Der blinde Seher Teiresias begründete eine weitere Dynastie. Teiresias war als Mann geboren worden. Nachdem er Schlangen bei der Paarung beobachtet hatte, schlug er mit seinem Stock zu, verletzte die weibliche Schlange und wurde daraufhin in eine Frau verwandelt. Er lebte sieben Jahre als Frau und gebar seine Tochter Manto, die später das Orakel von Klaros gründete. Im achten Jahr schlug er mit seinem Stock eine männliche Schlange und wurde wieder zum Mann. Über den Grund seiner Erblindung sind zwei Geschichten überliefert. Hesiod berichtet, dass Zeus mit Hera darüber stritt, ob Mann oder Frau beim Sex mehr Lust empfänden. Man rief Teiresias, der ja beide Seiten kannte. Dieser meinte, als Frau hätte er neunmal mehr Lust empfunden. Das empörte Hera und sie schlug ihn mit Blindheit. Zeus verlieh ihm die Gabe der Hellsichtigkeit und schenkte ihm die siebenfache Lebensdauer. Die zweite Geschichte lieferte der Dichter Kallimachos. Sie besagt, dass Teiresias die Göttin Athene nackt im Bade beobachtete und als Strafe von ihr geblendet wurde.

Der nun blinde Seher wurde der Berater der Könige von Theben. Er starb, als er verbotenerweise von der heiligen Quelle Tilphussa trank. Seine Sehergabe vererbte er an seine Tochter Manto und an seinen Enkel Mopsos, der ebenfalls Seher war und dessen Geist das Orakel von Mallos gründete.

Die wohl berühmteste und tragischste Seherin war Kassandra. Sie war die Tochter des trojanischen Königs Priamos und dessen Gattin Hekabe. Wieder gibt es zwei Versionen über die Umstände, unter denen sie ihre Gabe erhielt. Der ersten Erzählung nach spielte Kassandra mit ihrem Zwillingsbruder Helenos im Tempel des Apollon und schlief ein. Schlangen krochen zu den Kindern und leckten an ihren Ohren.

Hyginus überlieferte, dass der Gott Apollon Kassandra die Gabe der Hellsichtigkeit schenkte, um sie für sich zu gewinnen. Kassandra machte einen Rückzieher und Apollon verfluchte sie. Sie sollte nur Unheil voraussagen, allerdings ohne die Gabe der Überzeugung. Niemand sollte ihren Prophezeiungen Glauben schenken. Ihrem Bruder Paris weissagte sie, dass durch ihn Troja untergehen werde. Später sah sie die Entführung Helenas und den Beginn des Trojanischen Krieges voraus. Auch das Trojanische Pferd erkannte sie als Kriegslist der Griechen, doch niemand glaubte ihr.

Nach dem Ende des Krieges wurde sie von König Agamemnon als seine Sklavin und Geliebte mit nach Mykene genommen. Klytemnestra, die eifersüchtige Gattin des Königs, tötete sie schließlich. Kassandras Zwillingsbruder Helenos hatte ebenfalls die Gabe der Hellsichtigkeit. Er wurde gegen Ende der Belagerung Trojas von den Griechen gefangen genommen und gefoltert, bis er ihnen weissagte, wie sie die Trojaner schlagen können.

In fast allen überlieferten Geschichten über Seher und Propheten spielen Schlangen eine wichtige Rolle. Das mystische Tier verkörperte das Leben, die Unsterblichkeit und nicht zuletzt Männlichkeit. In einer Epoche, in der das Weibliche in den Kulten vom Männlichen abgelöst wurde, nahm die Schlange als Symbol des Phallus eine besondere Stellung ein. Man sagte ihr auch magische Kräfte in Bezug auf Zeugungsfähigkeit und Fruchtbarkeit nach.

In der griechischen Mythologie ist die Schlange ein Zaubertier, das die Zukunft kennt und die Gabe des Sehertums verleihen kann. Schlangenpaare allerdings hatten eine negative Bedeutung.

Der Seher Polyidos bekam von einer Schlange ein Kraut zur Totenerweckung von Glaukos, dem Sohn des Minos. Teiresias verletzte eine Schlange und wurde verwandelt. Melampus konnte nach seinem Zusammentreffen mit einer Schlange mit Tieren sprechen. Kassandra und Helenos erlangten die Gabe der Hellsichtigkeit ebenfalls durch den direkten Kontakt mit den Reptilien. Apollon tötete die Schlange Python und ihre Gabe ging durch ihr Blut auf einen Ort über.

Olympias von Epirus, die Mutter von Alexander dem Großen, gehörte dem Dionysos-Kult an, der Geschlechtsverkehr mit Schlangen vorschrieb. Sie hielt eine eigene giftlose Kultschlange und nahm als Bacchantin an den ekstatischen Nachtfeiern des Dionysos teil.

Alexander der Große, der von Aristoteles erzogen worden war, war ein sehr gläubiger Mensch und befragte nahezu jedes Orakel der antiken Welt, um den Willen und die Pläne der Götter zu durchschauen. Die Priester von Didyma schickten sogar ungefragt eine Delegation zu ihm nach Memphis, um ihn durch eine gute Prophezeiung auf ihre Orakelstätte aufmerksam zu machen. Der Plan ging auf und Alexander gab den Wiederaufbau der zerstörten Tempelanlagen in Auftrag.

Bei seinen Feldzügen waren stets Seher und Priester in seinem Gefolge zu finden, wie Aristandros von Telmessos, der die Omen und Zeichen vor jeder Schlacht deutete. Allerdings sollen diese Seher anfällig für Bestechung gewesen sein und die Vorzeichen oft im Sinne der Feldherren gedeutet haben, die sie bezahlten.

Ein Orakelspruch besagte, dass derjenige, der den Knoten an der Deichsel des Streitwagens von König Gordios lösen könne, die Herrschaft über Asien erlangen würde. Als Alexander im Jahre 334 v. Chr. nach Gordion kam, schlug er mit dem Schwert den Knoten aus Kirschenbast entzwei und nannte sich fortan dem Orakelspruch folgend: „König von Asien".

Er scheute auch nicht den sechswöchigen Umweg in die Wüste, um das Orakel von Siwa zu befragen, das dem Gott Amun geweiht war. Dies bestätigte ihm seine göttliche Abstammung und genehmigte die Erlangung der Weltherrschaft, was dem Orakel wertvolle Weihgeschenke einbrachte.

Sibyllen, Auguren und Haruspices

Der Blick in die Zukunft im Römischen Reich
8. Jh. v. Chr.–7. Jh. n. Chr.

IM RÖMISCHEN REICH BEGANN SICH DIE Einstellung der Menschen zu den Göttern zu verändern, und damit auch ihr Umgang mit ihnen. Betrachteten die Griechen ihre Götter als Wesen mit eigener Geschichte, einer eigenen Persönlichkeit und einem Leben, um das sich unzählige Mythen rankten, so brachten die Römer eine nie da gewesene Nüchternheit und den steigenden Wunsch nach Unabhängigkeit ins Spiel. Es gab Götter für jedes Ding und jede Situation, sie hatten Namen, aber keine Geschichte. Die Hauptgötter wurden von den Griechen übernommen, ihre Namen geändert und ihre Funktionen angepasst. Auch die Etrusker hatten großen Einfluss auf die religiöse und kultische Tradition der Römer.

Was ihre Zukunft anging, waren die Römer Praktiker, keine Philosophen. In ihren Augen oblag es nur den Göttern, die Zukunft zu kennen. Es gab jedoch auch eigene Götter, zu deren Aufgaben die Weissagung gehörte, wie Faunus, Vaticanus oder die Göttin Fortuna, die Parzen, die drei Schicksalsgöttinnen, die dem Gott Jupiter unterstanden, und die Fata Scribunda, Geburtsfeen, die das Schicksal eines neugeborenen Kindes niederschrieben. Es galt nun zu entschlüsseln, was der Wille der Götter war. Die Orakel und Omendeutungen wurden dazu benutzt sicherzugehen, ob die Götter die eigenen Pläne guthießen, und wenn nicht, herauszufinden, wie man sie umstimmen und ins eigene Lager ziehen könnte. Man entschlüsselte und deutete die Zeichen der Götter und versuchte manipulativ einzugreifen. Hatten die Herrscher der Griechen die Orakel instrumentalisiert, und wenn gerade nötig, die Gläubigkeit ihrer Mitmenschen missbraucht, um ihren Willen und ihre Pläne durchzusetzen, so schufen die Römer feste Strukturen und Abläufe, wie man mit den Vorzeichen und Prodigien umzugehen hatte. Diese Auspizien wurden von den Auguren, den römischen Kultbeamten, vorgenommen. Der Begriff „auspicium" bezog sich zuerst nur auf die Vogelschau, es wurden der Flug und die Schreie der Vögel beobachtet und gedeutet. Man konnte die Auspizien allerdings auch aus Blitzen gewinnen, von Bedeutung waren der Ort, die Zeit, die Häufigkeit und die Richtung. Außerdem beobachtete man die Formationen der Wolken, Sonnen- und Mondfinsternisse, Kometen, die Geburt von missgestalteten Tieren oder Kindern. Die Liste der offiziellen Prodigien enthielt nahezu alles, was von der Norm abwich.

Da es kein bedeutendes Orakel auf römischem Boden gab, waren die Römer fasziniert, als sie mit den berühmten Orakeln der Griechen in Berührung kamen, und reisten nach Kleinasien und Griechenland, um die Orakel zu befragen. Kaiser Trajan und Iulius Caesar beteiligten sich am Wiederaufbau der Orakelstätte in Didyma, wo Kaiser Hadrian selbst sogar die Funktion des Propheten ausgeübt haben soll. Kaiser Julianus (331–363) suchte im Jahre 362 n. Chr. das Orakel von Dodona auf, um in Erfahrung zu bringen, ob er gegen die Perser ziehen solle. Der offensichtlich vom Orakel abgesegnete Kriegszug endete für Julianus jedoch in einer Katastrophe, er wurde verwundet und starb vom 26. auf den 27. Juni 363.

Das Orakel von Cumae, das in einer griechischen Kolonie in Latium entstanden war, erlangte große Bedeutung. Es war ein weiterer Bote aus der griechischen Kultur, da dessen Weissagungen bis 180

v. Chr. in griechischer Sprache verfasst wurden, erst danach wurde Latein zur „Amtssprache“ des Orakels.

Die aus Etrurien stammende Weissagekunst und Deutungstechnik der Haruspex löste die langsam in Vergessenheit geratenden Auguren ab. Ein Haruspex deutete den Zustand und die Lage der Eingeweide eines Opfertieres und las in auffälligen oder krankhaften Veränderungen der Organe, vor allem der Leber, den Willen oder Unwillen der Götter.

Am Ende des Weges stand das Christentum. Unter der Herrschaft von Kaiser Konstantin dem Großen (ca. 272–337) wurden Weissagungen und Orakel per Todesstrafe verboten. Die rigorose Zerstörung der Orakelstätten der antiken Welt durch Theodosius I. (347–395) und dessen Sohn Arcadius (um 377–408) setzte einen endgültigen Schlussstrich unter dieses faszinierende Kapitel der Geschichte.

Die Sibylle von Cumae

Es begann im 8. Jahrhundert v. Chr., als die Stadt Cumae (griechisch Kyme) als griechische Kolonie von Siedlern aus Euböa gegründet wurde. Am Fuße des Hügels, auf dem die Akropolis und der Tempel des Apollon errichtet wurden, wirkte die Sibylle in einem Höhlensystem. Die Sibylle von Cumae ist die wohl bekannteste Vertreterin der Sibyllen. Wanderten ihre Vorgängerinnen in Kleinasien und Griechenland durch die Lande, so hatte sie ihren festen Sitz in Campanien. Der zweite Unterschied zu ihren Vorgängerinnen war, dass sie nicht nur aus ihrer eigenen Intuition unkontrolliert weissagte, sondern auch die Fragen von Konsultanten beantwortete. Ovid beschrieb in seinen *Metamorphosen*, dass Apollon sich in die schöne Sibylle verliebt hatte, diese versprach ihm, seine Geliebte zu werden, wenn ihre Lebenszeit so viele Jahre betragen würde, wie die Anzahl der Staubkörner, die man in einem Kehrrichthaufen findet. Die Anzahl war Tausend und Apollon willigte ein. Nun weigerte sich die Seherin jedoch, sich Apollon hinzugeben. Apollon erfüllte dennoch sein Versprechen, was allerdings fatale Folgen für die Sibylle hatte. Sie hatte nämlich vergessen, sich auch ewige Jugend zu wünschen. So lebte sie wohl tausend Jahre, alterte jedoch unaufhörlich, bis sie völlig einschrumpfte und nur noch ihre Stimme übrig blieb. Der römische Dichter Vergil (70–19 v. Chr.) berichtete im Buch VI, 42–51, seiner *Aeneis* von der Konsultation der Sibylle:

> *„Ausgehöhlt ist Cumaes Fels zur riesigen Grotte; breit ziehen hundert Schächte hinab, der Mündungen hundert, hundertfältigen Lauts dröhnt auf der Spruch der Sibylle. Kaum an der Schwelle, begann die Jungfrau: ‚Zeit ist, zu flehn um Schicksalsspruch. Der Gott, der Gott!' So rief sie, stand am Tor, jäh wechselt ihr Antlitz, wechselt die Farbe, hoch auf flattert ihr Haar, hart keucht ihre Brust, voller Wut schwillt wild ihr Herz, hoch wächst sie und wächst, kein sterbliches Wort mehr spricht sie, steht im Anhauch ganz des näher und näher waltenden Gottes."*

Vergil berichtet weiter, dass Aeneas, der Stammvater der Römer, mit der Sibylle von Cumae in die Unterwelt hinabstieg. Dort wurde ihm von seinem verstorbenen Vater ein Blick in seine Zukunft und auf die Stadt Rom gewährt. Die Ratsuchenden mussten also in die Grotte der Sibylle hinabsteigen und fanden sich in einem Höhlensystem wieder, in dem sich Licht und Schatten abwechselten. Sie tauchten ein in eine mystische und einschüchternde Unterwelt, die vorgab, das Reich der Toten zu sein.

Die exakten Vorhersagen der Sibylle bescherten dem Heiligtum von Cumae bald einen enormen Ruhm und die Konsulenten strömten nur so herbei.

Vergil zeichnete in seinen Hirtengedichten noch einen weiteren Spruch der Sibylle auf: „Der Zeiten Lauf ist um, Sibylle spricht's, und neuer Ordnung fügt sich jetzt die Welt. Die Jungfrau naht Lucina, Keusche, schirme die Geburt des Kindes, das uns Weltenwende kündet."

Von den Christen wurde hier die Ankündigung der Geburt Jesu erkannt. Was der Sibylle auch ein Überleben in der christlichen Zeit ermöglichte. Michelangelo verewigte sie zwischen 1508 und 1512 im Auftrag von Papst Julius II. (1443–1513) sogar im Deckenfresko der Sixtinischen Kapelle.

Die Sibyllinischen Bücher

Eine der wenigen Mythen in der Geschichte Roms rankt sich um die Sibyllinischen Bücher. Schicksalsbücher aus den Händen der Sibylle von Cumae, die bei der Übergabe bereits 700 Jahre alt gewesen sein soll.

Eine alte Frau trat vor König Lucius Tarquinius Superbus (Regierungszeit 534–509 v. Chr.), den letzten der sieben Könige von Rom, und bot ihm neun Bücher mit Orakelsprüchen um 300 Goldphilippeioi zum Kauf an. Der König lehnte dies wegen des horrenden Kaufpreises ab. Die alte Frau ging und verbrannte drei der Bücher, danach trat sie wieder vor den König und bot die verbliebenen sechs Bücher zum gleichen Preis an. Der König lehnte wieder ab und die Frau verbrannte drei weitere Bücher. Die letzten drei Exemplare bot sie nun unbeeindruckt zum ursprünglichen Preis erneut an. Der verunsicherte König ließ die Auguren rufen, die die alte Frau als Sibylle von Cumae identifizierten und dringend zum Kauf der letzten drei Bücher rieten. Lucius Tarquinius Superbus stimmte nun dem Kauf zu und die Sibyllinischen Bücher wurden in die tiefsten Gewölbe des von ihm errichteten Jupitertempels gebracht, wo sie streng bewacht in steinernen Trögen aufbewahrt wurden.

Zuerst wurden zwei Männer mit der Bewachung und Befragung der Bücher betraut, später wurde die Zahl auf zehn und schließlich im 1. Jahrhundert v. Chr. auf 15 Mitglieder erhöht. Nur dieses „Quindecimviri sacris faciundis“ hatte die Erlaubnis, in den Sibyllinischen Schicksalsbüchern zu lesen, die in griechischen Hexametern auf Leinen verfasst waren. Es gehörte zu den höchsten Ehren, diesem Priesterkollegium anzugehören, das aus Staatsmännern wie dem Senator und Feldherrn Cato (95–46 v. Chr.), dem Historiker Tacitus (58–120 n. Chr.) oder dem späteren Kaiser Augustus (63 v. Chr.–14 n. Chr.) bestand. Jedoch wurden die Orakelbücher nur in Zeiten allerhöchster Not und nach Zustimmung des Senats oder der Hohepriester zu Rate gezogen. Es bedurfte schon eines Krieges, einer Hungersnot oder einer Naturkatastrophe, um die Schicksalsbücher zu bemühen. Ob das Ergebnis der Befragung veröffentlicht wurde, oblag ebenfalls dem Senat. Um eine Antwort im Buch der Sibylle zu finden, schlug man es an beliebiger Stelle auf und deutete auf einen der Verse. Die Befragung glich so einem Losorakel. Ein Missbrauch oder eine unerlaubte Befragung wurde mit dem Tode bestraft.

Der Tempel auf dem Kapitol wurde zum Pilgerzentrum. Der Dichter Plautus (254–184 v. Chr.) berichtete, dass die Menschen sogar im Tempel des Jupiter schliefen, um Offenbarungen der Götter für ihr Schicksal im Traum zu erhalten.

Im Jahre 83 v. Chr. fielen die ursprünglichen Sibyllinischen Bücher einem Brand zum Opfer, der im Jupiter-Tempel auf dem Kapitol wütete. Doch ganz nach römischer Tradition fand man eine pragmatische Lösung. Man entsandte Boten in alle Provinzen, zu allen Sibyllen, Sehern und Orakeln, und sammelte neue Sprüche und Abschriften ähnlicher Weissagungen. Laut dem römischen Historiker Tacitus stammten die Sprüche aus Samos, Erythrai, Libyen, Troja, Sizilien und Annae. Die neuen Sibyllinischen Bücher wurden von Kaiser Augustus in goldenen Truhen in den Tempel des Apollon überstellt. Allerdings ließ er sie vorher von Passagen und Zitaten säubern, die ihm nicht passten.

Wurden die Schicksalsbücher in der gesamten Geschichte des Römischen Reiches zu Rate gezogen, wenn eine Krise drohte, so begannen sie nun immer mehr, an Einfluss und Bedeutung zu verlieren. Der römische Heermeister Flavius Stilicho (365–408) soll die Bücher im Jahre 405 verbrannt und endgültig vernichtet haben. Der christliche Dichter Aurelius Prudentius Clemens (348–405) nahm dies begeistert zur Kenntnis: „Kein keuchender Fanatiker mehr, der mit schäumenden Lippen die den Sibyllinischen Büchern entnommenen Geschicke ausbreitet, und Cumae trauert um seine toten Orakel."

Das Orakel von Praeneste

Das der Glücks- und Zufallsgöttin Fortuna geweihte Orakel von Praeneste wurde laut Cicero von einem Mann namens Numerius Suffustius gegründet, der im Traum die Aufforderung dazu erhielt. Er zerschlug einen Felsen und fand darin Lose aus Eichenholz, die mit geschnitzten Schriftzeichen versehen waren. Ein Knabe mischte und zog die Lose für die Fragesteller. Da ein Kind und kein Priester die Lose ausgab und es sich um ein Zufallsorakel handelte, stand es in der Gunst der Römer nicht besonders hoch im Kurs. Cicero, der selbst das Amt eines Auguren bekleidete, äußerte abfällig:

> *„Was ist schon ein Los? Beinahe dasselbe wie ein Fingerspiel, Knöchel oder Würfelwerfen, wobei das Ungefähr und der Zufall, nicht Vernunft oder Klugheit walten. Die ganze Sache ist durch Betrug erfunden oder hat es auf Gewinn, auf Aberglauben oder auf Täuschung abgesehen."*

Die „sortes Praenestinae" wurde hauptsächlich von normalen Leuten und Bürgern sowie von Sklaven befragt. Doch selbst römische Kaiser wie Titus Flavius Domitianus, kurz: Domitian (51–96), und Severus Alexander sollen das Orakel konsultiert haben. Während einer Krankheit ließ Tiberius (42 v. Chr.–37 n. Chr.) die Eichenlose in einer versiegelten Kiste nach Rom bringen, damit niemand nach seinem Todestag fragen konnte. Als die Kiste in Rom eintraf, war sie allerdings leer. Erst als das Behältnis wieder an seinen Ursprungsort zurückgebracht wurde, kamen die Lose wieder zum Vorschein.

Im Heiligtum befand sich ein Kultbild der Göttin Fortuna mit zwei Kindern im Schoß. Juno und Jupiter, der nach der Brust der Mutter griff. Schließlich entwickelte sich das Orakel von Praeneste zum Kur- und Wallfahrtsort für unfruchtbare Frauen und Mütter.

Die Auguren

Die „Augures publici populi Romani Quiritum" bekleideten eines der höchsten und einflussreichsten Ämter Roms. Sie sahen nicht in die Zukunft und machten keine Weissagungen, sie deuteten lediglich den Willen der Götter, den diese durch zu deutende Zeichen übermittelten. Cicero nannte sie „interpretes Iovis Optimi Maximi", also Deuter des Willens Jupiters.

Mit seinem Erkennungszeichen, dem Lituus, einem knotenlosen Krummstab, teilte der Augur den Himmel in vier Bereiche und kennzeichnete eine viereckige Beobachtungsfläche in einer Wiese oder auf einem Feld, das Templum. Die Ausrichtung blieb den Vorlieben des Auguren überlassen. Nun kannten die Götter den Bereich, in den sie ihr Zeichen schicken sollten. Es gab erbetene oder erwünschte Zeichen, „auguria impetrativa", und ungünstige Zeichen, die „auguria oblativa". Die richtige Deutung der Zeichen war nun fast eine Wissenschaft. Die Auguren hatten ein streng reglementiertes, kompliziertes System, nach dem sie vorgingen. Die Zeichen waren genau klassifiziert und eingeteilt. Vor allem beim Flug und den Lauten der Vögel gab es genaue Regeln und Rangordnungen, denn nicht jedes Zeichen hatte die gleiche Wichtigkeit. Sollten also mehrere Zeichen gleichzeitig auftreten, wusste man, in welcher Reihenfolge man sie deuten musste. Die Auguren bestanden auf absolute Stille, um beim Erkennen der Zeichen nicht gestört oder abgelenkt zu werden.

Der Stellenwert des Auspiciums, also der Vogelschau, nahm gegen Ende der Republik immer mehr ab. Stattdessen wurde die Deutung von Blitzen zunehmend relevant. Sollte anhaltendes Schönwetter der Deutung im Wege gestanden haben, so genugte die

Meldung oder Beschreibung eines Blitzes, der irgendwo zur fraglichen Zeit über den Himmel zuckte. Zeichen von links galten als besonders gutes Omen.

Die Futteraufnahme der heiligen Hühner wurde im militärischen Bereich gerne gedeutet. Fraßen die Hühner gierig, was dies ein gutes Zeichen, zeigten sie wenig Appetit, so war Vorsicht geboten.

Jede Deutung wurde in einem Archiv aufbewahrt und bei strittigen, widersprüchlichen oder unklaren Zeichen als Präzedenzfall herangezogen. Wie Juristen mussten die Auguren die Fälle und Deutungen im Kopf haben. Das geheime Archiv wurde im 1. Jahrhundert v. Chr. der Öffentlichkeit zugänglich gemacht.

Ein Vorzeichen zu ignorieren, konnte schlimme Folgen haben. Als Marcus Licinius Crassus (115 od. 114–53 v. Chr.) im Jahre 55 v. Chr. ein Schiff im Hafen Brundisium bestieg, um zum Feldzug gegen die Parther aufzubrechen, stand am Hafen ein Feigenhändler aus Caunos, der laut „Cauneas" rief, also Feigen aus Caunos. Dies war ein Vorzeichen zur Warnung, denn Crassus hätte den Ruf als „Cav ne eas" verstehen sollen – „Geh nicht hin". Die Römer erlitten in der Schlacht bei Carrhae eine empfindliche Niederlage, bei der Tausende Soldaten fielen. Crassus wurde in eine Falle gelockt und getötet.

Macht und Einfluss der Auguren

Über den Zeitpunkt ihrer Einsetzung gab es bereits in der Antike zwei verschiedene Auffassungen. Zum einen rechnete man die Ernennung der ersten Auguren dem zweiten König von Rom, Numa Pompilius (750–672 v. Chr.), zu, zum anderen wird Romulus, einer der Stadtgründer von Rom, bereits als Augur bezeichnet.

Die Zahl der eingesetzten Auguren stieg im Laufe ihrer Geschichte ständig. Zu Beginn waren es drei Auguren, durch die „Lex Ogulnia“ wurde ihre Anzahl im Jahre 300 v. Chr. auf neun erhöht, wovon fünf Plebejer sein mussten. Schließlich erhöhte der römische Diktator Sulla (138–78 v. Chr.) ihre Zahl auf 15. Iulius Caesar erhöhte um eine weitere Person. In der Regierungszeit von Augustus wurde die Verleihung des Augurentitels an den regierenden Kaiser begründet, was eine Kontrolle des Kollegiums durch Herrscher und Senat zur Folge hatte.

Die Berufung zum Auguren erfolgte in der Königszeit durch den König selbst. Als Rom zur Republik wurde, wechselte man zum Prinzip der Kooptation. Bereits im Amt befindliche Auguren nominierten einen Kandidaten. Nur zwei Auguren durften den gleichen Kandidaten vorschlagen und mussten sich für ihn verbürgen. Die Übertragung des Amtes nannte man „inauguratio“. In der Kaiserzeit wurden die Auguren durch Senatsbeschluss ernannt.

Im Imperium Romanum wurde keine bedeutende Entscheidung getroffen, ohne die Auguren zu Rate zu ziehen. Ob die Einsetzung von Magistraten und Priestern oder die Gründung von Tempeln und Städten – die Auguren waren stets dabei. Was auch für Wahlen galt. Sie richteten ein Gebet an die Götter und baten um Bestätigung der Entscheidung, das darauffolgende Zeichen wurde dann gedeutet. Selbst Kriege und Schlachten wurden bei schlechten Vorzeichen verschoben, bis die Götter grünes Licht gaben. Vor Beginn des Gallischen Krieges im Jahre 58 v. Chr. standen die Zeichen schlecht und Iulius Caesar musste erst einen 16. Auguren bemühen, bevor das negative Vogelorakel von den Auguren als positiv angesehen wurde.

Auch als normaler römischer Bürger konnte man die Dienste der Auguren in Anspruch nehmen. Man ging zum Auguraculum, einer grasbedeckten Hütte, die auf einem freien Platz auf dem Kapitolshügel stand. Der Augur waltete seines Amtes und erkundete den Willen der Götter durch festgelegte Rituale.

Die Mitglieder des Kollegiums waren einflussreiche und hoch geschätzte Männer, die viele Annehmlichkeiten und hohe Privilegien genossen. Sie durften staatlichen Grundbesitz nutzen und waren vom Militärdienst befreit. Es standen ihnen besondere Diener, sogenannte „calatores auguri", zur Verfügung und sie hatten fixe Ehrenplätze auf der Tribüne des Circus Maximus.

Es fanden sich daher bedeutende Staatsmänner wie Publius Petronius (24 v. Chr.–46 n. Chr.), der im Jahre 7 n. Chr. durch Kooptation in das Kollegium aufgenommen wurde, und Plinius der Jüngere (ca. 62–ca. 112 n. Chr.) unter den Auguren.

Cicero, der Augur

Natürlich gehörte auch Marcus Tullius Cicero (106–43 v. Chr.) dem Kollegium an. Der Rhetoriker, Anwalt, Ankläger und spätere Konsul Cicero wurde im Jahre 53 v. Chr. zum Auguren ernannt. Im Jahre 44 v. Chr. hatte er sein Werk *De divinatione* (über die Weissagung) verfasst, in dem er schrieb: „Kein Volk gibt es, wie ich sehe, mag es noch so fein und gebildet, noch so roh und unwissend sein, das nicht der Ansicht wäre, die Zukunft könne gedeutet und von gewissen Leuten erkannt und vorhergesagt werden."

Cicero lehnte aber die herkömmliche Wahrsagung, den Besuch von Orakeln und Traumdeuterei entschieden ab.

„Wir träumen ganze Nächte, und es ist fast keine einzige, in der wir nicht schliefen, und wundern wir uns, dass einmal das, was wir geträumt haben, eintrifft? Wenn man zu anderen Zeiten falschen

Erscheinungen nicht vertrauen darf, so sehe ich nicht ein, was der Schlaf voraus hat, dass bei ihm das Falsche als wahr gelten soll.“

Doch wurde ihm, dem Auguren, ein Auspicium zum Verhängnis. Als er im Dezember 43 v. Chr. vor der Verfolgung durch Marc Anton noch Cajeta floh, flog ein Schwarm krächzender Raben vom Heiligtum des Apollon auf sein Schiff zu und folgte ihm zu seinem Landgut. Cicero legte sich ins Bett und zog die Decke über seinen Kopf. Einer der Raben zupfte mit seinem Schnabel die Decke von Ciceros Gesicht. Seine Diener deuteten dies als Zeichen der Götter, ihren Herrn aus dem Haus, wo er sich verbarg, wieder hinaus zum Meer zu tragen. Dort lauerten die Häscher Marc Antons und erstachen ihn.

Die Vestalischen Jungfrauen

Zum römischen Staatskult gehörten auch die sechs jungfräulichen Vestalinnen, die „Sacerdotes Vestales“ oder „Virgo Vestalis“. Den Priesterinnen im Tempel der Göttin Vesta auf dem Forum Romanum kam die Aufgabe zu, das ewig brennende, heilige Feuer im Herd der Vesta zu schüren und zu hüten. Sollte es erlöschen, galt dies als Staatsunglück. Die schuldige Priesterin wurde zur Strafe gegeißelt und manchmal auch zu Tode geprügelt. Die Vestalinnen wurden vom Pontifex Maximus, dem höchsten geistlichen Würdenträger Roms, schon im Kindesalter ausgewählt. Die Mädchen mussten zwischen sechs und zehn Jahre alt sein und einer freien, ehrlichen Familie Roms entstammen. Sie wurden zu 30-jährigem Dienst verpflichtet. In dieser Zeit mussten sie ein jungfräuliches Leben führen – ein Verstoß gegen dieses Gebot wurde mit dem Tode bestraft. Die Vestalin wurde lebendig begraben oder von einem Berg gestürzt, denn das Blut dieser Priesterinnen durfte nicht vergossen werden. Die Vestalinnen wohnten im Atrium Vestae in der Nähe des Tempels. Auf jedem Gang außerhalb des Tempels wurden sie, wie Konsuln und Prätoren, von Liktoren begleitet, die Äxte und Rutenbündel trugen.

Die „Sacerdotes Vestales“ bewachten geheime Kultgegenstände, die den Fortbestand der Menschheit sichern sollten. Da ihnen derart wichtige Aufgaben zukamen, waren die Vestalinnen sehr hoch angesehen. Ihr äußeres Zeichen war ein großes weißes Kopftuch, das mit Stirnbändern befestigt wurde. Sie durften sich weder parfümieren noch schminken, alles an ihnen sollte Reinheit symbolisieren. Selbst hohe Würdenträger traten zur Seite, wenn eine Vestalin seinen Weg kreuzte.

Die Haruspices

Ebenso wie die Sibyllinischen Bücher verloren auch die Auguren zusehends an Einfluss. Ihr Stern begann zu sinken und sie wurden durch eine ursprünglich etruskische Form der Deutung und Weissagung immer mehr verdrängt. Die „disciplina etrusca“ gewann in kultischen und religiösen Fragen an Bedeutung. Die eher derbe und blutige Zukunftsdeutung der Haruspices hielt Einzug ins Römische Reich.

Die Eingeweideschau wurde an Opfertieren wie Rindern oder Schafen vollzogen. Nach der Schlachtung und rituellen Zerteilung wurden Lage und Größe der inneren Organe sowie krankhafte Veränderungen und Anomalien beurteilt und gedeutet. Eine besondere Bedeutung kam der Leber zu. Die etruskischen Priester sahen in ihr das Abbild des Kosmos und glaubten, dass die Götter über dieses Organ mit dem Menschen in Verbindung treten würden.

Krankhafte Veränderungen oder eine verkümmerte Leber bedeuteten Unglück. Besonders wichtig bei der Deutung war der Pyramidalfortsatz, der genau betrachtet und beurteilt wurde.

Der Tod Caesars

Cicero berichtet in seinem Werk *De divinatione* von der Vorhersage des Leib-Haruspex von Iulius Caesar. Titus Vestricius Spurinna konnte bei dem von Caesar geopferten Stier das Herz nicht finden und warnte ihn, dass ihm das Leben genommen werden könnte. Bei weiterer Untersuchung des Tieres stellte er auch noch bestürzt fest, dass der Pyramidalfortsatz der Leber völlig fehlte. Nun stand fest, dass die Zukunft für Iulius Caesar nichts Gutes bereithielt und es um sein Leben ging. Die Warnung des Haruspex, „Hüte dich vor den Iden des März", ging in die Geschichte ein. Auf dem Weg zur Senatssitzung soll Caesar erneut auf Spurinna getroffen sein und laut dem römischen Schriftsteller Sueton (70–ca. 140 n. Chr.) abfällig geäußert haben: „Die Iden des März sind da." Spurinna antwortete: „Da sind sie, aber noch nicht vorüber." Caesar wurde ermordet, bevor der Tag vorüber war. Auch Caesars Frau hatte in der Nacht vor seiner Ermordung einen Traum und versuchte ihn zu warnen. Er maß jedoch ihren Bedenken und ihrer Angst keine Bedeutung bei.

Nach den aufgezeichneten Berichten von Plutarch sei nach Caesars gewaltsamem Tod die Sonne bleich und ohne Strahlen am Himmel gestanden, sie habe keine Wärme gegeben und die Früchte fielen halb gereift von den Baumen. Außerdem habe man sieben

Nächte lang einen Kometen beobachtet, der über den römischen Himmel zog. Keine guten Vorzeichen für die Zukunft des Imperiums und die Mörder von Iulius Caesar, die ihrem Leben selbst ein Ende setzten.

Missbrauch und Ende des Staatskultes

Besonders vor Schlachten war die Kunst der Haruspices sehr gefragt, um den Willen der Götter zu erkunden und sich ihrer Zustimmung und Unterstützung zu versichern. Sie stellten also bald einen wesentlichen Machtfaktor dar und übertrafen die Auguren an Einfluss.

Es konnte jedoch auch hier nach Herzenslust manipuliert und umgedeutet werden. Als Augustus (63 v. Chr.–14 n. Chr.) Perusia belagerte und ein Opfer brachte, wurden die Vorzeichen als äußerst negativ erachtet. Bei einem überraschenden Angriff der Feinde wurden von diesen alle Opfertiere und Opfergeräte erbeutet. Damit blieb auch das schlechte Vorzeichen an ihnen kleben. Die Zeichendeuter erklärten, das Omen gelte nun nicht mehr für Augustus.

Erst gegen Ende der Republik waren die Priester zu einem Kollegium zusammengefasst worden. Bei der Ausübung ihrer Tätigkeit trugen sie lange Mäntel, die mit einer breiten Spange zusammengehalten wurden, und einen großen Hut.

Die Eingeweideschau war aber nicht die einzige Form der Voraussage und Deutung. Das Blitzorakel gehörte ebenso zu ihrem Repertoire. Der Fulguriator zeichnete die Himmelserscheinungen und ihre Deutung in den sogenannten Blitzbüchern auf. Ebenso lag es in ihrem Aufgabenbereich zu entscheiden, was nach Blitzeinschlägen zu geschehen hatte, und die Schäden zu beseitigen. Laut einem brontoskopischen Kalender stellten die Fulgatores fest, dass ein Donnergrollen am 11. September einen politischen Aufstand, am 24. Oktober eine Bauernrevolte und am 14. Juli die Machtergreifung eines Mannes, der diese in böser Absicht nutzen würde, bedeutet.

Der Stoiker Seneca (1 n. Chr.–65 n. Chr.) sah als Ursache der Blitze den Zusammenstoß von Wolken. Den Glauben der Trusker, dass die Gottheiten die Blitze senden, um die Zukunft anzukündigen, lehnt er ab.

Bald tauchten auch private Haruspices auf, die für viel Geld jedermann die Zeichen deuteten. Kaiser Severus Alexander (208–235 n. Chr.) ließ einen Lehrstuhl für Haruspizin einrichten.

Da sich sehr bald Scharlatane unter die gewerbsmäßigen Opferschauer mischten, versuchte man ab Kaiser Augustus, Divinationen zu privaten Zwecken zu verbieten. Erlaubt waren ausschließlich Vorhersagen und Deutungen im Dienste des Kaisers. Augustus befürchtete, durch ungünstige Orakel über seine Herrschaft, Verschwörern Vorschub zu leisten. Überdies ließ er die Beantwortung von Fragen über den Tod untersagen, damit niemand nach seinem Tod fragen konnte. Aber er ging noch weiter, Sueton berichtet über eine rigorose Säuberungs- und Zensuraktion des Kaisers: „Augustus ließ alles, was an griechischen und lateinischen Orakelbüchern, von entweder völlig unbekannten oder glaubwürdigen Verfassern im Umlauf war, über zweitausend Bände, zusammentragen und verbrennen."

Anschließend machte er sich über die Sibyllinischen Bücher her und zensurierte auch diese Texte.

Trotz des Verbotes durch Kaiser Konstantin den Großen und Kaiser Theodosius hielt sich die Ausübung der Eingeweideschau noch lange unter den Burgern von Rom. Theodosius schienen dieselben Ängste gequält zu haben wie Augustus, denn er bläst in dasselbe Horn, indem er die Opferschau zur Majestätsbeleidigung erklärte. Die Angst vor Revolten war allgegenwärtig.

Die letzte Erwähnung der Haruspices stammt aus dem Jahre 408, als sie Papst Innozenz I. versprachen, Rom von der Belagerung durch den Westgoten Alerich (ca. 370–410) zu befreien, indem sie diesen mit Blitzen vertreiben wollten, was allerdings misslang. Rom wurde im Jahre 410 von den Westgoten erobert.

Die christliche Religion monopolisierte die Weissagung und erhob den alleinigen Anspruch auf Verheißung und göttliche Prophezeiungen zur Warnung und zum Wohle der Menschen.

Biblische Propheten

Gottes Wort und seine Verkünder
1200 v. Chr.–101 n. Chr.

„SO SPRICHT DER HERR." MIT DIESEN WORTEN beginnen viele der biblischen Prophezeiungen, und diese Anfangsworte bringen es auch gleich auf den Punkt. Gott offenbarte sich den Menschen in seinem Wort der Bibel. Empfangen, verkündet und niedergeschrieben wurden diese Botschaften durch einige auserwählte Menschen, es werden 48 Propheten und 7 Prophetinnen erwähnt. Es beginnt mit Moses und endet schließlich mit Johannes. Die sogenannten Schriftpropheten wirkten gegen Ende der alttestamentlichen Zeit, sie teilen sich in vier „Große Propheten": Jesaja, Jeremia, Ezechiel und Daniel, und zwölf „Kleine Propheten": Hosea, Joel, Amos, Obadja, Jona, Micha, Nahum, Habakuk, Zefanja, Haggai, Sacharja und Maleachi. Die Bezeichnungen „groß" und „klein" beziehen sich auf den Umfang der hinterlassenen Schriften, nicht auf deren Bedeutung.

Ging es in den frühen Prophezeiungen um das Geschick von Einzelpersonen, wie Königen, oder um den Ausgang von Kriegen und Schlachten, so änderte sich das in den späteren, apokalyptischen Schriften. Hier standen das Heil und die Zukunft der gesamten Menschheit im Mittelpunkt. Es ging nicht mehr um kurze Zeitabschnitte oder Regierungsperioden, sondern um die endgültige Zukunft, die Apokalypse und die Errettung der Gerechten und der Diener des Herrn. Das Gericht Gottes wurde zum Symbol der

Hoffnung und der Erlösung. Die biblischen Propheten empfingen die göttlichen Botschaften auf ganz unterschiedliche Weise. Manche hörten seine Stimme, andere sahen ihn in ihren Visionen, oder er verkündete seine Botschaft in ihren Träumen. Ihre ekstatischen Erscheinungen und psychischen Zustände beim Empfang der Botschaften waren also vielfältig und reichten von der Unempfindlichkeit gegen Schmerzen über Glossolalie (ekstatisches, unverständliches Sprechen) bis hin zu auditiven und visuellen Halluzinationen. Was zu verkünden war, war selten angenehm. Meistens handelte es sich um reaktionäre Botschaften, den Tadel an den Herrschern der jeweiligen Epochen, an den Sitten und Unsitten des Volkes. Es waren Warnungen und Mahnungen zur Umkehr, was die Beliebtheit der Propheten unter ihren Mitbürgern nicht unbedingt steigerte. Oft waren die Androhungen von Strafe als göttliche Erpressung zur Änderung des Verhaltens zu verstehen, nicht immer waren es tatsächliche Ankündigungen.

In der biblischen Exegese gibt es vier Hauptkriterien zur Erkennung von wahren Propheten: die Reinheit des Lebens und der Sitten, Übereinstimmung mit der traditionellen jahwistischen Lehre, das Eintreffen der Prophezeiungen und die Ankündigung von Missgeschicken und Katastrophen. Die Überbringung der Botschaft von Strafe und Vernichtung galt also als Beweis der Göttlichkeit.

Die „wahren Propheten Gottes“ kämpften gegen Scharen von bezahlten Hofpropheten, die dazu angehalten waren, den Königen nur Positives und Gefälliges für die Zukunft und den Ausgang von Kriegen vorauszusagen und das Volk in Sicherheit zu wiegen. In Jesaja 30,10 heißt es: „Sie sagen zu den Sehern: Seht nichts!, / und zu den Propheten: Erschaut für uns ja nicht, was wahr ist, sondern sagt, was uns schmeichelt, / erschaut für uns das, was uns täuscht.“ Am Hofe des Königs Ahab (Regierungszeit 871–852 v. Chr.), der über das Nordreich Israel herrschte, gab es bis zu 450 solcher Hofpropheten.

Die Propheten Gottes prangerten soziale Ungerechtigkeiten an und religiöse Abwege des Volkes. Ihre Kompromisslosigkeit bezahlten sie mit Verfolgung, Aufenthalten in Kerkern und oftmals mit dem Tod.

Die Verkünder vom Strafgericht Gottes litten unter ihren Visionen und Träumen, denn nicht jedem von ihnen war es gegeben, eine Heilsbotschaft zu empfangen. Auch erfüllten sich die Prophezeiungen oft erst Jahrzehnte oder Jahrhunderte später, also nicht mehr zu ihren Lebzeiten, was sie zur Zielscheibe für Angriffe und Spott machte.

Der strenge Eingottglaube, den sie vertraten und predigten, war in einer Welt, die durch Orakelstätten und eine Vielzahl von Gottheiten aller Arten geprägt war, ein Kuriosum.

Im Laufe der Jahrtausende durchliefen die prophetischen Texte politische und kirchliche Zensuren, in denen entfernt und umgeschrieben wurde, was nicht gefiel oder nicht ins Bild passte. Trotzdem wird den Prophezeiungen in diversen Kirchen und Glaubensgemeinschaften auch heute noch große Bedeutung beigemessen. Die Bücher und Schriften gelten als Warnung vor einem neuen Strafgericht Gottes. Einige der Botschaften betreffen auch eine damals sehr ferne Zukunft, wie die Offenbarung des Johannes, der die Apokalypse voraussah.

Die in der Heiligen Schrift überlieferten Texte stammten selten von den Propheten selbst, es handelt sich vielmehr um Aufzeichnungen von Schülern, versehen mit Zusätzen von Schreibern und Priestern. Die Arbeit am Buch Jesaja dauerte mehrere Jahrhunderte, bis es vollendet war, es besteht aus 66 Kapiteln, von denen ihm nur die ersten 39 zugeschrieben werden. Die restlichen Kapitel sollen auf zwei weitere anonyme Propheten zurückgehen, Deuterojesaja und Tritojesaja. Ob es sich bei den Propheten um tatsächliche, historische Personen handelte, ist nicht immer erwiesen, oftmals wurde aus der Verschmelzung der Lebensgeschichten mehrerer Personen ein Prophet. Über die Person des Verfassers des Buches Maleachi ist nichts bekannt. Es wird angenommen, dass es sich hier um die Auslegungen von Schriftgelehrten handelt.

Auch stimmte das biblisch verklärte und im Sinne des Christentums bereinigte Bild der Boten Gottes oft nicht ganz mit der wirklichen Person aus Fleisch und Blut überein. Propheten hatten spätestens nach ihrer Berufung Heilige und Vorbilder zu sein. Doch es steckt wesentlich mehr hinter den vielschichtigen Persönlichkeiten, die oft in größter Gefahr und auf unorthodoxe Weise Gottes Botschaften an das Volk weitergaben. Ihre Lebensgeschichten lesen sich wie Romane, die spannender nicht sein könnten.

Debora

„die Biene" oder „die Fleißige", um 1200 v. Chr.

Debora lebte ca. 1200 oder 1000 v. Chr., zur Zeit von König Jabin, in Kanaan. Die Prophetin hat kein eigenes Buch in der Bibel, ihre Geschichte wird im Buch der Richter, Kapitel 4, erzählt. Das Debora-Lied stammte wohl ebenfalls nicht von ihr selbst, sondern aus der Feder eines anonymen Dichters.

Nach dem Tod von Josua übernahmen sogenannte „Richter" die Führung des Volkes Israel. Die einzige Frau, die als Richterin erwähnt wurde, ist Debora. Sie war auch Prophetin und Kriegerin im Namen des Herrn. Sie hatte eine politische Schlüsselposition und gilt als eine der wichtigsten Frauengestalten im Alten Testament.

Als Richterin und Prophetin saß sie unter einer Palme im Gebirge Ephraim zwischen Rama und Bet-El und beriet die Menschen, die zu ihr hinaufströmten, bei Rechtsstreitigkeiten.

Das Volk Israel wurde seit fast 20 Jahren von König Jabin und seinem Heerführer Sisera unterdrückt, mit der Zeit war das Volk immer mehr vom Glauben an den wahren Gott abgefallen und zog sich dessen Zorn zu. Deshalb beließ er sie in der Hand der Feinde.

Debora sprach mit Gott und empfing seine Prophezeiungen. Als die Bedrückung durch die Kanaaniter immer schlimmer wurde, rief sie im Auftrag Gottes zum Krieg und sagte auch gleich den Sieg der Israeliten voraus. Was in Richter 4,6–7 beschrieben wird:

„Sie schickte Boten zu Barak, dem Sohn Abinoams aus Kedesch-Naftali, ließ ihn rufen und sagte zu ihm: Der Herr, der Gott Israels, befiehlt: Geh hin, zieh auf den Berg Tabor und nimm zehntausend Naftaliter und Sebuloniter mit dir! Ich aber werde Sisera, den Heerführer Jabins, mit seinen Wagen und seiner Streitmacht zu dir an den Bach Kischon lenken und ihn in deine Hand geben."

Das Heer Siseras verfügte über 900 eiserne Kampfwagen und galt als unbesiegbar. Da bekannt war, dass Debora unter dem Schutz Gottes stand, bat Barak die Prophetin, mit in den Kampf zu ziehen. Damit war Gott auf ihrer Seite und die Beteiligung einer Prophetin machte die Schlacht zu einem heiligen Krieg. Sie zogen mit 10.000 Mann zum Berg Tabor und besiegten mithilfe des Herrn Siseras Streitmacht. Der Feldherr selbst wurde auf der Flucht von Jaël, der Frau Hebers, mit einem Zeltpflock ermordet. Die Prophezeiung war in vollem Umfang eingetreten. In ihrer restlichen Zeit als Richterin herrschte Frieden, sie wurde von den Menschen „Mutter Israels" genannt.

Jesaja

„Jahwe hilft“, 8. Jh. v. Chr.

Jesaja stammte aus Jerusalem und empfing seine Berufung zum Propheten im Jahre 733 v. Chr. In einer Vision sah er den Thron Gottes, umgeben von Engeln. In Jesaja 6,1–2 heißt es:

> *„Im Todesjahr des Königs Usija sah ich den Herrn. Er saß auf einem hohen und erhabenen Thron. Der Saum seines Gewandes füllte den Tempel aus. Serafim standen über ihm. Jeder hatte sechs Flügel: Mit zwei Flügeln bedeckten sie ihr Gesicht, mit zwei bedeckten sie ihre Füße und mit zwei flogen sie.“*

Und weiter in Jesaja 6,8–11:

> *„Danach hörte ich die Stimme des Herrn, der sagte: Wen soll ich senden? Wer wird für uns gehen? Ich antwortete: Hier bin ich, sende mich! Da sagte er: Geh und sag diesem Volk: / Hören sollt ihr, hören, aber nicht verstehen. / Sehen sollt ihr, sehen, aber nicht erkennen. Verhärte das Herz dieses Volkes, / verstopf ihm die Ohren, / verkleb ihm die Augen, damit es mit seinen Augen nicht sieht / und mit seinen Ohren nicht hört, damit sein Herz nicht zur Einsicht kommt / und sich nicht bekehrt und nicht geheilt wird. Ich fragte: Wie lange, Herr? / Er antwortete: Bis die Städte verödet sind und unbewohnt, / die Häuser menschenleer, / bis das Ackerland zur Wüste geworden ist.“*

Jesaja entstammte einer sehr vornehmen Familie und stand dem königlichen Hofe im Südreich Juda nahe. Er war mit einer Prophetin verheiratet und hatte mindestens zwei Söhne. Jesaja wirkte in den

30 Jahren seiner Tätigkeit als Ratgeber und Prophet für vier Könige. Das hinderte ihn allerdings nicht daran, soziale Missstände anzuprangern und Krieg und Zerstörung vorauszusagen. Die Führer des Volkes bezeichnete er als gierige, unersättliche Hunde. Um seine Botschaften zu unterstreichen, griff er oft zu drastischen Mitteln. So lief er, auf Gottes Befehl hin, drei Jahre lang nackt und barfuß durch die Gegend als warnendes Zeichen für Ägypten und Kusch. Um zu versinnbildlichen, dass die Ägypter und Kuschiter vom König von Assur mit entblößtem Gesäß zur Schande Ägyptens aus ihrer Heimat weggeführt werden. Er beschrieb auch seinen Zustand beim Empfangen einer göttlichen Vision in Jesaja 23,3–4:

„Darum zittert mein ganzer Leib, / Krämpfe befallen mich / wie die Wehen eine gebärende Frau. Ich bin betäubt von dem, was ich höre, / bestürzt von dem, was ich sehe. Mein Herz pocht wild, mich schüttelt ein Schauder. / Das ersehnte Dunkel des Abends macht der Herr für mich zum Schrecken.“

Am Ende seines Schaffens steht die Botschaft von der Erlösung und Rettung durch einen Messias. In seinen Prophezeiungen findet sich auch erstmals der neue Gedanke einer kleinen Gruppe von Gerechten oder Auserwählten, die von Gottes Zorn und seinem Gericht verschont bleiben. Seine letzte Prophezeiung geht auf das Jahr 701 v. Chr. zurück. Wann und wie sein Leben endete, ist nicht überliefert.

Jeremia

„Jahwe erhöht" oder „Jahwe gründet", 627–580 v. Chr.

Jeremia war der Sohn von Hilkija, einem Priester aus Anatot. Er lebte und wirkte in Jerusalem. Seine Worte und Prophezeiungen wurden von seinem Freund Baruch aufgeschrieben und in Zeiten der Gefangenschaft des Propheten auch von Baruch dem Volk verkündet. Seine Berufung, die er allerdings nicht gerade mit Freuden annahm, erfolgte im Jahre 628 v. Chr. In Jeremia 1,4–10 heißt es:

> *„Und des Herrn Wort geschah zu mir: Ich kannte dich, ehe ich dich im Mutterleibe bereitete, und sonderte dich aus, ehe du von der Mutter geboren wurdest, und bestellte dich zum Propheten für die Völker. Ich aber sprach: Ach, Herr, ich tauge nicht zu predigen; denn ich bin zu jung.*
> *Der Herr sprach aber zu mir: Sage nicht: ‚Ich bin zu jung', sondern du sollst gehen, wohin ich dich sende, und predigen alles, was ich dir gebiete. Fürchte dich nicht vor ihnen; denn ich bin bei dir und will dich erretten, spricht der Herr. Und der Herr streckte seine Hand aus und rührte meinen Mund an und sprach zu mir: Siehe, ich lege meine Worte in deinen Mund.*
> *Siehe, ich setze dich heute über Völker und Königreiche, dass du ausreißen und einreißen, zerstören und verderben sollst und bauen und pflanzen."*

Gott verlangte von ihm Ehe- und Kinderlosigkeit. Jeremia war unglücklich und litt unter seiner Berufung und den grausamen Visionen, die Gott ihn schauen ließ.

Die Babylonier hatten das assyrische Großreich abgelöst und

stellten eine neue Bedrohung dar. Jeremia warnte davor, sich den übermächtigen Babyloniern militärisch zu widersetzen. Er verkündete den Fall Jerusalems und des Tempels, was 587/586 v. Chr., durch die Eroberung des neubabylonischen Königs Nebukadnezar II., tatsächlich eintrat. Der Begriff „Jeremiade" geht auf sein Buch der Klagelieder zurück, in dem jenes Ereignis leidenschaftlich und tief erschüttert beklagt wird.

Seine Unheilsverkündungen machten ihn unbeliebt und er wurde verfolgt und des Öfteren von seinen Mitbürgern misshandelt. Er kämpfte vehement gegen die falschen, bezahlten Propheten am Königshof, die Volk und König in Sicherheit wiegten und zum Krieg rieten. Mit einem Ochsenjoch um den Hals, das die zukünftige Herrschaft oder das drohende Joch der Babylonier veranschaulichen sollte, hatte er versucht, sich publikumswirksam Gehör zu verschaffen. Nach der Eroberung wollte der leidende Prophet vom Angebot Nebukadnezars II., ihn nach Babylon zu begleiten, nichts wissen und blieb in Jerusalem.

Schließlich war er, wie viele Israeliten, die in Jerusalem geblieben waren, zur Flucht nach Ägypten gezwungen. Hier im Exil begann er, seine Landsleute erneut zu warnen, die sich den ägyptischen Göttern zugewandt hatten. Seine Botschaft kam nicht besonders gut bei den Israeliten an und er wurde im Jahre 580 v. Chr. gesteinigt.

Ezechiel

„Gott macht stark", um 6. Jh. v. Chr.

Ezechiel gehört ebenfalls zu den „Großen Propheten", das gleichnamige Buch wurde circa 600–560 v. Chr. verfasst. Er war der Sohn eines Priesters und wurde um 597 v. Chr. nach Babylon deportiert.

Seine Berufung erhielt er fünf Jahre später, „Am fünften Tag des vierten Monats im dreißigsten Jahr". Er sah den Thronwagen Gottes, gezogen von vier geflügelten Tieren in Menschengestalt mit vier Gesichtern (Löwe, Adler, Ochse, Mensch). Zwischen den Lebewesen sah er Feuer und helle Blitze zucken.

In Ezechiel 2,1–10 heißt es:

„Er sagte zu mir: Stell dich auf deine Füße, Menschensohn; ich will mit dir reden. Als er das zu mir sagte, kam der Geist in mich und stellte mich auf die Füße. Und ich hörte den, der mit mir redete. Er sagte zu mir: Menschensohn, ich sende dich zu den abtrünnigen Söhnen Israels, die sich gegen mich aufgelehnt haben. Sie und ihre Väter sind immer wieder von mir abgefallen, bis zum heutigen Tag. Es sind Söhne mit trotzigem Gesicht und hartem Herzen. Zu ihnen sende ich dich. Du sollst zu ihnen sagen: So spricht Gott, der Herr. Ob sie dann hören oder nicht – denn sie sind ein widerspenstiges Volk –, sie werden erkennen müssen, dass mitten unter ihnen ein Prophet war. Du aber, Menschensohn, fürchte dich nicht vor ihnen, hab keine Angst vor ihren Worten! Wenn dich auch Dornen umgeben und du auf Skorpionen sitzt, hab keine Angst vor ihren Worten und erschrick nicht vor ihrem Blick; denn sie sind ein widerspenstiges Volk. Du sollst ihnen meine Worte sagen, ob sie hören oder nicht, denn sie sind widerspenstig. Du aber, Menschensohn, höre, was ich zu dir sage. Sei nicht widerspenstig wie dieses widerspenstige Volk! Öffne deinen Mund und iss, was ich dir gebe. Und ich sah: Eine Hand war ausgestreckt zu mir; sie hielt eine Buchrolle. Er rollte sie vor mir auf. Sie war innen und außen beschrieben und auf ihr waren Klagen, Seufzer und Weherufe geschrieben."

Gott befahl ihm, die Schriftrolle zu essen, und sie schmeckte wie Honig.

Seine Prophezeiungen beinhalteten zum einen Verkündungen von Schrecken wie Hungersnot, Pest und Vernichtung. Sie sind eine einzige Anklage des treulosen Volkes Israel, das sich vom wahren Gott abgewandt hatte. Zum anderen bestehen seine Prophezeiungen aber aus Heilsverheißungen, wenn die Schuld getilgt ist.

Ezechiel durchlebte alle möglichen Zustände bei der Verkündung der Botschaft Gottes. Er schwebte mehrmals durch die Luft und erlebte Phasen, in denen er weder sprechen noch sich bewegen konnte. Der Herr gebot ihm, mit göttlichen Stricken gefesselt, 390 Tage auf der linken Seite zu liegen, um die Schuld des Volkes zu tragen und 40 Tage auf der rechten Seite. Brot und Wasser wurden von Gott rationiert.

Ezechiel kämpfte für soziale Gerechtigkeit und Schutz für Bedürftige und verkündete die Herrlichkeit Gottes. Er sah das babylonische Exil als verdiente Strafe für die Abwendung des Volkes von Gott. In seiner wohl stärksten Vision führte Gott ihn auf ein Feld, das mit vertrockneten Gebeinen übersät war. Die Toten wurden durch Gott zum Leben erweckt und bildeten ein großes Heer, das Volk Gottes, das zurückgeführt wird nach Israel.

Ezechiel verbrachte 20 Jahre im Exil, bis er von einem seiner Landsleute ermordet wurde.

Daniel

„Gericht von Gott" oder „Gott ist mein Richter",
um 7./6. Jh. v. Chr.

Daniel zählt in der christlichen Tradition zu den vier „Großen Propheten". Gott sprach nie direkt zu ihm, wie zu den anderen Propheten, weshalb das Buch Daniel im jüdischen Kanon nicht zu den

Prophetenbüchern zählt. Der Originaltext wurde in zwei verschiedenen Sprachen verfasst, Kapitel 1–6, die das Leben von Daniel am babylonischen Königshof erzählen, in Aramäisch, und Kapitel 7–11, der apokalyptische, visionäre Teil, in Hebräisch. Es wird vermutet, dass das Buch Daniel erst am Ende der Herrschaft von Antiochos IV., zwischen 167 und 165 v. Chr., niedergeschrieben wurde, nicht wie oft angegeben um ca. 530 v. Chr. Viele der prophezeiten Ereignisse wurden somit quasi „rückwirkend" vorhergesagt. Ein Trick, der sich „vaticinium ex eventu" nennt, also Voraussage im Nachhinein, um mit der Erfüllung der älteren Prophezeiungen die Glaubwürdigkeit der zukünftigen zu erhöhen.

Das Buch Daniel trägt über weite Teile starke Züge der Sekte der Hasidim, könnte also von einem Mitglied dieser Bewegung verfasst worden sein.

Obwohl Daniel keine direkte Berufung zum Propheten erfuhr, war sein Leben geprägt von Wundern und bedeutenden Visionen. Aufgrund seiner Treue stand er unter dem Schutz Gottes.

Daniel kam als Knabe von königlicher Abstammung gemeinsam mit seinen Freunden Asarja Hananja und Misael mit den Gefangenen aus Juda nach Babylon an den Hof von König Nebukadnezar II., wo er in Beltschazar umbenannt und drei Jahre lang von den Chaldäern ausgebildet wurde.

Für König Nebukadnezar deutete er eine Vision, die dieser im Traum von Gott empfangen hatte. Im Buch Daniel 2,32–44 heißt es:

„An diesem Standbild war das Haupt aus reinem Gold; Brust und Arme waren aus Silber, der Körper und die Hüften aus Bronze. In der ganzen bewohnten Welt hat er die Menschen, die Tiere auf dem Feld und die Vögel am Himmel in deine Hand gegeben; dich hat er zum Herrscher über sie alle gemacht. Die Beine waren aus Eisen, die Füße

aber zum Teil aus Eisen, zum Teil aus Ton. Du sahst, wie ohne Zutun von Menschenhand sich ein Stein von einem Berg löste, gegen die eisernen und tönernen Füße des Standbildes schlug und sie zermalmte. Da wurden Eisen und Ton, Bronze, Silber und Gold mit einem Mal zu Staub. Sie wurden wie Spreu auf dem Dreschplatz im Sommer. Der Wind trug sie fort und keine Spur war mehr von ihnen zu finden. Der Stein aber, der das Standbild getroffen hatte, wurde zu einem großen Berg und erfüllte die ganze Erde."

Daniel sah in dieser Vision die vier kommenden Weltreiche, beginnend mit dem babylonischen Reich, die jedoch wieder untergehen werden, danach folgt das Reich Gottes, das ewigen Bestand hat.

Die Gabe, Träume zu deuten, und das erlernte Wissen der Chaldäer auf den Gebieten der Astrologie und Magie brachten ihm die Stellung als königlicher Ratgeber und Verwalter der Provinz Babylon ein, die er vier Könige lang innehatte.

Daniel deutete einen weiteren Traum für Nebukadnezar und sagte ihm seinen Untergang voraus. Der König wurde daraufhin wahnsinnig.

Bei einem Festmahl von Belsazar erschien an der Wand eine goldene Schrift: „Mene, Mene, Tekel, u-parsin". Daniel deutete die Worte als „Gezählt, gewogen und für zu leicht befunden" und sagte die Vernichtung des babylonischen Reiches durch die Perser und den Tod Belsazars voraus. Belsazar starb noch in der Nacht, die Perser eroberten 538 v. Chr. Babylon.

Nachdem Daniel sich dem Gebot des neuen Königs Darius widersetzt hatte, das die Anbetung von Gott für 30 Tage verbot, landete er in der Löwengrube. Am nächsten Tag wurde er daraus lebend und unverletzt befreit und der König bekehrt.

Wie und wann Daniel starb, ist nicht bekannt.

Amos

„der von Jahwe Getragene", um 750 v. Chr.

Der wohlhabende Vieh- und Maulbeerfeigenbaumzüchter wurde in der Stadt Tekoa im Südreich Juda geboren.

Er war der Erste der „Schriftpropheten". Seine Berufung beschrieb er in Amos 7,14–15:

> *„Ich bin kein Prophet und kein Prophetenschüler, sondern ich bin ein Viehzüchter und ich ziehe Maulbeerfeigen. Aber der Herr hat mich von meiner Herde weggeholt und zu mir gesagt: Geh und rede als Prophet zu meinem Volk Israel!"*

Und in Amos 3,8: „Der Löwe brüllt – wer fürchtet sich nicht? / Gott, der Herr, spricht – / wer wird da nicht zum Propheten."

Amos wurde von Gott ins Nordreich Israel gesandt, wo er in Samaria und danach in Bet-El tätig war. Er verbreitete eifrig die Prophezeiung vom Strafgericht des Herrn.

Amos war kein jammernder und klagender Prophet wie Jeremias oder ein Wundermann wie Daniel, er war ein zorniger, unbeugsamer, streitlustiger Bote Gottes. Er zeigte jede soziale Ungerechtigkeit auf, kritisch betrachtete er das Leben der Reichen sowie der Berufspropheten und Priester. Er prangerte Korruption und Ausbeutung an. Seine Worte waren kraftvoll und zornig, was sich schon zu Beginn des Buches Amos (Amos 1,2) zeigt: „Der Herr brüllt vom Zion her, / aus Jerusalem lässt er seine Stimme erschallen. Da welken die Auen der Hirten / und der Gipfel des Karmel verdorrt."

Die reichen Damen bezeichnete er unschmeichelhaft als „Baschankühe", die dafür bekannt waren, fett und gemästet zu sein. Er empfing fünf Visionen, die er selbst aufzeichnete. Er sah eine drohende Heuschreckenplage und eine Feuersbrunst, die jedoch beide durch Fürbitten abgewendet werden konnten. In der dritten Vision sah er Gott auf einer Mauer stehen mit einem Senkblei, um das Volk zu prüfen und es mit dem Schwert zu schlagen. Es folgte die Vision von einem Korb mit reifem Obst. Das Volk Israel, das reif ist für das Ende. In der letzten Vision sah Amos Gott neben einem Altar stehen und von der völligen Vernichtung ohne Entkommen künden.

Das Land hingegen erlebte seine wirtschaftliche Hochblüte und es schien keine ernsthafte Bedrohung von außen zu geben. Seine Botschaften erreichten demnach die Reichen und sich in Sicherheit wiegenden Israeliten nicht. Amazja, der Priester des Nationalheiligtums in Bet-El, meldete dem König, dass Amos zum Aufstand aufrufen würde. Er legte dem Propheten nahe, zurück nach Juda zu gehen, um ihn endgültig loszuwerden.

Tatsächlich wurde das Nordreich im Jahre 722 v. Chr. von den Assyrern erobert. Trotz seiner Visionen gab Amos die Hoffnung auf die Barmherzigkeit Gottes nie auf. Er kehrte schließlich zurück in seine Heimat Juda und begann mit der Arbeit an seinem Buch.

Elias

„mein Gott ist Jahwe", um 912–850 v. Chr.

Über sein Leben wird im Buch der Könige berichtet. Er stammte aus Tischbe in Gilead im Nordreich Israel. Der Überlieferung nach kam er aus dem Stamme Levi. Elias war ein Naturbursche, der sich in Schaf- und Ziegenfelle kleidete und aus der Wildnis kam. Er war sowohl Prophet als auch Wundermann, mit Raben als himmlische Helfertiere, die ihn wundersam ernährten. Sogar eine Totenerweckung wird ihm zugeschrieben. Er teilte den Jordan mit seinem Mantel und ging durch das trockene Flussbett. Seine Prophezeiungen sind situationsbezogen, nicht global, er verkündete eine jahrelange Dürre, um das Volk Israel für seinen Abfall vom wahren Gott zu bestrafen.

König Ahab und seine Frau Israel, die Tochter des Königs der Sidonier, gehörten dem Baalskult an. Gott berief Elias zum Propheten und schickte ihn zum König. In 1. Könige 17,1–6 wird die Berufung Elias' und seine Begegnung mit dem König beschrieben:

> *„Der Prophet Elias aus Tischbe in Gilead sprach zu Ahab: So wahr der Herr, der Gott Israels, lebt, in dessen Dienst ich stehe: in diesen Jahren sollen weder Tau noch Regen fallen, es sei denn auf mein Wort hin. Danach erging das Wort des Herrn an Elias: Geh weg von hier, wende dich nach Osten und verbirg dich am Bach Kerit östlich des Jordan! Aus dem Bach sollst du trinken und den Raben habe ich befohlen, dass sie dich dort ernähren. Elias ging weg und tat, was der Herr befohlen hatte; er begab sich zum Bach Kerit östlich des Jordan und ließ sich dort nieder. Die Raben brachten ihm Brot und Fleisch am Morgen und ebenso Brot und Fleisch am Abend und er trank aus dem Bach."*

Der Prophet floh vor dem König und seiner Frau. Schließlich kam er nach Sarepta, wo er den Sohn einer Witwe mit Gebeten wieder zum Leben erweckte. Nach drei Jahren kehrte er zurück an den Königshof, um das baldige Ende der Dürre zu verkünden. Im Namen Gottes forderte er die 450 Baalspriester am Hofe Ahabs zum Wettstreit auf dem Berg Kamel auf, aus dem der israelitische Gott Jahwe und sein Prophet als Sieger hervorgingen. Elias richtete daraufhin ein Massaker unter den Baalspriestern an und floh erneut vor dem Zorn der Königin. Beim Töten der Abgesandten des Königs kannte er ebenfalls wenig Gnade. So ließ er zwei Hauptleute samt Soldaten vom Feuer Gottes verschlingen. Auf dem Gottesberg Horeb bestimmte Jahwe Elischa zum Nachfolger Elias'. Der Prophet starb nicht. Laut 2. Könige 2,11–12 wurde er entrückt:

„Während sie miteinander gingen und redeten, erschien ein feuriger Wagen mit feurigen Pferden und trennte beide voneinander. Elias fuhr im Wirbelsturm zum Himmel empor. Elischa sah es und rief laut: Mein Vater, mein Vater! Wagen Israels und sein Lenker! Als er ihn nicht mehr sah, fasste er sein Gewand und riss es mitten entzwei."

In Maleachi 3,23–24 wird die Wiederkehr des Propheten Elias angekündigt, bevor der Tag des Herrn kommt. In der Bibel werden sowohl Jesus als auch Johannes der Täufer mehrmals mit Elias verglichen. Im Judentum erwartet man seine Wiederkehr mit Ungeduld, da sie das Gericht Gottes einleiten soll.

Apostel Johannes

„Jahwe hat Gnade erwiesen", 1. Jh. n. Chr.

Johannes war der Sohn des Zebedäus und Bruder von Jakobus dem Älteren, der ebenfalls zu den Jüngern Jesu gehörte. Der kirchlich-christlichen Tradition folgend, soll er der Lieblingsjünger Jesu, Evangelist und der Verfasser der Offenbarung sein. Nach der biblischen Exegese handelt es sich allerdings um drei verschiedene Personen. Da viele der ihm zugeschriebenen Ereignisse stattfanden, als Johannes bereits weit über 80 Jahre alt war, und er über 90 Jahre bei der Verbannung und Verurteilung zur Zwangsarbeit durch den römischen Kaiser zahlte, ist wohl anzunehmen, dass es sich um mehr als eine Person handelte.

Johannes wurde in Bethsaida in Galiläa geboren und arbeitete als Fischer, bis er sich Jesus anschloss. Er begleitete den Messias bis zur Kreuzigung, wo ihm die Verantwortung für Jesus' Mutter Maria anvertraut wurde. Jesus gab den Brüdern Johannes und Jakobus den Beinamen „Boanerges", also Donnersöhne, was wohl auf deren aufbrausendes Wesen zurückzuführen war.

Johannes gründete mehrere christliche Gemeinden in der Gegend um Ephesus. In der Legenda aurea von Jacobus de Voragine (um 1230–1298), der mittelalterlichen Sammlung von Heiligenlegenden, wird das weitere Wirken des Apostels in Kleinasien beschrieben. In der Zeit der zweiten Christenverfolgung wurde er vom Statthalter von Asien verhaftet und nach Rom gebracht. Nach seiner Verurteilung wurde er, der Legende nach, an der Porta Latina in einen Kessel mit kochendem Öl gesteckt. Er bekreuzigte sich und überlebte unbeschadet. Kaiser Domitian ließ ihn daraufhin nach Patmos verbannen, wo er Zwangsarbeit verrichten musste. Hier empfing er Gottes Offenbarung, das letzte Buch der Bibel. Er beschrieb den Aufruf Gottes, seine Visionen aufzuschreiben und zu verbreiten, in Offenbarung 1,10–16:

„Am Tag des Herrn wurde ich vom Geist ergriffen und hörte hinter mir eine Stimme, laut wie eine Posaune. Sie sprach: Schreib das, was du siehst, in ein Buch und schick es an die sieben Gemeinden: nach Ephesus, nach Smyrna, nach Pergamon, nach Thyatira, nach Sardes, nach Philadelphia und nach Laodizea."

Johannes hatte eine eindrucksvolle Vision vom Thron Gottes. Bei der Öffnung der sieben Siegel sah er die apokalyptischen Reiter und sieben Engel, die in ihre Posaunen blasen. Außerdem berichtet er von den sieben Engeln mit den Schalen des Zorns und dem endgültigen Sieg über Satan. Die Vision endet im Strafgericht Gottes über die Menschheit, sogar die Toten werden auferstehen und nach ihren Werken gerichtet werden. Danach sah er einen „neuen Himmel“, eine „neue Erde“ und ein „neues Jerusalem“. Gott wird unter den Menschen wohnen und mit ihnen sein. Die Apokalypse des Johannes ist die eindrucksvollste und ausführlichste Schilderung vom Gericht Gottes in der Bibel.

Nach dem Tod von Kaiser Domitian kehrte Johannes zurück nach Ephesus, wo er auf Bitten seiner Schüler das Evangelium und die drei Briefe schrieb. Es sind auch drei Totenerweckungen überliefert, die Johannes zugeschrieben werden. Er selbst überlebte noch den Genuss von vergiftetem Wein, indem er das Kreuz über den Kelch schlug und das Gift in Gestalt einer Schlange entwich.

Er starb friedlich im Alter von 94 Jahren als der letzte noch lebende Apostel. Johannes wurde in Ephesus auf einem Berg außerhalb der Stadt begraben.

Ob man an die Wundertaten in den Erzählungen und Lebensgeschichten der Propheten glaubt oder nicht, ist wohl eine Frage der eigenen Religiosität und des persönlichen Glaubens.

Die Totenerweckungen wie auch das unbeschadete Überstehen von Folter und Strafen durch die Staatsgewalt sollen zeigen, dass Gott über diesen Dingen steht und die Menschen, die in seiner Gunst stehen, beschützt. Für alle Getreuen hält er am Ende eine Heilsbotschaft bereit. Die Gerechten werden im Königreich Gottes mit ihm gemeinsam leben. Die Bibel endet mit dem Versprechen an alle Gläubigen in Offenbarung 22,6–7:

„Und der Engel sagte zu mir: Diese Worte sind zuverlässig und wahr. Gott, der Herr über den Geist der Propheten, hat seinen Engel gesandt, um seinen Knechten zu zeigen, was bald geschehen muss. Siehe, ich komme bald. Selig, wer an den prophetischen Worten dieses Buches festhält.“

Offenbarung 22,20–21: „Er, der dies bezeugt, spricht: Ja, ich komme bald. – Amen. Komm, Herr Jesus! Die Gnade des Herrn Jesus sei mit allen!“

erfülltes Leben, bis er fast 100-jährig friedlich in Ephesus starb. Der Legende nach soll er in den Himmel aufgenommen worden sein.

Jesus hingegen bezog seine Weisheit von Gott, dem er auch sein ganzes Leben widmete. Sein Wirken war auf Palästina beschränkt. Er war ein stiller, uneitler, friedlicher Wanderprediger, der die Zukunft der Menschheit im Blickfeld hatte. Jesus konnte nicht auf die Weisheit eines langen Lebens und Lernens zurückgreifen, er war ein Frühvollendeter, der mit 33 Jahren gewaltsam starb. Doch überschneiden sich die beiden Biografien in Details wie vollzogenen Krankenheilungen, Totenerweckungen und anderen Wundertaten. Die frühen Kirchenväter sahen jedenfalls in Apollonius einen unliebsamen Konkurrenten, den es auszuschalten galt. Seine Existenz gänzlich zu leugnen, war aber nicht möglich, weil Apollonius' Leben und Wirken in den Werken von Lukian, Alexander von Abonuteichos, Cassius Dio, Soterichos von Oasis, Origines oder Sossianos Hierokles Erwähnung fanden.

Flavius Marcellus soll Kaiser Augustinus (354–430) berichtet haben, dass in den heidnischen Völkern Jesus nur einer von vielen bekannten Wundertätigen sei und dass die Taten und Werke von Apollonius und Apuleius von Madauros (um 123–170) viel höher bewertet würden. Augustinus antwortete, dass es besser sei, Christus würde mit Apollonius und Apuleius verglichen, als mit einem Ehebrecher. Da man also nicht leugnen konnte, dass er wirklich gelebt hatte, verunglimpfte man ihn als heidnischen Magier, Scharlatan und Gaukler.

Kaiserin Julia Domna (170–217), Gemahlin von Septimius Severus, gab dem Hofsophisten Lucius Flavius Philostratos (um 170–247) den Auftrag, eine Biografie über Apollonius zu schreiben, der wie sie aus dem Osten des Reiches stammte. Das Werk mit dem Titel *Vita Apollonii Tyanensis* wurde allerdings erst nach ihrem Tod vollendet.

Philostratos stützte seine Biografie auf Schriften, die heute leider nicht mehr zur Verfügung stehen und deren Authentizität daher auch nicht mehr überprüfbar ist. Er zitierte aus dem Tagebuch des Damis, der ein Schüler und lebenslanger Begleiter von Apollonius war, diese Schriften gelten allerdings als glatte Fälschung von Philostratos selbst, der seine Geschichte damit bestätigen wollte. Als weitere Quelle diente ein Buch von Maximus von Aegae, dem Sekretär von Kaiser Hadrian, das die Jugendjahre des Apollonius beschrieb. Es wurde zwischen der Regierungszeit von Kaiser Hadrian (117–138) und Kaiser Caracalla (211–217) verfasst. Philostratos bezog sich auch auf eine Biografie von Moiragenes, der allerdings Apollonius gegenüber feindlich eingestellt war. Eine weitere Quelle dürften mündliche Überlieferungen und Erzählungen aus den Städten und Tempeln gewesen sein, in denen Apollonius wirkte. Leider sind die selbstverfassten Werke des Apollonius nicht erhalten geblieben, sie standen schon Philostratos nicht mehr zur Verfügung, dabei muss ihr Umfang enorm gewesen sein.

Das Werk von Philostratos umfasste acht Bücher und enthielt viele Ausschmückungen und Übertreibungen, wie sie auch in späterer Zeit bei den Lebensgeschichten von Heiligen vorkommen. Er war von Julia Domna mit der Legendenbildung beauftragt worden, und so wurde Apollonius idealisiert und als Übermensch und Wundertäter mit göttlichem Segen dargestellt. Die leider nicht vollständig erhaltenen Erzählungen des Philostratos bestanden aus zahlreichen Sinnbildern, was viel Raum für Deutungen und Interpretationen ließ.

Julia Domnas Sohn Kaiser Caracalla ließ dem Wundermann ein Heroon errichten, und auch unter Kaiser Severus Alexander (208–235) wurde Apollonius kultisch verehrt, was bei aller Eitelkeit wohl doch nicht im Sinne des Weisen gewesen wäre.

Friedrich der Große (1712–1786) verfasste im Jahre 1774 eine

Übersetzung des Werkes von Philostratos in französischer Sprache, die er Papst Clemens IV. (1200–1268) widmete. Als Napoleon noch als Leutnant in der Armee diente, schrieb er einen Aufsatz, in dem er Jesus und Apollonius gegenüberstellte.

Wissenschaft und Glaube

In Wahrheit war Apollonius ein Philosoph in der Tradition von Pythagoras (570–510 v. Chr.). Dieser hatte, wie er, die halbe Welt bereist und war ebenfalls ein Weiser und Wundertäter, dessen Wissen und Lehren breit gefächert waren und alle Gebiete, von der Mathematik über Astrologie und Politik bis zur Seelenleere, umfasste. Apollonius folgte auch auf seinen Reisen der Spur des Pythagoras.

Als Neupythagoreer lebte Apollonius asketisch und war Vegetarier. Tieropfer lehnte er kategorisch ab, weil man seiner Meinung nach Gott nicht mithilfe eines toten Tieres nahekommen könne, sondern nur durch Glauben. Auf seinen ausgedehnten Reisen umgab ihn eine Schar von sieben Jüngern, die seine Lehren aufnahmen und weitergaben.

Noch heute diskutieren Altphilologen und Neutestamentler über die Bedeutung der *Vita Apollonii Tyanensis* und ihre Abhängigkeit von den Evangelien. Kannte Philostratos die Schriften der Evangelisten und ließ er sich davon inspirieren? Seine Vita wurde schließlich erst hundert Jahre nach Entstehung der Evangelien verfasst. Oder ließen sich vielleicht gar die Evangelisten vom Leben und Wirken des Apollonius beeinflussen?

Die Antwort liegt wahrscheinlich im ausgeprägten Wunderglauben der Antike. Die Menschen standen naturwissenschaftlichen Phänomenen und medizinischen Therapien fassungslos gegenüber und fragten nicht, warum diese für sie unerklärlichen Dinge geschahen. Sie suchten nach der Quelle, und diese war aufgrund mangelnder Bildung im Göttlichen zu suchen. Geschichten über Krankenheilungen, Totenerweckungen und wundertätige Männer waren weit verbreitet, Jesus und Apollonius waren keine Einzelerscheinungen. Es gab noch weitere wandernde Mystiker, die mit ihren Jüngern die Weisheitszentren und religiösen Stätten aufsuchten. Die Menschen der Antike zweifelten nicht daran, dass Wundermänner unter ihnen lebten. Weise und Wohltäter wurden oft als Gottmenschen oder göttliche Menschen dargestellt, weil ihr Geist und ihr Wirken über denen des normalsterblichen Menschen lagen. Es handelt sich hierbei also um ein antikes Phänomen, das wir heute nur noch schwer nachvollziehen können.

Vielleicht fällte es uns leichter, die Wundertaten im Leben Jesu zu akzeptieren, weil wir großteils mit dieser Lehre aufgewachsen sind und wir denselben Gott anbeten, während die Weisen der Antike ihre Kräfte von Göttern erhielten, die uns heute fremd sind, weil sie nicht unserer Tradition entsprechen. Jedenfalls scheint die Propaganda der Kirchenväter im Falle von Apollonius von Tyana die gewünschte Wirkung erzielt zu haben. Den Wenigsten ist sein Name ein Begriff. Über das Leben und Wirken der historischen Person des Apollonius wissen wir noch lange nicht alles. Wahrscheinlich schlummern noch viele Inschriften und Texte, die die Vita dieses außergewöhnlichen Mannes beschreiben, verschüttet in Gebäuden, Tempeln und Bibliotheken, die es noch auszugraben gilt.

Ein Reisender auf der Suche nach Weisheit

Das Leben des Apollonius begann um die Zeitenwende mit einer göttlichen Verkündigung. Eine leuchtende Engelsgestalt erschien seiner Mutter während der Schwangerschaft und verkündete, sie werde dem ägyptischen Gott Proteus das Leben schenken. Kurz vor der Geburt erhielt sie in einem Traum die Weisung, mit ihren Dienerinnen auf die Wiese hinauszugehen, um Blumen zu pflücken. Als sie sich ins Gras legte und einschlief, umkreiste sie eine Schar von singenden Schwänen. Sie erwachte und gebar Apollonius. In diesem Augenblick zuckte ein leuchtender Blitz über den Himmel und kehrte gleich darauf in den Äther zurück. Dies war die erste Parallele zum Leben Jesu und unterstrich auch hier die Göttlichkeit des neugeborenen Kindes. Von den Anhängern der Weisen wurde die göttliche Abstammung oft erst im Nachhinein ins Spiel gebracht, um das Bild abzurunden. Diese manifestierte sich dann in der überlieferten Legende.

Ganz in griechischer Tradition wurde dem jungen Apollonius überirdische Schönheit und Intelligenz nachgesagt. Sein Vater war einer der reichsten Männer der Provinz, was ihm eine sorgenfreie Kindheit bescherte. In seiner Jugend wurde Apollonius im Tempel von Tarsus unterwiesen, derselben Schule, die auch der spätere Apostel Paulus besuchte. Bereits im Alter von 14 Jahren überflügelte er seine Lehrer mit seiner Weisheit und verließ schließlich die Lehrstätte. Apollonius fand Aufnahme im Tempel des Aeskulap bei Aegae, an der Küste unweit von Tarsus. Er erwies sich als sehr ernsthafter Student, vom lustigen, unbeschwerten Studentenleben hielt er nichts. Sein Lehrer Euxenes war Philosoph und Gelehrter nach der Schule des Pythagoras. Während seiner Ausbildung wurde er auch in Magie und Traumdeutung unterwiesen. Er lernte mit den Seelen der Toten und den Geistern der Natur zu kommunizieren. Das Wissen wurde nur mündlich an die Studenten weitergegeben, um sicherzugehen, dass kein Missbrauch stattfand und kein Uneingeweihter Zugang zu den geheimen Lehren bekam. Schließlich wurde er zum Priester des Aeskulap geweiht. Bald erlangte er großen Ruhm durch seine Fähigkeiten als Heiler und Hellseher, die Kranken strömten in Scharen in den Tempel, um sich von ihm behandeln zu lassen. Er ließ seine Haare und seinen Bart wachsen, ging barfuß, verzichtete auf Fleisch und Wein und lehnte in der kalten Jahreszeit wärmende Kleidung aus Schafwolle ab. Apollonius soll seine Keuschheit nie aufgegeben haben, die fleischlichen Genüsse und profanen Interessen seiner Mitmenschen stellten für ihn keine wirkliche Versuchung dar. Sein Lehrer Euxenes versuchte ihn von einem etwas moderateren Weg zu überzeugen, doch Apollonius sah es als seine Mission an, die alten Weisheitslehren für seine Zeit neu zu entdecken und zu vermitteln.

Als sein Vater starb, trat er ein großes Erbe an, verschenkte aber all seine Reichtümer und entschied sich für ein Leben nach den asketischen und strengen Regeln der Pythagoreer. Die Verachtung von Reichtum galt als Prüfstein für die Tugendhaftigkeit und Aufrichtigkeit des Weisen. Euxenes soll er ein Haus mit Garten außerhalb von Aegae gekauft haben und er stattete ihn außerdem mit genug Geld aus, um ein sorgenfreies Leben führen zu können.

Der nun fast 20-jährige Apollonius legte ein vierjähriges Schweigegelübde ab und verließ den Tempel. Nun begann seine Wanderschaft, die ihn erst einmal durch ganz Kleinasien führte. Der schweigende, rätselhafte Mann heilte Kranke, indem er ihnen seine Hände auflegte. Einen Blinden heilte er, indem er ihm ein Gemisch aus Staub und Speichel auf die Lider rieb und einige geheimnisvolle Sätze dazu murmelte. Jedes Mal wenn er einen Tempel betrat, sprach er sein Gebet: „Gewährt mir die Bitte, oh Götter, dass ich wenig erhalten mag und nichts benötige."

Sein Schweigegelübde hinderte ihn jedoch nicht daran, die sozialen Missstände anzuprangern, die er auf seiner Wanderung sah. In einer Stadt, die wegen der harten Geschäfte der Kornwucherer an einer Hungersnot litt, schrieb er einige Worte auf eine Tafel und hängte sie auf den Marktplatz. Bald füllte sich dieser mit Getreide und die Not hatte ein Ende.

Nach Ablauf der gelobten Schweigejahre dehnte er die Route seiner Wanderungen aus und reiste nach Assyrien, Babylonien und schließlich nach Indien. Apollonius folgte der Route des Pythagoras. Der oft sehr beschwerliche Fußmarsch wurde dadurch erleichtert, dass er als Weiser auf der ganzen Strecke Unterstützung von Gleichgesinnten fand. Eine Unterkunft für die Nacht und eine Mahlzeit warteten bei jeder seiner Stationen auf ihn. Er besuchte die Tempel, Heiligtümer und Mysterienstätten in den Ländern, durch die er zog, und fand unter den Weisen und Priestern stets Anerkennung als Eingeweihter. Apollonius lernte von den Priestern und Weisen und gab seine Lehren an sie weiter. Er führte zahlreiche Reformen in den Tempeln ein. Philostratos schrieb: „Wenn er in eine Stadt kam, lud er die Priester des Tempels zu sich, philosophierte mit ihnen über die Götter und belehrte sie, wenn sie von der alten Überlieferung abwichen."

In Assyrien begegnete ihm Damis, der den weisen Mann bewunderte und sich ihm als Jünger anschloss. Er wurde sein lebenslanger Begleiter, doch vorerst diente er ihm als Führer. Seine Qualitäten als Übersetzer wurden von Apollonius nicht in Anspruch genommen, weil der mit den Leuten in allen nur erdenklichen Sprachen selbst kommunizieren konnte.

In der indischen Stadt Taxila nahm Apollonius Kontakt zu den Führern der Brahmanen auf. Staunend sah er, wie sie zwei Ellen über dem Boden durch die Luft schwebten, und wollte von ihnen lernen. Apollonius' Ruf war ihm bereits vorausgeeilt, er war für die Weisen kein Unbekannter mehr. Jarachas, der Königliche Führer der Brahmanen, nahm ihn für einige Monate auf und wurde sein Lehrer. Als Schlüssel der Weisheit nannte der Brahmane die Selbsterkenntnis, was auch den griechischen Lehren entsprach.

Apollonius verließ Indien und reiste weiter nach Cypern. Durch seinen Aufenthalt in Indien hatte sich sein Ruhm noch vermehrt und er wurde stets von Jüngern begleitet. In Ephesos sagte er der Bevölkerung eine drohende Pestepidemie voraus, stieß jedoch auf taube Ohren. Als die Seuche schließlich ausbrach, rief man ihn zurück und bat um seine Hilfe. Er versammelte die Jugend von Ephesos im Theater und man brachte einen in Lumpen gehüllten Bettler, den Apollonius als bösen Geist der Pest erkannt hatte. Der Bettler wurde von den Anwesenden gesteinigt und man fand schließlich den Körper eines tollwütigen Hundes unter den Steinen und Lumpen. Die Pest war gebannt und die Epidemie fand ihr Ende. Diese Überlieferung des Philostratos gibt Rätsel auf, denn wenn Apollonius als Anhänger von Pythagoras Tieropfer ablehnte, warum sollte er ein Menschenopfer gutheißen?

Von Ephesos aus reiste er weiter nach Athen, wo er im Demeterheiligtum in die Mysterien von Eleusis eingeweiht wurde, die zum Staatskult der Athener gehörten und mehrere Tage lang dauerten.

Apollonius besuchte die bekannten Orakelstätten von Delphi und Dodona. In Lebadeia kam er zur Höhle des Totenorakels, um eine philosophische Diskussion mit Trophonios zu führen. Er trug seinen Philosophenmantel, da er nicht als Konsultant, sondern als Ebenbürtiger auftrat. Apollonius betrat das Heiligtum und blieb sieben Tage unter der Erde. Trophonios erschien seinen Priestern und trug ihnen auf, den Weisen im 70 Kilometer entfernten Aulis zu erwarten, wo Apollonius auch tatsächlich zur angegebenen Zeit erschien. In seinen Händen trug er die Schriften des Pythagoras, die er von Trophonios empfangen hatte. Damit erhielt die Philosophie des Pythagoras so etwas wie „göttliche Legitimation". Das Buch wurde später an Kaiser Hadrian übergeben, der es in seinem Palast in Antium aufbewahrte.

Nun ging es weiter nach Olympia, Sparta und Kreta. Schließlich traf der fast 60-jährige Apollonius in Rom ein. Hier begann ein neuer Abschnitt im Wirken des letzten Eingeweihten. Hatte er schon in jungen Jahren gegen soziale Missstände und Ungerechtigkeiten im Kleinen gekämpft, so betrat er nun die große politische Bühne.

Im Zentrum der Macht

Kaiser Nero (37–68 n. Chr.) herrschte über das Reich. In der Nacht vom 18. zum 19. Juli 64 hatte Rom zu brennen begonnen. Das Feuer vernichtete große Teile der Stadt und das Gerücht machte die Runde, dass der wahnsinnige Nero der Brandstifter war. Es musste also jemand gefunden werden, dem man die Schuld in die Schuhe schieben konnte. So initiierte Nero eine beispiellose Christen- und Philosophenverfolgung, um sich auf diese Art seine verhassten Gegner und Feinde vom Hals zu schaffen. Die Gefängnisse waren überfüllt und viele fanden einen grausamen Tod in der Arena. Apostel Paulus wurde enthauptet und Petrus endete am Kreuz. Apollonius ließ sich jedoch nicht abschrecken und lehrte in den Tempeln und Philosophenschulen der Stadt. Schließlich wurde Tigellinus, der Präfekt der Prätorianergarde und Günstling Neros, auf den Weisen aufmerksam. Es kam zu einem Treffen zwischen Apollonius und Tigellinus, bei dem der Weise unbeeindruckt von der Gewalttätigkeit und Blutrunst seines Gegenübers den Wahnsinn Neros anprangerte und den Prätorianer streng zurechtwies. Ein Unterfangen, das er leicht mit dem Leben hätte bezahlen können, doch es gelang ihm die Flucht.

Als er Rom verließ, begegnete er einem Leichenzug. Eine junge Römerin war an ihrem Hochzeitstag plötzlich gestorben. Er ließ die Bahre mit dem Leichnam absetzen, berührte den leblosen Körper und murmelte leise Worte. Die Tote erwachte aus ihrem Todesschlaf und schlug die Augen auf.

Der Weg des Weltenwanderers führte nun nach Spanien. Er mischte sich unter die Soldaten von Neros Legionen und begann eine Hetzkampagne gegen den römischen Kaiser. Er zog das Verhalten des wahnsinnigen Herrschers ins Lächerliche und schwächte so die Moral der Streitkräfte.

Das nächste Ziel seiner Reise war Ägypten, wo er bis an die Nilquellen vorstieß. Eine weitere Station waren die Gymnosophisten, nackt lebende Asketen in Äthiopien. Sie bezogen ihre übersinnliche Weisheit aus den Kräften der Natur. Apollonius hatte sich viel von den Lehren und der Weisheit dieser Asketen erwartet, wurde jedoch enttäuscht. Er konnte nichts Neues lernen und bewies in langen Diskussionen seine Überlegenheit als Lehrer und Philosoph, was Philostratos im sechsten Buch seiner Vita beschreibt.

Nach Neros Tod herrschten im Jahre 69, dem Vierkaiserjahr, für kurze Zeit drei Soldatenkaiser: Galba, Otho und Vitellius, der vierte Kaiser sollte Vespasian (9 n. Chr.–79) werden. In ihm sah Apollonius die Hoffnung für die Zukunft.

Als der Heerführer Vespasian Jerusalem belagerte, ließ er den Weisen zu sich rufen. Apollonius folgte seiner Aufforderung und versuchte ihn dazu zu überreden, sich zum Kaiser ausrufen zu lassen, was dieser aber vorerst ablehnte. Vespasian zog in Begleitung von Apollonius nach Alexandrien. Dort fuhr Apollonius schwerere

Geschütze auf, um den Heerführer zu manipulieren. Als Vespasian von einer großen Menschenmenge in einem Theater begrüßt und bejubelt wurde, mischten sich zwei Kranke unter die Anwesenden. Apollonius hatte veranlasst, dass diese vom Tempel des Serapis abgewiesen und ins Theater zu Vespasian geschickt wurden. Ein Blinder und ein Mann mit einer gelähmten Hand wurden vor den Heerführer gerufen und dieser heilte sie durch das Auflegen seiner Hand. Apollonius als eigentlicher Heiler stand neben Vespasian und achtete darauf, dass sein Plan nicht schiefging. Im darauffolgenden Jubel der Anwesenden ließ sich Vespasian vom Statthalter von Ägypten, Tiberius Iulius Alexander (10 n. Chr.–70), mit dem er hinter den Kulissen bereits verhandelt hatte, zum Caesar ausrufen. Apollonius widersetzte sich dem Wunsch Vespasians, ihn als ständiger Berater zu begleiten. Vespasian unterschied sich zu Beginn seiner Regierungszeit deutlich von seinen Vorgängern und Apollonius schien mit seiner Wahl recht zu behalten, doch auch Vespasian verfiel bald dem Cäsarenwahnsinn, wenn auch nicht in so ausgeprägter Form wie Caligula oder Nero. Tacitus bezeichnete diesen Glauben an die eigene Göttlichkeit, gepaart mit dem Glauben, über Recht und Gesetz zu stehen, als „furor principum".

Apollonius verschonte Vespasian nicht und kritisierte ihn scharf: „Du glaubst größer zu sein als Xerxes und bist kleiner als Nero."

Nachdem Vespasian Kaiser geworden war, übertrug er das Kommando über die römische Streitmacht in Palästina seinem Sohn Titus (39–81), der den Jüdischen Krieg durch die Eroberung Jerusalems und die Zerstörung des Tempels (70 n. Chr.) beendete. Titus wurde im Jahre 79 römischer Kaiser und Apollonius fungierte als Berater an seiner Seite. Als er seine Wanderschaft fortsetzen wollte, übertrug er seinem Schüler Demetrios diese Aufgabe. Sowohl Vespasian als auch Titus konnten die Erwartungen des Weisen nicht erfüllen. Eine von ihm ersehnte Staatsführung nach den philosophischen Idealen Besonnenheit, Menschlichkeit und Weisheit war aufgrund der Überforderung durch die plötzliche Macht, die falschen Einflüsterer und den Größenwahn der Caesaren nur eine Illusion. Vespasian begann mit dem Bau des Kolosseums und Titus stellte es fertig. Die unbeschreiblichen Grausamkeiten, die in der neuen Arena stattfanden, standen im krassen Gegensatz zu den Idealen des weisen Mannes.

Es folgte Vespasians zweiter Sohn, Titus Flavius Domitianus, kurz: Domitian (51–96), auf dem Thron. Er ließ sich als „dominus et deus", Herr und Gott, anreden. Apollonius war nun über 80 Jahre alt, aber nicht milder. Er stellte sich offen gegen Domitian und rief zur Opposition auf. Der weise, alte Mann hielt öffentliche Reden gegen die Tyrannei des Caesars. Er unterstützte Nerva (30–98) und prophezeite das Ende Domitians. Der Kaiser reagierte und befahl ihn nach Rom. Aelianus, der Polizeichef Domitians, war ein Freund und Bewunderer von Apollonius und informierte ihn über die Anklagepunkte gegen ihn. Im Adonis-Tempel fand ein persönliches Treffen zwischen Domitian und Apollonius statt, in dem der Weise erneut für Nerva Partei ergriff. Der Kaiser ließ daraufhin das lange weiße Haar des Philosophen und seinen Bart scheren und sperrte ihn ein. Als Apollonius bei der folgenden Gerichtsverhandlung seine vorbereitete Verteidigungsrede halten wollte, war sein Schicksal bereits besiegelt. Domitian wollte seinen Tod. Der Weise schleuderte dem Kaiser entgegen, dass er gar nicht die Macht habe, ihn zu töten, und verschwand, wahrscheinlich mithilfe eines magischen indischen Rituals oder durch kollektive Suggestion, auf rätselhafte Weise aus dem Saal.

Schon vorher hatte er seinem Jünger Damis angekündigt, dass sie sich in Puteoli treffen würden. Damis und Demetrios warteten in Puteoli auf das Erscheinen des Weisen und begannen langsam zu zweifeln. Gerade als Damis fragte, ob sie ihren Lehrer je wiedersehen würden, erschien Apollonius mit den Worten: „Ihr werdet ihn sehen, oder ihr seht ihn bereits."

Die Jünger umarmten ihren Meister und dieser beschrieb seine Reise von Rom nach Puteoli in wenigen Stunden, danach beteten sie gemeinsam zu Helios und Apollon.

Der fast 100-jährige letzte Eingeweihte trat nun als Lehrer an der Philosophenschule in Ephesos wieder in Erscheinung. Am 18. September 96 sprach Apollonius im schattigen Hallenpark der Schule zu seinen Schülern. Mitten im Vortrag wirkte er wie entrückt und rief: „Stoßt den Tyrannen nieder, stoßt!" Und er fuhr fort:

> *„Seid getrost, ihr Epheser, der Tyrann ist heute ermordet worden. Aber was sage ich heute, soeben, bei der Göttin Athene, ist es geschehen, als ich schweigend innehielt. … Ich wundere mich nicht, dass manche es nicht glauben wollen, was in diesem Augenblick noch nicht einmal die Stadt Rom weiß. Aber siehe da! Rom erfährt es. Die Kunde verbreitet sich. Tausende wissen es schon – erheben sich vor Freude –, jetzt sind es schon zweimal, jetzt schon dreimal so viel – jetzt weiß es die ganze Stadt. Bald wird auch hierher ein Bote mit der Nachricht kommen. Verschiebt das Opfer bis zur Stunde, wo das geschieht. Ich will gehen und bis dahin zu den Göttern beten, wegen dessen, was ich gesehen habe."*

Nun kam Nerva, der Favorit und Freund des letzten Eingeweihten, an die Macht. Die Verfolgung der Christen und der Philosophen nahm ein Ende. Apollonius wirkte wieder als Berater.

Nach Domitians Tod kam der Apostel Johannes aus seiner Verbannung zurück nach Ephesos, es ist nicht unwahrscheinlich, dass diese beiden großen Männer sich begegneten. Vielleicht beeinflussten sie sich sogar gegenseitig.

Tod und Epiphanie

Nach der Thronbesteigung durch Nerva lebte Apollonius noch circa ein Jahr. Er starb einen friedlichen Tod im Alter von fast hundert Jahren. Die Legende besagt, dass er nicht starb, sondern als göttlicher Mensch in den Himmel aufgenommen wurde. Er soll während seiner Meditation im Tempel der Göttin Dictynna verschwunden sein, ohne eine Spur zu hinterlassen. Es ist auch kein Grab bekannt, in dem der berühmte Weise beigesetzt wurde. Kaiser Caracalla ließ danach suchen, als er ein Heroon zu Ehren des Wundermannes errichten ließ, doch es konnte keine Begräbnisstätte ausfindig gemacht werden.

Sein Tod kam für seine Anhänger überraschend, weil sie ihren Meister für unsterblich hielten. Nach seinem Tod saßen seine Jünger beisammen und philosophierten über die Unsterblichkeit. Demetrios, ein junger Mann aus einer anderen Tempelstadt, saß unter ihnen und bezweifelte die Theorien und Ansätze der Jünger. Nach einigen Tagen trafen sie sich wieder. Der zweifelnde junge Mann fiel in einen kurzen Schlaf. Als er wieder erwachte, sah er den verstorbenen Weisen zwischen seinen Jüngern stehen. In der *Vita Apollonii Tyanensis* beschrieb Philostratos diese Begebenheit wie folgt:

> *„Da streckte Apollonius die Hand aus und sagte: ‚Fasse sie an! Wenn ich dir entschlüpfe, dann bin ich ein Schatten aus dem Reiche der Persephone, wie ihn die Götter der Unterwelt den Mutlosen und Trauernden erscheinen lassen. Wenn ich aber bei deiner Berührung an Ort und Stelle bleibe, so überzeuge auch Damis, dass ich lebe und meinen Leib noch nicht verlassen habe.‘ Jetzt konnten die Jünger*

nicht mehr zweifeln, sondern sie standen auf, hingen sich an ihn und umarmten ihn.“

Der Bericht über die Epiphanie des Philosophen bietet wieder eine Parallele zum Leben Jesu, der nach seinem Tod am Kreuz auferstand und sich seinen Jüngern zeigte. Der zweifelnde Jünger erinnert stark an Johannes 20,24–29, wo vom Jünger Thomas, der an der Auferstehung Jesu zweifelte, berichtet wird, dass dieser erst überzeugt war, als er Jesus berühren konnte.

Im Jahre 272 soll Apollonius Kaiser Lucius Domitius Aurelianus, kurz: Aurelian (214–275), in einer Vision erschienen sein, um die Zerstörung der Stadt Tyana zu verhindern.

In der Spätantike waren Talismane sehr beliebt, die Apllonius in manchen Städten hinterlassen haben soll. Sie sollten die Spiritualität der Menschen sichern und dienten als Abwehr für alles Böse.

Der Menschenretter Jesus wurde zu seinem Verhängnis, denn sowohl Gegner als auch Anhänger von Jesus Christus versuchten sich seiner zu bemächtigen. Die eigenständige Bedeutung des großen Philosophen und seine Lehre gingen verloren. Die Person des Apollonius wurde immer wieder für antichristliche Propaganda missbraucht. Es wurde versucht, anhand seiner Lebensgeschichte zu beweisen, dass Jesus nicht einzigartig war. Vonseiten der Kirche wurde zur Gegenoffensive gerüstet und Apollonius kurzerhand zum dämonischen Zauberer erklärt, seine Wundertaten wurden geleugnet. Dieses Bild blieb bis ins Zeitalter der Aufklärung unverändert. Erst in jüngster Zeit findet eine sachliche Auseinandersetzung mit der Person des Apollonius von Tyana und seiner geschichtlichen und philosophischen Bedeutung statt.

Hildegard von Bingen

Prophetissa teutonica – Die deutsche Prophetin
1098–17. September 1179

DIE BENEDIKTINERNONNE UND ÄBTISSIN IST heute ein Star in der Esoterikbranche. Vor allem zum Thema Heilkräuter, Ernährung und gesunde Lebensführung gibt es eine Flut von Publikationen unter ihrem Namen. Es werden Seminare veranstaltet und sogar Kochkurse, um ihr Wissen und ihre Ratschläge zu verbreiten.

Doch bei näherer Beschäftigung mit ihrem Werk stößt man auch auf ihre prophetische und visionäre Begabung. In ihren „Schauen" oder Visionen, die sie nicht im Schlaf oder in Trance, sondern bei völlig klarem Bewusstsein empfing, wurde ihr die Gegenwart und die Zukunft gezeigt. Sie selbst beschrieb es mit den Worten: „Von meiner Kindheit an aber, als meine Knochen, Nerven und Adern noch nicht erstarkt waren, bis heute, habe ich diese Schau in meiner Seele, da ich doch schon mehr als siebzig Jahre bin."

Ihre Lebensweisheit und ihr Wissen um die Wirksamkeit von Kräutern und Pflanzen sind sicherlich sehr interessant, doch umfasst dies nur einen geringen Teil ihres Schaffens. Wir stehen bei der Niederschrift ihrer von Gott inspirierten Prophezeiungen vor einem gewaltigen Werk. Das Bild, das uns heute von Hildegard von Bingen gezeigt wird, ist verzerrt und verzeichnet und wird ihrer leidenschaftlichen, selbstbewussten, feurigen Persönlichkeit in keinem Fall gerecht.

Hildegard von Bingen war ein Kind ihrer Zeit, und ihre Zeit war das Hochmittelalter. Sie erlebte eine Epoche der Wandlung und des Aufbruchs und doch bildete Gott das zentrale Thema im Leben der Menschen. Hildegard betonte stets ihre Einfachheit und ihre Ungebildetheit, sie nannte sich selbst immer wieder „indocta", unwissend, unbelehrt. Doch das war eine damals übliche bescheidene Untertreibung. Die nach außen hin zur Schau getragene Demut gehörte zum mittelalterlichen Welt- und Frauenbild. Die Anlehnung an Matthäus 11,25, „Zu jener Zeit begann Jesus und sprach: Ich preise dich, Vater, Herr des Himmels und der Erde, dass du dies vor Weisen und Verständigen verborgen hast, und hast es Unmündigen geoffenbart", half die Göttlichkeit ihrer Prophezeiungen durch Betonung ihrer Einfachheit und den Mangel an Bildung zu unterstreichen. Hildegard von Bingen war sicher keine Feministin, doch sie wusste ihre adelige Abstammung und die daraus resultierenden Verbindungen zu ihrem Vorteil zu nutzen. Ihre Kontakte zu den höchsten Adelskreisen und den kirchlichen Würdenträgern wie Bernhard von Clairvaux (1090–1153) oder Papst Eugen III. räumten ihr manchen Stein aus dem Weg. Sie war machtbewusst und mischte sich auch in weltliche und politische Belange ein. Dennoch war sie der Kirche auf das Engste verbunden und eine glühende Verfechterin des Zweiten Kreuzzuges (1147–1149). In einem Brief an Bernhard von Clairvaux schrieb sie: „Mit dem Banner des heiligen Kreuzes fängst du voll hohen Eifers in brennender Liebe zum Gotteslohn die Menschen, damit sie im Christenheer Krieg führen wider die Wut der Heiden."

So bescheiden sie sich persönlich gab, so deutlich und harsch konnte sie werden, wenn sie im Auftrag Gottes die Menschen zurechtwies. Von den Mönchen im Kloster Disibodenberg bis hin zu Kaiser Friedrich I., Barbarossa, (1122–1190) war niemand vor den Belehrungen und Zurechtweisungen im Namen Gottes sicher. Sie nannte den Erzbischof von Köln einen räuberischen Habicht und kritisierte die Trägheit, die Eitelkeit und den Geiz des Klerus.

Trotz körperlicher Gebrechlichkeit unternahm sie weite, beschwerliche Seelsorgereisen und hielt öffentliche Predigten auf Marktplätzen. Dies war für eine Frau im Mittelalter fast unerhört, doch als vom Papst anerkannte Prophetin wurde sie von ihrer Umwelt respektiert und ihre politische wie klerikale Position gestärkt.

Über Hildegard als private Person, abseits ihrer alles überstrahlenden Rolle als Visionärin und Prophetin, ist nur sehr wenig überliefert. Sie selbst gab in ihrer Vita nur sehr knappe Einblicke in ihre Gefühlswelt. Sie war oft von Zweifeln geplagt, was ihr Tun betraf. In jungen Jahren, bis zu ihrer Anerkennung durch den Papst, durchlebte sie Phasen tiefster Verzweiflung. Sie war überarbeitet und manchmal überfordert. Zeit ihres Lebens kämpfte sie gegen ihre angeschlagene Gesundheit. In den letzten Jahren ihres Lebens ließ sie einen gewissen Überdruss erkennen und es scheint, als sehnte sie sich nach dem Ende. Obwohl es viele Menschen gab, die von ihr abhängig waren, gab es wenige Vertraute und Freunde in ihrem Leben, und selbst die enttäuschten sie oftmals.

Im Laufe ihres Lebens schrieb Hildegard von Bingen mehrere Bücher und verfasste etliche Schriften zum Thema Medizin. Ihre drei visionären Hauptwerke sind: *Liber scivias domini* (Wisse die Wege Gottes, um 1141–1151), ein gigantisches prophetisches und mahnendes Werk in 26 Visionen über die Beziehung zwischen Gott und den Menschen und die Erlösung durch Christus. Außerdem *Liber vitae meritorum* (Buch des verdienstlichen Lebens, um 1158–1163), ein Lehrbuch über Ethik und Lebenskunde. Als drittes Hauptwerk gilt *Liber divinorum operum* (Buch der Göttlichen Werke, um 1163–1170), eine Betrachtung der Natur im Licht des Glaubens.

Hildegards Werke wurden in der Ausdrucksweise des Mittelalters verfasst. Sie spiegeln das mittelalterliche Glaubens- und Weltbild wider, was das Verstehen der beschriebenen Bilder und Allegorien, die verwoben sind mit biblischen Zitaten und Andeutungen, sehr schwer macht. Die Autorin lieferte zwar auch Erklärungen zum Verständnis ihrer Schauen, die Lektüre bleibt jedoch über weite Strecken verwirrend. Dennoch ist ihre Sprache klar und kraftvoll, nicht mystisch versponnen.

Schon zu ihren Lebzeiten wurde eifrig daran gearbeitet, sie als Heilige zu etablieren. Briefwechsel mit verschiedenen einflussreichen weltlichen und klerikalen Persönlichkeiten wie König Heinrich II. und Königin Eleonore von England, König Konrad III., Königin Bertha von Griechenland und natürlich Kaiser Friedrich I., Barbarossa, Papst Eugen III. und dessen Nachfolger Papst Hadrian IV., wurden vor ihrer Veröffentlichung im Sinne Hildegards abgeändert, um besser ins Bild zu passen und nicht ganz gefällige Passagen zu entfernen. Manche Briefe wurden anderen, einflussreicheren Persönlichkeiten zugeschrieben, um den Eindruck zu erwecken, dass sie mit allen maßgeblichen Personen ihrer Zeit in Kontakt stand. Vielleicht ist das der Grund, warum viele der über 300 erhaltenen Briefe etwas vage wirken. Es gibt auch einige Widersprüche, was die Jahreszahlen mancher Ereignisse in ihrem Leben betrifft. Der Mönch Theoderich von Echternach fasste einige Jahre nach dem Tod Hildegards in seinem Werk *Vita sanctae Hildegardis* das unvollendete Werk von Wibert von Gembloux und die autobiografischen Skizzen von Hildegard zusammen, die jedoch zum Ziel hatten, den Lebensweg einer heiligmäßigen Frau und Prophetin zu zeigen. Die historische Genauigkeit war diesem Ziel untergeordnet.

Das Gott geweihte Kind

Hildegard von Bingen wurde wahrscheinlich zwischen Juli und September 1098 in Bermersheim bei Alzey oder anderen Quellen zufolge in Böckelsheim oder Niederhosenbach geboren. Sie war das zehnte Kind der Edelfreien Hildebert und Mechthild von Bermersheim. Einem Gebot aus dem Alten Testament folgend, wonach der zehnte Teil von allem Gott gehört, kamen ihre frommen Eltern überein, das zehnte Kind, also Hildegard, an Gott zu geben. Ihr Leben hinter Klostermauern war also schon bei ihrer Geburt beschlossene Sache.

Über die Jahre ihrer Kindheit weiß man nur sehr wenig. Die spärlichen Informationen, die es gibt, stammen alle von Hildegard selbst, lassen also wieder Raum für eine gewisse Unschärfe. Sie wuchs am Herrenhof ihrer adeligen Eltern auf und verbrachte hier ihre frühen Jahre. Hildegard war ein schüchternes und kränkliches Kind. Oft schwerwiegende Krankheiten, die sie wochenlang ans Bett fesselten, und unerträgliche Schmerzen verfolgten sie ihr Leben lang.

Über ihre ersten Visionen machte sie verschiedene Angaben, entweder empfing sie diese mit drei oder mit fünf Jahren. Auf jeden Fall zu früh, um verstehen zu können, was mit ihr geschah. So versuchte sie ihre Schauen oder Visionen zu verheimlichen. Einmal fragte sie ihre Amme, ob diese abgesehen von den äußeren Dingen irgendetwas sehe. Diese verneinte. Hildegard schrieb dazu: „Da wurde ich von großer Furcht erfasst und wagte nicht, irgendjemandem diese Dinge zu offenbaren, aber trotzdem pflegte ich vieles im Sprechen und Diktieren über die Zukunft zu berichten."

Sie hatte also schon früh das Gefühl, anders zu sein, und versuchte dies zu verbergen.

Der nächste große Einschnitt im Leben der jungen Hildegard erfolgte am 1. November 1112 bei ihrem Einschluss in die Klause im Benediktinerkloster Disibodenberg. Das Kloster wurde vom heiligen Disibod (619–700), einem irischen Mönch und Einsiedler, gegründet, über den Hildegard von Bingen 1170 das Werk *Vita Sancti Disibodi* verfasste.

Hildegard war also 14 Jahre alt, als sie dem Kloster übergeben und gemeinsam mit Jutta von Sponheim (1090–1136) und einer dritten jungen Frau in einem Inklusorium eingemauert wurde. Ihren eigenen Angaben zufolge soll dies bereits 1106 geschehen sein, was aber anderen historischen Aufzeichnungen widerspricht, vor allem aber der Tatsache, dass das Kloster erst seit 1108 von den Benediktinermönchen wieder aufgebaut wurde.

Ihre beiden Biografen Wibert und Theoderich beschrieben die Einmauerung der Frauen wie ein Begräbnis. Fackeln wurden entzündet und es erklangen Gesänge, es war ein festlicher Akt, bei dem die jungen Frauen Gott überantwortet wurden. Für die Welt waren sie gestorben, ihr Leben war nun ganz auf Gott ausgerichtet. Die Klause selbst bestand aus mehreren kleinen Zellen und einem Garten. Die einzige Verbindung zur Außenwelt war ein winziges Fenster, durch das die Versorgung stattfand. Jutta von Sponheim war einige Jahre älter als Hildegard und wuchs als Halbwaise an der Seite ihrer Mutter auf. Sie war durch die mütterliche Erziehung gebildet und wurde zur Lehrmeisterin der jungen Hildegard. Die beiden jungen Frauen hatten eine innige Beziehung zueinander und Jutta beobachtete mit Stolz die Entwicklung Hildegards. Jutta hatte sich nach der Genesung von einer schweren Krankheit entschlossen, ihr Leben Gott zu weihen. In jener Zeit war es oft der Wunsch junger adeliger Mädchen, ihr Leben in der völligen Abgeschiedenheit des Klosters zu verbringen, denn die Alternative war, mit einem Mann vermählt zu werden, den die Familie auswählte und dem man völlig ausgeliefert war. Unzählige Schwangerschaften und Geburten hieß es zu ertragen und zu überleben. Das durchschnittliche Lebensalter der Frauen betrug damals 44 Jahre. Hildegard erreichte trotz immer wiederkehrender Krankheiten das biblische Alter von 81 Jahren. Das Leben in der Klause bedeutete zwar nach außen hin abgeschlossen zu sein, garantierte aber eine gewisse Selbstständigkeit innerhalb der Mauern des Inklusoriums.

Auch für das Mönchskloster selbst war die Errichtung der Klause von Vorteil, denn die jungen adeligen Frauen brachten eine stattliche Mitgift in das Kloster ein, was die Bautätigkeit weiter vorantrieb.

Hildegard und Jutta legten vor Bischof Otto von Bamberg ihre Gelübde ab, und im Laufe der Zeit ging die ständig wachsende Gemeinschaft in einen traditionellen Nonnenkonvent über.

Jutta von Sponheim starb im Jahre 1136 und die 38-jährige Hildegard trat an ihre Stelle als Magistra. Sie wurde zur Oberin der Klause gewählt, die auf mittlerweile zehn Frauen angewachsen war. Hildegard war keine Befürworterin der strengen Askese, wie Jutta sie praktiziert hatte, was dazu führte, dass die strengen Regeln für die Nonnen unter ihrer Führung gelockert wurden. Die ersten Jahre in ihrer neuen Position verbrachte sie ruhig und unauffällig.

Doch dann zwang Gott sie durch Visionen zur Niederschrift und Verkündigung ihrer Schauen. Hildegard ignorierte vorerst den göttlichen Auftrag, was schwere Krankheiten nach sich zog. Sie beschrieb diese Zeit mit folgenden Worten:

> *„Ich weigerte mich zu schreiben. Nicht aus Hartnäckigkeit, sondern aus dem Empfinden meiner Unfähigkeit, wegen der Zweifelsucht, des Achselzuckens und des mannigfachen Geredes der Menschen, bis Gottes Geißel mich auf das Krankenlager warf.“*

In ihrer Verzweiflung wandte sie sich an ihren Vertrauten und Lehrer, den Mönch Volmar. Dieser riet ihr zur Niederschrift und informierte, vom göttlichen Ursprung der Visionen überzeugt, seinen Abt. Schließlich erreichte die Kunde Erzbischof Heinrich von Mainz. Hildegard hatte begonnen, die empfangenen Botschaften in Wachstafeln zu ritzen, welche dann von Volmar in perfektem Latein auf Pergament kopiert wurden. Zehn Jahre sollte die Niederschrift ihres ersten Werkes, *Scivias* – Wisse die Wege Gottes, dauern, in dem 26 Visionen zusammengefasst und ausführlich beschrieben wurden. Das Werk stellte ein Art Weltpanorama des Mittelalters dar.

Auf der Reformsynode zu Trier 1147 hatte Heinrich von Mainz eine Abschrift von Hildegards Visionen Papst Eugen III. vorgelegt. Dieser entsandte daraufhin eine Kommission von Bischöfen, um die Sehergabe und Glaubensstärke der jungen Nonne zu überprüfen. Bernhard von Clairvaux soll sich ebenfalls für sie eingesetzt haben. Eugen III. bestätigte die göttliche Sehergabe Hildegards und sandte ein Schreiben an sie, in dem er sie zur Weiterführung ihrer Niederschriften ermutigte.

Hatte sie bis dahin eher im Verborgenen gewirkt, so verbreitete sich nun ihr Ruhm über die Grenzen des Landes hinaus. Dies brachte ihr nun wiederum den Neid und die Missgunst der Mönche ein.

Ein Kloster in Bingen

Als Folge ihrer Bekanntheit stieg der Zustrom der adeligen Töchter sprunghaft an. Das Konvent, als Teil des Benediktinerklosters von Disibodenberg, wurde zu klein. In einer neuerlichen Vision wurde Hildegard vom heiligen Geist die Stelle gezeigt, an der sie ein eigenes Frauenkloster gründen sollte. Am Rupertsberg, einem Hügel, der nach dem heiligen Rupertus benannt ist und in der Nähe der Stadt Bingen liegt, über den Gebeinen des Heiligen, sollte sich die richtige Stelle befinden. Der ausgewählte Standort lag an der Mündung der Nahe in den Rhein, wo sich auch einige wichtige Handelsstraßen kreuzten. Da sie diese Vision zögerlich für sich behielt, folgte erneut eine schwere Krankheit. Hildegard wurde bettlägerig, hatte Schmerzen und erblindete beinahe. Erst als sie die Botschaft verkündete, erhielt sie ihre Sehkraft zurück. Die Mönche vom Disibodenberg waren alles andere als begeistert, denn der Zulauf der adeligen Töchter brachte auch eine Flut von Einnahmen für das Kloster mit sich. Also erklärten sie kurzerhand die Vision Hildegards zum Trugbild. Neuerlich krank vernahm sie eine Stimme, die ihr verbot, im Kloster weiter über ihre Visionen zu sprechen. Der Streit eskalierte, was Hildegard aber nicht von ihrem Weg abbrachte. Sie mobilisierte all ihre Kontakte zum hohen Adel, bis Erzbischof Heinrich I. von Mainz seine Erlaubnis zur Gründung des Klosters gab.

Die Bauarbeiten begannen und Hildegard übersiedelte bald mit ihren Nonnen in die Baustelle des neuen Klosters, finanziert durch Spenden und Zuwendungen von Gläubigen und den adeligen Familien der in ihrer Obhut stehenden jungen Nonnen. Die Anfänge waren hart und das Leben im unfertigen Kloster alles andere als komfortabel. Einige der adeligen Fräulein in ihrer Obhut verließen deshalb den Rupertsberg und zogen in andere Klöster.

Nun tauchte das nächste Problem auf. Hildegard verlangte von Abt Kuno die Herausgabe der Mitgiften und Liegenschaften an das Kloster Rupertsberg. Was dieser natürlich verweigerte, und auch Volmar, der das Amt des Propstes innehatte, sollte abberufen werden.

Einem neuen Auftrag, den sie von Gott empfangen hatte, folgend, ignorierte Hildegard eine neuerliche Erkrankung und ritt zum Kloster Disibodenberg, um die Sache ein für alle Mal zu klären.

Anstatt ein demütiges, bittendes Schreiben zu verfassen, erschien sie höchstpersönlich, unangemeldet und zornig auf der Schwelle des Klosters. Sie wusch den Mönchen gründlich den Kopf und bezeichnete sie im Auftrag Gottes als die schlimmsten Räuber und Söhne des Teufels. Auch drohte sie ihnen die Vernichtung durch das Strafgericht Gottes an. Ihr Auftritt verfehlte nicht seine Wirkung und die Mönche gaben eingeschüchtert klein bei.

Hildegard verhandelte mit Abt Helenger, dem Nachfolger Kunos, und setzte ihren Willen durch. Sowohl vom Erzbischof als auch von Barbarossa erlangte sie Zusicherungen und Schutzbriefe, die die Unabhängigkeit des Klosters garantierten.

Bald lebten etwa 50 Nonnen im Kloster, die allesamt aus adeligen Familien stammten, was ihr die Kritik und einen scharfen Tadel der Äbtissin Tenxwind von Andernach eintrug, der Vorsteherin der Springiersbacher Observanz. Diese öffnete ihr Kloster auch für einfache, arme Mädchen. So bemängelte diese, dass nicht adelige oder wenig begüterte Jungfrauen an der Klosterschwelle von Rupertsberg abgewiesen würden. Außerdem war es ihr ein Dorn im Auge, dass die Nonnen vom Rupertsberg mit offenen Haaren, goldenem Schmuck und weißen Seidengewändern ihre Psalmen sangen. Hildegard antwortete mit den Worten:

„Gott schuf nichts, das versucht, im Anflug des Stolzes emporzusteigen, und sich dem Höherstehenden nicht unterwerfen will. Das geschieht dort, wo ein geringerer Stand sich über einen höheren zu erheben strebt. … Er hat Acht, dass sich der geringe Stand nicht über den höheren erhebe, wie Satan und der erste Mensch getan, da sie höher fliegen wollten, als sie gestellt waren."

Hildegards Antwort spiegelte hier die mittelalterliche Ständeordnung wider, sie stellte ein solches Ansinnen sogar der Ursünde von

Satan und Adam gleich. Doch es drängt sich natürlich der Verdacht auf, dass Hildegard zur finanziellen Erhaltung ihres Klosters auf die Spenden und Mitgiften der adeligen Familien baute. Ihr brieflicher Disput mit Tenxwind wurde vor Veröffentlichung überarbeitet. Dabei wurden wohl allzu kritische Stellen entschärft.

Hildegard verfasste weitere Schriften und Bücher, die ebenfalls von Volmar ins korrekte Latein gebracht wurden. Ihre Arbeit wurde auch von der Nonne Richardis von Stade unterstützt, die ihr besonders nahe stand. Sie schrieb über ihre Beziehung zu Richardis:

„Denn als ich das Buch Scivias schrieb, hegte ich eine vollkommene Liebe zu einer adeligen Nonne … die sich mir während all dieser Ereignisse in Liebe und Freundschaft verbunden hatte und in meinen Leiden mit mir litt, bis ich dieses Buch vollendet hatte.“

1151 forderten Erzbischof Heinrich I. und sein Kollege aus Bremen, dass Richardis von Hildegard freigestellt werden solle, um selbst Äbtissin im Kloster Bassum zu werden. Hildegard verweigerte dies und kämpfte für deren Verbleib in ihrer Nähe. Verzweifelt schrieb sie an die Markgräfin von Stade, Richardis' Mutter, dass die Äbtissinnenwürde für die junge Richardis sicher nicht von Gott stamme. Es folgte ein Brief an Richardis' Bruder Hartwig, den Erzbischof von Bremen. Schließlich schaltete sie sogar Papst Eugen III. ein. Als alles nichts nützte, willigte Hildegard schließlich ein. Richardis selbst, die ihre Wahl zur Äbtissin hätte ablehnen können, tat dies nicht. Hildegard erlebte ihre erste große Niederlage, denn sie war es gewohnt, ihren Willen durchzusetzen. Es gibt nur sehr wenige Aufzeichnungen, die Hildegard als Menschen und nicht als Heilige zeigen. In ihren Briefen aus dieser Zeit spiegeln sich ihre Enttäuschung und ihr Schmerz, als die junge Nonne sie verließ, und lassen damit einen Blick auf ihre Gefühle zu.

Am 29. Oktober 1152 starb Richardis im Kloster Bassum. Ihr Bruder Hartwig schrieb an Hildegard und bat um Verzeihung für seine Entscheidung, seine Schwester hatte bereits die Erlaubnis erwirkt, in das Kloster am Rupertsberg zurückkehren zu dürfen.

Ein unbequemes Sprachrohr Gottes

Viele weltliche und klerikale Persönlichkeiten fragten bei der Äbtissin um Rat. Es entstand ein reger Briefverkehr, der zum großen Teil bis heute erhalten ist. Wie einst Jutta von Sponheim wurde Hildegard von den Leuten befragt, und sie erteilte Auskünfte und Ratschläge zu allen Fragen des Lebens und der Zukunft. Sie wehrte sich jedoch dagegen, als Orakel oder Wahrsagerin missbraucht zu werden, da dies ihrem Selbstverständnis als Prophetin widersprach. Daher beantwortete sie nicht alle Fragen, mit denen sie schier bombardiert wurde.

1165 gründete sie das Tochterkloster Eibingen bei Rüdesheim, um alle Nonnen unterzubringen, da deren Anzahl ständig wuchs. Ob sie dort auch nicht-adelige Mädchen aufnahm, wurde nicht überliefert.

Hildegard von Bingen und Kaiser Friedrich I., Barbarossa, unterhielten einen Briefwechsel, von dem vier Briefe erhalten sind. Die beiden sollen auch persönlich aufeinander getroffen sein, nachdem der Kaiser die Äbtissin als Beraterin zu sich nach Ingelheim befohlen hatte.

In einem seiner Briefe schreibt Barbarossa, dass sich die Prophezeiungen Hildegards seine Person betreffend erfüllt hätten, und bittet sie weiter um ihre Gebete für ihn. Doch Hildegard konnte auch anders. Als Barbarossa den dritten Gegenpapst ernannte, drohte sie:

„Der da IST, spricht: Die Widerspenstigen zerstöre ich und den Widerstand derer, die mir trotzen, zermalme ich durch mich selbst. Wehe, wehe diesem bösen Tun der Frevler, die mich verachten. Das höre, König, wenn du leben willst! Sonst wird mein Schwert dich durchbohren!"

Trotz allem blieb der Kaiser ihr gewogen. Nach der Ermordung des Mainzer Bischofs stellte er 1163 einen kaiserlichen Schutzbrief für ihr Kloster am Rupertsberg aus und sicherte damit die Besitzungen und ihre rechtliche Unabhängigkeit.

Die streitbare Äbtissin vom Rupertsberg brach 1158 zu ihrer ersten großen Predigtreise nach Mainz, Würzburg, Ebrach und Bamberg auf. Die zweite Reise unternahm sie 1160 nach Trier und Metz. Reise Nummer drei führte sie zwischen 1161 und 1163 bis nach Köln, und ihre vierte Reise um 1170 nach Schwaben. Die eifrige Äbtissin war bei diesen anstrengenden und aufreibenden Reisen zu Pferd und zu Schiff bereits über 70 Jahre alt. Vor ihrer letzten Reise litt sie an einer langwierigen Krankheit und war körperlich geschwächt. Doch wieder hatte der göttliche Geist zu ihr gesprochen und ihr die Reise befohlen. Hildegard war es verwehrt, in den Kirchen von der Kanzel herab zu predigen, so tat sie dies eben vor der Kirche und nahm sich dabei wahrlich kein Blatt vor den Mund. Sie prangerte Missstände in der Kirche, wie Korruption und die Anhäufung von Reichtümern, an und tadelte das Verhalten des Klerus in scharfen Worten. Waren die Abschriften ihrer Bücher nur den gebildeten, lateinkundigen Adeligen und dem Klerus zugänglich, so sprach sie hier direkt zu den Menschen. Ihre Schüchternheit überwindend, predigte sie oft vor riesigen Menschenmengen aus allen Bevölkerungsschichten, was ihr sicherlich nicht ganz leicht gefallen ist, doch sie folgte der Stimme Gottes, ohne zu zögern.

Gesammeltes Wissen

Hildegard liebte die Menschen und die Natur, sie forschte und dokumentierte, was in ihren medizinischen und naturkundlichen Schriften sehr deutlich wurde. Ihr Kerngedanke war: „Gott hat alle Dinge der Welt so eingerichtet, dass eins auf das andere Rücksicht nehme."

Nach 1150 begann sie mit der Arbeit an ihrem Buch *Liber Subtilitatum Diversarum Naturarum Creaturarum* – Das Buch über das innere Wesen verschiedener Kreaturen und Pflanzen. Später wurde das Werk in zwei Teile aufgeteilt. Teil eins, *Physica,* widmet sich der Naturkunde. Es gliedert sich in neun Bücher und 513 Kapitel. Hildegard beschrieb darin unzählige Pflanzen, Steine, Lebewesen und Metalle und erklärte, wofür man sie verwenden könne. Obwohl auf dem Wissensstand und der Gedankenwelt des Mittelalters verhaftet, sind ihre Beschreibungen doch zum großen Teil sehr treffend.

Teil zwei, *Causare et Curare,* ist der Beschreibung und Heilung von diversen Krankheiten gewidmet. Hildegard war nichts Menschliches fremd und es gab für sie kein Tabuthema, da für sie alles zusammengehörte, alles eine Einheit bildete. Sie beschrieb den Menschen von Kopf bis Fuß und ließ auch die Themen Geschlechtsteile, Sexualität und Fortpflanzung nicht aus. In ihren umfassenden Ratschlägen und Erläuterungen widmete sie sich ebenfalls der Ernährung und der Verdauung und gab Empfehlungen für eine gesunde Lebensweise. Sie bezog die Psyche und die Gemütszustände der Patienten ebenso mit ein wie die äußeren Symptome. So erschuf sie ein Konzept der Ganzheitsmedizin.

Von den beiden Büchern ist leider keine Originalhandschrift mehr erhalten. Die Abschriften stammen aus dem 13. bis 15. Jahrhundert und wurden durch zahlreiche Textstellen ergänzt, stammen also nicht mehr aus der Feder von Hildegard selbst. Ihr heutiger Ruhm als Heilkundige geht überwiegend auf diese beiden Bücher zurück, die zum großen Teil von späteren Autoren verfasst wurden.

Im Mittelalter waren die Klöster unter anderem Zentren der Medizin und Krankenversorgung. In den Klostergärten wurden Heilkräuter gezogen und zu Tropfen, Cremes und Tees verarbeitet. Es ist daher anzunehmen, dass Hildegard schon zur Zeit ihres Inklusoriums mit der Klostermedizin in Berührung kam.

Es gibt einige überlieferte Beispiele für die Heilerfolge der Äbtissin in ihrer Vita. Von Tumoren bis zur Blindheit eines Kindes heilte sie alles, was die Menschen so quälte. Auch als Exorzistin wurde sie tätig. 1169 soll die von einem Dämon besessene adelige Frau Sigewize in das Kloster Brauweiler gebracht worden sein. Der Dämon erklärte, er würde den Körper der Frau erst durch die Hilfe und den Rat einer alten Frau in der Gegend des oberen Rheins verlassen. Ihr Name sei „Schrumpelgardis". Der Abt des Brauweiler Klosters erkannte nach der unschmeichelhaften Beschreibung die alte Äbtissin vom Rupertsberg und schickte ihr einen Brief mit der Bitte, alles, was Gott ihr zu dieser Sache eingebe und offenbare, in einem Antwortschreiben an sein Kloster mitzuteilen. Hildegard antwortete im Namen Gottes und beschrieb, wie man den Dämon loswerden könne. Doch der Dämon war zäh und die Besessene wurde auf den Rupertsberg überstellt. Durch Gebete, Almosen, körperliche Buße und die Kraft des Allerhöchsten wurde der Dämon geschwächt und schließlich ausgetrieben.

Neben ihrem prophetischen Werk hinterließ Hildegard auch 77 liturgische Gesänge, die unter anderem Hymnen, ein Kyrie und ein Halleluja umfassen. Neben diesen auch das Singspiel *Ordo Virtutum* – Das Spiel der Kräfte, das den Kampf zwischen Gut und Böse zum Inhalt hat.

Die Melodien und Texte spiegeln Hildegards Ehrfurcht und ihre Liebe zu Gott auf sehr berührende Weise wider. Bis heute erfreuen sich ihre Kompositionen großer Beliebtheit. Ihr musikalisches Werk ist auf mehreren CDs erhältlich und gewährt einen einfühlsamen Einblick in ihren tiefen und lebendigen Glauben.

Rebellion gegen die Kirche

Volmar, der engste Vertraute und Wegbegleiter Hildegards, der schon seit ihrer Jugend im Kloster Disibodenberg an ihrer Seite war, starb 1173. Dies war ein schwerer Schlag für die alternde Nonne, die damit ihren letzten treuen Freund verlor.

Da es Frauen verboten war, liturgische Handlungen durchzuführen, konnte das Kloster nicht ohne männlichen Geistlichen sein. Sie suchte daher um einen Nachfolger für den verstorbenen Volmar an. Es dauerte geraume Zeit, bis der Benediktinermönch Gottfried zu ihr auf den Rupertsberg entsandt wurde. Dieser begann im Jahre 1174, das Leben der Äbtissin niederzuschreiben, starb jedoch bereits im Jahre 1176. Ihm folgte Wibert von Gembloux nach, der ab 1177 das Amt des Sekretärs und Biografen bekleidete. Der bekennende Verehrer Hildegards hatte sich von seinem Kloster freistellen lassen und war an ihre Seite geeilt, um ihr seine Dienste anzubieten. Eifrig wurde nun weiter am Bild der heiligen Hildegard gefeilt. Doch noch in ihrem letzten Lebensjahr ereignete sich ein Vorfall, der nur wenig ins Bild der einfachen, demütigen Heiligen passt.

Hildegard hatte einen unter Acht und Bann stehenden, exkommunizierten Edelmann ins Kloster aufgenommen und gepflegt. Kurz vor seinem Tod bereute er sein Verbrechen, legte die Beichte ab und empfing die Sterbesakramente. Sein Leichnam wurde auf dem Klosterfriedhof in einem geheimen Grab beigesetzt. Was folgte, war ein erbitterter Kampf der Äbtissin mit dem Mainzer Episkopat, das die Exhumierung und Entfernung des Leichnams vom geweihten Grund des Klosters forderte. Hildegard war von der Rechtmäßigkeit ihres Handelns überzeugt, denn in einer ihrer Schauen wurde die Richtigkeit des christlichen Begräbnisses bestätigt, darum verweigerte sie offen den Gehorsam. Die Kirchenbehörde verhängte daraufhin ein Interdikt über das Kloster. Alle gottesdienstlichen Handlungen, die Kommunion und der Psalmengesang wurden als Strafe untersagt. Vor allem das Verbot der Gesänge traf Hildegard schwer, die die Musik liebte und selbst als Komponistin vieler Lieder galt. Doch sie gab nicht nach. Durch eine neuerliche Schau und eine schwere Krankheit gezwungen, reiste sie nach Mainz, um den Willen Gottes der Kirchenbehörde zu verkünden und um Vergebung zu flehen. Ihre Reise blieb erfolglos.

Nach etwa einem Jahr stellte sich heraus, dass die Exkommunizierung des Edelmannes kurz vor dessen Tod bereits wieder aufgehoben worden war, die Spende des Sterbesakraments und die anschließende Beerdigung waren also zu Recht erfolgt. Das Interdikt wurde aufgehoben, Hildegard hatte gesiegt.

Das Vermächtnis

Am 17. September 1179 starb Hildegard von Bingen im damals biblischen Alter von 81 Jahren. Um ihren Tod ranken sich natürlich einige Legenden, um dem Ruf der Heiligen gerecht zu werden. In seiner Chronik beschrieb ein Mönch die Nacht, in der sie starb: „Der Mond war zur Zeit des Vollmonds in Blut getaucht, so dass er auch einen roten und schrecklichen Glanz ausstrahlte die ganze Nacht."

In anderen Berichten sollen Lichtbögen am Himmel erschienen sein, an deren Kreuzungspunkt ein mondförmiges Licht erstrahlte. Ein rot schimmerndes Kreuz soll erschienen sein, das umgeben war von kleinen Kreuzen, die sich zum Sterbehaus der Äbtissin hin verneigten. Ihrem Leichnam soll ein süßer, wunderbarer Duft entstiegen sein. Auch die adäquaten Wunder durften selbstverständlich nicht fehlen, so wurden zwei Kranke geheilt, als sie den Leichnam Hildegards berührten.

Obwohl schon zu ihren Lebzeiten als Heilige verehrt und als Prophetin vom Papst bestätigt, wurde sie dennoch bis heute nicht kanonisiert. Nach ihrem Tod wurden ihr Schaffen und ihr Werk immer wieder in Einzelteilen zum Leben erweckt. So wurde im Jahre 1120 eine Sammlung ihrer Zukunftsdeutungen von einem Mönch namens Gebeno von Eberach veröffentlicht.

Bis zum Beginn des 20. Jahrhunderts, als sie als Heilerin und Ganzheitsmedizinerin wiederentdeckt wurde, war sie eher zu einer lokalen Berühmtheit geschrumpft. Heute hat sich ihr Image bedeutend geändert: Aus der machtbewussten, drohenden Prophetin, die ihre Schauen von einem feurigen Licht vom Himmel empfing, wurde eine heilkundige, liebenswerte Nonne, die Ratschläge über Gesundheit und Ernährung erteilte. Hildegard von Bingen wurde zur unkomplizierten Volksheiligen.

Mother Shipton

Die englische Hexe und der Weltuntergang
Juli 1488–20. April 1561

MOTHER SHIPTON VERKÖRPERTE DAS URBILD einer Hexe. In den überlieferten Erzählungen über ihr Leben kommt alles vor, was man von einer „Tochter des Teufels" erwarten darf. In einer Höhle in einem Moorgebiet in England unehelich und missgebildet geboren, ihr Aussehen, buckelig, hässlich, mit mehreren Höckern auf der Nase und ärmlich gekleidet, prägte das Bild, das wir heute vor Augen haben, wenn wir den Begriff „Hexe" hören. Doch zeugen ihre in Versen verfassten Prophezeiungen von feinem Humor und einer fantasievollen Ausdrucksweise. Sie verfügte über eine hohe Intelligenz und einen sehr wachen Geist. Die vielen für sie unerklärlichen Dinge, die sie für eine ferne Zukunft voraussah, beschrieb sie in Worten, deren Treffsicherheit uns heute schmunzeln und staunen lassen. In einer Zeit, als man in Wien mit der ersten Türkenbelagerung kämpfte, sah sie Flugzeuge und modernes Kriegsgerät, Schiffe und U-Boote. Sie hatte keine Ahnung vom Verkehrschaos auf den Straßen und vom Internet, doch sie sagte sie in einer Weise voraus, die keine Fragen offen ließ.

„Carriages without horses shall go, / and accidents fill the world with woe. / Around the world thoughts shall fly, / in the twinkling of an eye." („Wagen werden ohne Pferde fahren, und Unfälle füllen die Welt mit Schmerz. Um die Welt werden Gedanken fliegen, in der Dauer eines Augenblicks.")

Sie litt auch nicht wie ihre Kollegen unter dem Zwang, sich vor einem großen Publikum produzieren zu müssen. Sie kannte ihre Schwächen und wusste um ihre mangelnde Bildung, eine ihrer bekanntesten Prophezeiungen begann sie mit den Worten: „Und nun ein Wort in ungehobeltem Reim, davon, was in der Zukunft wird sein." Sie sprach einfaches Englisch, klar und verständlich. Doch wurden ihre Vorhersagen bis in die höchsten Kreise bekannt und noch Jahre nach ihrem Tod zitiert. Die pointierten Verse zu übersetzen, ist fast unmöglich, ohne sie zu zerstören. Der eigene, tiefgründige Humor, der den Prophezeiungen etwas Besonderes verleiht, geht verloren, es ist daher besser, sie in Englisch und Deutsch zu lesen, da keine Übersetzung dem Original gerecht wird.

Shipton lebte in der Zeit Heinrichs VIII. und war eine erklärte Gegnerin von Kardinal Thomas Wolsey. Diesen beiden Herren galten viele ihrer Prophezeiungen, wobei Kardinal Wolsey nicht besonders gut davonkam. Mother Shipton bezeichnete ihn unschmeichelhaft als „Mitred Peacock", als Pfau mit der Bischofsmütze. Das Bild, das sie für die Zukunft Englands vor Augen hatte, war düster, wie die Zeit, in der sie lebte. Sie hatte viele Veränderungen gesehen, die nicht immer zum Guten waren. Viele turbulente Jahre lagen hinter ihr, als sie im Jahre 1561 starb.

Die Hexenverfolgungen

Die heiße Phase der Hexenverfolgung in Europa von 1430 bis 1540 fand in England nur sehr gemildert ihren Niederschlag. Heinrich VIII. erließ 1542 ein Gesetz gegen das Hexenwesen, das sich allerdings gegen Alchemisten und Hexen richtete, die mithilfe von schwarzer Magie ihren Mitmenschen Schaden zufügen wollten. Nur der Beweis von Maleficia war ein Grund für ein Gerichtsverfahren, der alleinige Vorwurf der Hexerei reichte nicht aus. Dieses Gesetz wurde von Edward VI. im Jahre 1547 wieder aufgehoben. Erst in der neuen Gesetzgebung unter Königin Elisabeth I. im Jahre 1563 fand sich wieder ein Gesetz, das sich mit dem Hexenwesen befasste. Es beinhaltete die Todesstrafe für Morde mittels Hexerei, für den alleinigen Vorwurf, eine Hexe zu sein, drohte Gefängnis oder Pranger. Prozesse, die auf diesem Gesetz beruhten, fanden erstmals 1566 und 1582 gegen die Hexen von Chelmsford und die Hexen von St. Osyth statt. Der Prozess in Chelmsford endete mit einem Todesurteil für Agnes Waterhouse im Jahre 1566, sie wurde, wie in England üblich, gehängt. Allerdings war dies eine Ausnahme. Der Großteil dieser Prozesse lief auf Freisprüche hinaus, nur ein geringer Prozentsatz der Angeklagten wurde tatsächlich verurteilt. Die Folter zum Erlangen von Geständnissen war verboten und es gab auch keine Verbrennungen auf dem Scheiterhaufen. Auch wenn Mother Shipton verhöhnt und manchmal auch bedroht wurde, so blieb sie doch wenigstens vonseiten der Kirche und der Gesetzgebung unbehelligt.

Einige der Vorhersagen sollen erst nach ihrem Tode entstanden sein, so soll Richard Head, der 1684 sein berühmtes Buch über Mother Shipton schrieb, einiges hinzugefügt haben. Es gibt auch Stimmen, die die Existenz der legendären Hellseherin überhaupt bestreiten und sie für eine Art Sagenfigur halten. Eine Theorie, die in späteren Jahren vor allem von Leuten, die der Kirche nahestanden, vertreten wurde. Ein gefundenes Fressen für Verschwörungstheoretiker, die ihren Vorhersagen über Kriege, den Tod von Königen und den Weltuntergang eine so große Bedeutung beimessen, dass eine Negierung ihrer Existenz als einzige Lösung für ihre Feinde infrage kommt. Fast 500 Jahre nach ihrem Tod lässt sich nicht mehr schlüssig klären, was der Wahrheit entspricht und was erfunden wurde. Mother Shipton wurde zu einem Teil der englischen Geschichte.

Die Tochter des Teufels

Ursula Southiel (manchmal auch Southeil oder Sontheil) wurde im Juli 1488 in einer Höhle in Knaresborough in Yorkshire am Ufer des Nidd geboren. Neben der unwirtlichen Behausung lag eine Quelle, die „Petrifying Well“ genannt wurde, weil ihr Wasser Gegenstände versteinern ließ. In einer stürmischen Nacht unter Donnergrollen erblickte Ursula das Licht der Welt. Der anwesenden Hebamme zufolge soll der Geruch von Schwefel in der Luft gelegen haben. Das Neugeborene soll über das heftige Gewitter gelacht haben und der Sturm verstummte. Ihre Mutter, das verwaiste Bauernmädchen Agatha Southiel, starb bei der Geburt ihrer unehelichen Tochter. Eine andere Geschichte besagt, dass sie ihr Kind im Alter von etwa zwei Jahren aufgab und in ein Nonnenkonvent in Nottingham eintrat.

Agatha war in der gesamten Umgebung als Hexe gefürchtet. Der Vater ihrer unehelichen Tochter soll der Teufel persönlich gewesen sein, der Agatha in Gestalt eines jungen Mannes verführte. Das elternlose Mädchen wurde deshalb sehr schnell als „Tochter des Teufels“ bekannt. Er war auf die gerade 15-jährige Agatha aufmerksam geworden, als diese vor sich hin träumend auf einer Parkbank saß. Als das junge Mädchen schwanger wurde, zeigten sie ihre Nachbarn an. Die Vorwürfe umfassten Unkeuschheit und Prostitution, weil ihr Liebhaber und Vater ihres Kindes sie finanziell unterstützte. Als der Richter die Anklage verlas, warf sie ihm wütend an den Kopf, dass er kein Recht hätte, über sie zu urteilen, weil in seinem Haushalt gerade zwei Bedienstete von ihm schwanger seien. Die Klage wurde prompt vom Gericht abgewiesen.

Agatha soll von ihrem dämonischen Liebhaber außerdem die Fähigkeiten erhalten haben, sich in Sekundenschnelle von einem

Ort zum nächsten zu bewegen und über Sturm und Gewitter zu gebieten. Die Dorfbewohner ließen also nichts aus, um die junge Frau in Misskredit zu bringen. Im Spätmittelalter fielen solche Vorwürfe auf fruchtbaren Boden. All die wunderlichen und mystischen Geschichten, über die man in der heutigen Zeit ungläubig den Kopf schüttelt, gehörten zur damaligen Realität.

Ursula wurde missgebildet geboren. Sie war buckelig, riesengroß und von legendärer Hässlichkeit, womit die Dorfbewohner ihre Theorie noch untermauerten. Es war extrem schwierig, eine Pflegemutter für das missgestaltete Mädchen zu finden. Der Abt von Beverley taufte das unglückliche Kind. Die nächste Geschichte über seltsame Vorfälle in ihrem Leben ereignete sich, als sie etwas älter als zwei Jahre war. Ursula war plötzlich verschwunden. Ihre Pflegemutter machte sich Sorgen und suchte mithilfe der ganzen Nachbarschaft nach dem Kleinkind. Man fand sie schließlich lachend im Kamin zwischen den brennenden Scheiten sitzend. Und wieder wurde der Teufel für ihr Verhalten verantwortlich gemacht. Die Gabe der Hellsichtigkeit und weitere unerklärliche Kräfte machten sie schon als Kind zur Außenseiterin. Sie soll die Fähigkeit besessen haben, Möbel durchs Zimmer fliegen zu lassen.

Ihr Vater soll sie in Gestalt von Hunden, Katzen, Fledermäusen und Schweinen besucht haben. Die Leute fürchteten sich vor ihr, nahmen aber ihre Dienste als Hellseherin in Anspruch. Ihre Weissagungen formulierte sie in Versen, und manchmal gab sie den Leuten damit auch Rätsel auf. Diejenigen, die sie wegen ihrer äußeren Gestalt verspotteten, waren vor ihrer Rache nicht sicher.

Die Hexe wird zur Mother Shipton

Im Jahre 1512 heiratete Ursula Southiel den jungen Zimmermann Toby Shipton aus Skipton, das ein paar Meilen nördlich von York lag. Dass der junge Handwerker sich in die hässliche, gefürchtete Hexe verliebte, ließ für ihre Mitbürger nur den Schluss zu, dass Ursula ihn mit einem Liebestrank verhext hatte.

Obwohl das Paar keine Kinder bekam, wurde Ursula nun unter dem Namen „Mother Shipton" bekannt. Die Bezeichnung „Mother" war ein Ehrentitel, der ihr von den Menschen verliehen wurde, um die sie sich kümmerte. Mit ihrer Heirat verbesserte sich auch ihre gesellschaftliche Stellung, denn sie hatte nun einen festen Platz in der Gemeinde. Das so ungleiche Paar führte eine überaus harmonische Ehe. Sie lebten bescheiden in einer Kellerwohnung in Knaresborough.

Obwohl sie in der englischen Provinz lebte, fanden die Menschen zu ihr, und ihre Vorhersagen drangen weit über die Grenzen von Yorkshire hinaus. Ihre Prophezeiungen waren klar und ungeheuer präzise. Alle vorhergesehenen Ereignisse sind bisher eingetroffen. Ursula war ungebildet und konnte weder schreiben noch lesen. Alle Divinationen kamen von ihr selbst, denn sie war nicht in der Lage, sich das Wissen anderer Propheten anzueignen. Ihr standen keine Bibliotheken mit alten Schriften zur Verfügung und keine Lehrer, die ihr Wissen an sie weitergeben konnten. Eine Schule hatte sie nie besucht und sie verfügte auch über keine Kontaktpersonen in London, die sie mit Informationen versorgt hätten.

Ihre hellsichtigen Schauen betrafen Einzelschicksale von Leuten, die sich mit ihren persönlichen Problemen an sie wandten, und Ereignisse von allgemeiner Bedeutung, die noch in der weiteren

Zukunft lagen, wie Katastrophen, Krankheiten und der Weltuntergang. Sie weigerte sich jedoch Fragen zu beantworten, die aus unehrenhaften Gründen gestellt wurden, und verfolgte die Fragesteller mit ihrer Rache.

Ein junger Adeliger kam eines Tages zu ihr, um den Todeszeitpunkt seines Vaters zu erfragen. Er befand sich gerade in Geldnot und eine große Erbschaft wäre ihm gerade recht gekommen. Mother Shipton, die das Ansinnen des jungen Mannes empörte, verweigerte ihm die Antwort. Als er wenig später schwer erkrankte, kam sein besorgter Vater zu ihr, um sich nach seiner Genesung zu erkundigen. Dieses Mal antwortete sie:

„Those who gape out for others' death,
Their own, unlooked for, comes about.
Earth he did seek; ere long, he shall have
of earth his fill; within his grave."

Der junge Mann starb kurz nach Mother Shiptons Orakelspruch. Er wurde in dem Grab beerdigt, das er für seinen Vater vorgesehen hatte.

Ein paar Wochen nach ihrer Hochzeit wandte sich eine Nachbarin an sie, deren Leinenkittel und Unterrock gestohlen worden waren. Ursula sollte den Dieb überführen und die teuren Kleidungsstücke zurückbringen. Sie hätte nun den Namen des Diebes einfach nennen können, doch sie wählte einen anderen Weg: Ursula zögerte keine Sekunde und meinte, dass sie wüsste, wer den Diebstahl begangen hätte, und dafür sorgen würde, dass die gestohlenen Sachen zurückgegeben werden. Die Nachbarin wartete, wie von Mother Shipton befohlen, am Marktplatz auf die Rückgabe ihrer Kleider. Eine Frau tanzte durch die Menschenmenge und sang: „Ich habe den Kittel und den Unterrock meiner Nachbarin gestohlen. Ich bin eine Diebin und alle sollen es sehen." Sie gab das Diebesgut an die Besitzerin zurück und verschwand mit hochrotem Kopf.

Mother Shipton erteilte den Leuten Lektionen, sie beschränkte sich nicht nur auf das bloße Voraussagen von Ereignissen. Die Kunde von ihrer Gabe machte bald die Runde und so fanden sich auch Adelige und politisch einflussreiche Personen unter ihren Bittstellern.

Sie sagte auch die Zerstörung der Ouse Bridge und der Trinity Church von York voraus. Allerdings wieder in der ihr eigenen Art und Weise:

> *„Before Ouze Bridge and Trinity Church meet, what is built in the day shall fall in the night, till the highest stone of the church be the lowest stone of the bridge."*

Die beiden Bauwerke wurden während eines nächtlichen Unwetters zerstört. Zum Wiederaufbau der Brücke benutzte man die Steine der Kirche, so kam es, dass der oberste Stein des ehemaligen Kirchturmes als unterster Stein der neuen Brücke verwendet wurde.

Politische Vorhersagen

Geprägt von ihrer Zeit, betrafen viele ihrer Prophezeiungen die Mächtigen im Königreich, allen voran König Heinrich VIII. (1491–1547). Sie sah seinen Sieg von 1513 gegen die Franzosen in der Schlacht bei Guinegate voraus, den er gemeinsam mit seinem Verbündeten Kaiser Maximilian I. von Österreich (1459–1519) errang. Auch seine Scheidungen und die Wahl der Ehefrauen fanden Erwähnung in ihren Vorhersagen, ebenso wie die Geburt und Thronbesteigung seines einzigen legitimen Sohnes Edward VI. (1537–1553) im Alter von neun Jahren.

Der starke Mann hinter Heinrich, der auch für den Krieg gegen Frankreich plädierte und den König beeinflusste, Kardinal und Erzbischof von York, Lordkanzler Thomas Wolsey (um 1475–1530), gehörte allerdings nicht zu Mother Shiptons Favoriten. Der mächtige Kirchenmann nutzte seine Position, um unerhört hohe Steuern einzuheben. Das Volk hungerte und hasste Wolsey. Mother Shipton sagte dem „Mitra tragenden Pfau" nur einen sehr kurzlebigen Ruhm voraus. Es sei ihm bestimmt, mit der Zeit in Vergessenheit zu geraten. Als Ursula davon erfuhr, dass der Kardinal die Verlegung seines Sitzes nach York plane, prophezeite sie: „Möglicherweise wird er York sehen, aber er wird es niemals erreichen."

Ihre Klienten waren meist einfache Leute, die sich Sorgen um ihre Zukunft machten und wissen wollten, was auf sie zukam. Vor allem in Zeiten der Not und der Unsicherheit strömten die Menschen zu ihr. Sie hatte ein Ohr für all die kleinen und großen Probleme ihrer Mitmenschen und versuchte mit ihrer Gabe zu helfen. Viel Geld kann sie dafür nicht bekommen haben, denn sie lebte in relativer Armut.

Aber auch hohe kirchliche Würdenträger, wie der Abt von Beverly, der sie einst getauft hatte, suchten sie auf. Der sehr betagte Abt kam in Begleitung eines Schreibers, der die Prophezeiungen der Hellseherin aufzeichnete. Diese Niederschriften wurden von einer englischen Adelsfamilie verwahrt und geschützt. Mother Shipton sah die Beziehung von König Heinrich und Anne Boleyn, seiner Geliebten. Sie weissagte die Auflösung der Klöster durch Kardinal Wolsey, die vom König und dem Parlament mitgetragen wurde, sowie den Machtverlust der katholischen Kirche in England. Sie erkannte aber auch die daraus erwachsenden negativen Folgen für das Volk, da die einst so reichen und nun bald enteigneten und ausgeplünderten Klöster die Schulen und Sozialeinrichtungen nicht mehr betreiben konnten. „Reichtum brachte Hochmut, und Hochmut brachte Leid."

Kardinal Wolsey hatte wohl von den Prophezeiungen über seinen Untergang gehört und schickte den Duke of Suffolk, Lord D'Arcy und den Earl of Northumberland, um Mother Shipton aufzusuchen und sie gegebenenfalls zum Schweigen zu bringen. Die drei Lords suchten einen Mr. Beasley auf, der die Hellseherin kannte und sie bei ihr einführen sollte. Auch wenn sie sich nicht vorstellten, so wusste Ursula sofort, wer die drei Herren an ihrer Türschwelle waren und warum sie gekommen waren. Sie bat sie ins Haus und ließ sie von ihrer Magd mit Kuchen und Ale bewirten. Einer der Lords fragte sie nach ihrer Prophezeiung über den Kardinal und drohte ihr, dass Wolsey sie auf dem Scheiterhaufen in York verbrennen würde, wenn er erst dort wäre und sie ihre Prophezeiung nicht sofort zurücknehmen sollte. Mother Shipton nahm ihr Kopftuch ab und warf es ins Feuer. Es lag eine Viertelstunde zwischen den brennenden Scheiten, doch es fing nicht Feuer. Dann nahm sie ihren Stock und warf ihn ebenfalls in die Flammen – auch dieser brannte nicht. Sie nahm beides aus dem Kamin und sagte: „Wenn diese gebrannt hätten, hätte ich dasselbe getan." Sie sah die Angst in den Augen des Duke of Suffolk und meinte zu ihm: „Mein Lieber, es wird die Zeit kommen, da werden sie so tief unten sein wie ich es bin, und das ist wirklich tief."

Dann prophezeite sie den beiden anderen Lords, dass sie tot auf dem Straßenpflaster von York liegen werden. Dem Earl of Northumberland, Lord Percy, sagte sie außerdem voraus, dass sein Körper in York begraben werden würde, sein Kopf aber in Frankreich. Dieser lachte spöttisch und meinte: „Das ist aber ein großer Sprung zwischen dem Kopf und dem Körper."

Die eingeschüchterten Lords verließen ihre Wohnung, um dem

Kardinal Bericht zu erstatten. Wolsey wurde schließlich ein Opfer seiner eigenen Ränke und Intrigen. Als der Papst nicht in die Scheidung von König Heinrich VIII. einwilligte, suchte man die Schuld bei ihm. Das Parlament klagte ihn wegen des Missbrauchs seiner Macht an und beschloss seine Enteignung. Er wurde zu einem Gefängnisaufenthalt auf unbestimmte Zeit verurteilt. Heinrich begnadigte ihn zwar, verbannte ihn jedoch ins Erzbistum York. Der 55-jährige, kranke Kirchenmann verließ London und reiste nach Cawood, wo er sich in Cawood Castle niederließ. Im Jahre 1530 wurde er erneut angeklagt, der Vorwurf lautete diesmal Hochverrat. Als Lord Percy, der Earl of Northumberland kam, um den ehemaligen Lordkanzler abzuholen, fand er ihn auf dem Turm von Cawood Castle, von dem aus er York sehen konnte – er sollte es jedoch nicht mehr erreichen. Auf der Rückreise nach London starb Wolsey in der Abtei von Leicester. Die Prophezeiung hatte sich erfüllt. Und auch die Vorhersagen für die zwei Lords, die Mother Shipton einst besucht und bedroht hatten, gingen in Erfüllung. Der Earl von Northumberland und Lord D'Arcy starben auf dem Straßenpflaster bei der Niederschlagung eines Aufstandes. Der Kopf von Lord Percy wurde gestohlen und nach Frankreich gebracht.

Die Erfüllung all ihrer Vorhersagen festigte den Ruf von Mother Shipton und die Leute begegneten ihr nun mit Respekt. Was sie für die unmittelbare Zukunft von England sah, war düster und alles andere als erfreulich. Sie sah den Tod König Heinrichs voraus und die kurze Regentschaft seines Sohnes Edward VI., der bei seiner Thronbesteigung erst neun Jahre alt war.

Sie sah Könige und Königinnen kommen und sterben. Als Oliver Cromwell (1599–1658) die englische Republik gründete und König Charles I. am 30. Januar 1649 enthaupten ließ, erinnerten sich die Menschen an folgende Prophezeiung: „Wenn der weiße König tot ist, wird der schwarze Wolf die Höhle des Löwen an sich reißen.“ Charles hatte bei seiner Krönung weiße Kleider getragen, statt der traditionellen purpurnen Samtkleidung, und wurde daher „The White King“ genannt. Nach seiner Hinrichtung soll sein Sarg von einer Schicht weißen Schnees bedeckt gewesen sein.

Gesellschaftliche Vorhersagen

Die Pestepidemie von London im Jahre 1665 beschrieb sie mit den Worten: „Siegestrunken wird der Tod durch London reiten.“

Als der große Brand von London am 2. September 1666 in einer Bäckerei in der Pudding Lane ausbrach und fast alle mittelalterlichen Gebäude der Stadt zerstörte, überlieferte der Staatssekretär und Abgeordnete Samuel Pepys (1633–1703) in seinem Tagebuch den Ausspruch von Prinz Rupert: „Nun hat sich Mother Shiptons Wort erfüllt.“ Sie hatte vorausgesagt, dass die Häuser von London fallen und die Menschen über die Dächer spazieren würden. Ein Schiff werde die Themse hinauffahren und eine zerstörte Stadt vorfinden. Es werde kaum ein Haus überbleiben, in dem eine Flasche Wein angeboten würde.

Doch auch für unsere heutige Zeit prophezeite sie erstaunliche Dinge. Den Zweiten Weltkrieg beschrieb sie folgendermaßen:

„When pictures seem alive with movements free,
When boats like fishes swim beneath the sea,
When men like birds shall scour the sky,
Then half the world, deep drenched in blood shall die.
For those who live the century through,
in fear and trembling this shall do.“ –

(„Wenn Bilder zu leben scheinen in freier Bewegung, wenn Boote wie Fische schwimmen unter dem Meer, wenn Menschen wie Vögel den Himmel durchjagen, dann wird die halbe Welt tief in Blut getränkt sterben. Die, die das Jahrhundert durchleben, werden das in Furcht und Zittern tun.")

Die Gepflogenheiten unserer modernen Zeit fand sie jedoch eher befremdlich. Für die in der Übergangszeit zwischen Spätmittelalter und Renaissance geborene, einfache Frau müssen die Dinge, die sie sah, ungeheuerlich gewesen sein.

„For those wondrous far off days,
The woman shall adopt a craze,
To dress like men, and trousers wear
And to cut off their locks of hair,
They'll ride astride with brazen brow
As whitches do on broomstick now.
And roaring monsters with man atop
Does seem to eat the verdant crop
And men shall fly as birds do now
And give away the horse and plough.
There'll be a sign for all to see
Be sure that it will certain be.
Then love shall die and marriage cease
And nation wane as babes decrease.
And wives shall fondle cats and dogs
And men live much the same as hogs."

(„In den erstaunlichen, fernen Tagen wird sich die Frau die Verrücktheit aneignen, sich wie die Männer anzuziehen und Hosen zu tragen. Und sie werden sich die Haarlocken abschneiden. Sie reiten

rittlings mit schamloser Stirn, wie Hexen es nun auf dem Besen tun. Und brüllende Monster mit Menschen oben drauf, es wird sein, als ob sie die unreife Ernte verschlingen. Und Menschen fliegen, wie die Vögel es nun tun, und sie geben auf das Pferd und den Pflug.
Es wird ein Zeichen für alle zu sehen sein, sei sicher, es wird so geschehen. Dann wird die Liebe sterben und Heirat hört auf. Und Nationen werden schwinden wie die Zahl der Babys. Und Frauen werden Katzen und Hunde liebkosen, und Menschen werden wie Schweine leben.")

Der prophezeite Weltuntergang

Der „Weltuntergang", den sie vorhersah, ist mehr der Untergang der Zivilisation, wie wir sie kennen. Es beginnt mit einem Meteor, der sechsmal über den Himmel ziehen wird. Sieben Tage und sieben Nächte wird er mit freiem Auge zu sehen sein, bevor die Erde sterben wird. Es folgen Überschwemmungen und Erdbeben, die das Land spalten werden. Die Menschen werden sich in Panik gegenseitig töten. Der Schweif des Meteors wird auf die Erde krachen und sie aufreißen. Es wird wenige Überlebende geben, die das Menschengeschlecht neu begründen. Es wird neues Land aus dem Meer aufsteigen und zur Heimat der Menschen werden. Ein Raumschiff mit Außerirdischen wird landen, die sich mit den Menschen vermischen und ihnen ihre Fähigkeiten übertragen. Dann beginnt ein goldenes Zeitalter.

Da Mother Shipton selbst keine Aufzeichnungen über ihre Prophezeiungen führte, übernahm dies ihre Magd Joanne Waller. Sie kam als ganz junges Mädchen zu der sagenumwobenen Frau und veröffentlichte ihre Sammlung im Jahre 1641 unter dem Titel *The Prophesie of Mother Shipton in the Reign of King Henry the Eight.*

Foretelling the death of Cardinal Wolsey, the Lord Percy and others, as also what should happen in insuring times.

Das zweite Buch, das über sie veröffentlicht wurde, stammt von Richard Head. Er berief sich auf alte, fast unleserliche Briefe, die ihm von einem Adeligen übergeben wurden. Später gestand er, dass er einiges hinzugefügt und es mit der Wahrheit nicht so genau genommen hätte. Einige Fakten ihres Lebenslaufes und so manche Prophezeiung entsprangen seiner Fantasie. Im Laufe der Zeit wurde Mother Shipton zur Legende und zu einem Mythos.

Mother Shipton starb am 20. April 1561. Sie verabschiedete sich am Morgen von ihren Freunden, ging zurück in ihren Keller und starb friedlich in ihrem Bett. Sie wurde in ungeweihter Erde außerhalb des Dorfes beerdigt. Ein Grabstein wurde ihr zu Ehren errichtet, dessen Inschrift lautete: „Hier ruht sie, die niemals log, deren Rat sooft gefragt war. Ihre Prophezeiungen werden dauern und ihren Namen lebendig halten".

Der Vorwurf, dass sich einige Prophezeiungen nicht erfüllten, wurde ihr zu Unrecht gemacht. Ihr größter prophetischer Fehlschlag stammte nämlich nicht von ihr selbst, sondern aus der Feder von Charles Hindley, der die Vorhersage im 19. Jahrhundert schrieb und der längst verstorbenen Hellseherin zuordnete: „The world to an end shall come / In eighteenhundret and eightyone."

Dass der Weltuntergang nicht im Jahre 1881 stattgefunden hat, wissen wir natürlich, doch ihre tatsächlichen Prophezeiungen für unsere Zukunft sind noch nicht eingetroffen.

Was in der heutigen Zeit an sie erinnert, ist eher kurios. Die Höhle, in der sie geboren wurde, ist eine beliebte Touristenattraktion geworden, es gibt auch einige Pubs, die nach ihr benannt wurden. Auf den Britischen Inseln lebt außerdem ein braun-gelber Nachtfalter, auf dessen Flügel sich das Bild eines Hexengesichtes zeigt, er trägt den Namen: Mother Shipton Moth.

Nostradamus

Der dunkle Prophet aus der Provence
14. Dezember 1503–2. Juli 1566

ER IST DER WOHL BERÜHMTESTE SEHER DER Geschichte. Mit seinem Namen verbindet man düstere Prophezeiungen über Tod, Kriege und den Weltuntergang. In seinen nächtlichen Trancesitzungen sah er die Zukunft von 1555 bis ins Jahr 3797 voraus. Seine rätselhaften, nur schwer verständlichen Verse üben bis heute eine ungebrochene Faszination auf die Menschen aus. Es wurden ihm unzählige Bücher, Filme und Dokumentationen gewidmet, ohne jedoch seine Geheimnisse ganz zu lüften. Dies machte ihn zur Legende und stachelte immer wieder den Ehrgeiz von Gelehrten und Wissenschaftlern an, die aufdeckten, interpretierten, und ihn manchmal auch verdammten. Die in den *Centurien* niedergeschriebenen Prophezeiungen lassen durch ihre Unverständlichkeit und Unübersetzbarkeit viel Raum für Theorien, und mit etwas Flexibilität findet sich immer ein Ereignis, das genau zum Text zu passen scheint.

Seine Zeit war die Renaissance mit ihren Universalgelehrten, Religionskriegen und Pestepidemien. Michel de Nostredame war ein sehr gebildeter und weit gereister Mann. In den Jahren, in denen er als Pestarzt tätig war, sah er unvorstellbares Elend und versuchte dagegen anzukämpfen. Der Vater von sechs Kindern war zu seinen Lebzeiten ein reicher Mann, der seiner Leidenschaft, der Astrologie, nachging und seinen Beruf als Arzt nur ausübte, wenn er wollte.

Seine Mitbürger im malerischen Städtchen Salon-de-Provence standen ihm mehr als skeptisch gegenüber. War er mit dem Teufel im Bunde? War er ein Scharlatan oder nur ein reicher Müßiggänger? Man hetzte ihm die Inquisition auf den Hals, verbrannte Puppen, die ihn darstellten, und selbst als er zum Berater und Leibarzt des Königs ernannt wurde, änderte sich nicht viel an der Meinung der Leute. Nostradamus erwiderte offen ihre Abneigung, was die Situation nicht verbesserte.

Seine Prophezeiungen sah er als von Gott gegeben. Er las in den Sternen den Willen Gottes. In seinem Vorwort an seinen Sohn César zum ersten Teil seiner *Centurien* schrieb er:

„Was nun jedoch geheime Weissagungen betrifft, so empfängt man diese gleichsam wie einen subtilen Geist aus Feuer. Es entspricht, so kann man sagen, dem faszinierten Betrachten von Sternen, durch (deren Pracht) man geblendet wird. Genauso fühlte auch ich mich ergriffen, so dass ich ohne Furcht Prophezeiungen niederschrieb. Alles geht von der überirdischen Kraft des einzigen Gottes aus. Von ihm kommt alles Gute.“

Nostradamus war zeit seines Lebens der Kirche eng verbunden. Obwohl er sowohl mit dem christlichen als auch dem jüdischen Erbe seiner Familie aufwuchs, war er eindeutig Christ. Sein Freund Prior Vidal aus dem benachbarten Franziskanerkloster in Salon war sogar bei seinen „Nachtwachen“ anwesend und schrieb nieder, was der Seher in Trance prophezeite.

Fast wie bei der Verehrung eines Heiligen wurde von seinen Söhnen und Assistenten an seiner Legende gearbeitet. Von der Ausschmückung der Familiengeschichte bis hin zu sich erfüllenden Prophezeiungen wurde von seinen Anhängern geschönt und hinzugedichtet, um seinen Ruhm zu mehren. Bei den von ihm erstellten

Horoskopen und Prophezeiungen unterliefen ihm oft grobe Fehler, was jedoch bei seinen frühen Biografen keine Erwähnung fand und wohl als unbedeutende, kleine Fehlschläge gewertet wurde.

Die Jahre des Studiums

Als die Glocken am 14. Dezember 1503 zur Mittagszeit läuteten, wurde Michel de Nostredame in Saint-Rémy-de-Provence geboren. Er stammte aus wohlhabendem Hause, sein Vater Jaume war Notar, Amtsvorsteher und Kaufmann. Seine Mutter Renée de Saint-Rémy stammte ebenfalls aus einer angesehenen provenzalischen Familie.

Väterlicherseits war er jüdischer Herkunft, aus dem Stamm Isaschar. Sein Großvater, Vidono Gassonet, war in Avignon zum katholischen Glauben konvertiert und nahm nach der Taufe, wie damals üblich, einen neuen Namen an, um ein äußeres Zeichen zu setzen. Da die Taufe im Kirchenbezirk von Notre-Dame-la-Principale stattfand, wählte er die provenzalische Form des Namens und hieß fortan Pierre de Nostredame. Seine Ehefrau weigerte sich, den katholischen Glauben anzunehmen, und Pierre trennte sich von ihr.

Der Legende nach war Pierre de Nostredame der Leibarzt von König René, doch dafür gibt es keinen schriftlichen Beweis, wahrscheinlich war er ein wohlhabender Getreidehändler.

Jean de Saint-Rémy war ebenfalls konvertierter Jude, er hatte Medizin studiert und fungierte als Steuereintreiber. Um dem „Propheten" Nostradamus den passenden Rahmen zu geben, wurden von der Familie selbst beide Großväter zu Leibärzten des Königs befördert.

Jaume de Nostredame und Renée de Saint-Rémy heirateten am 14. Mai 1495. Ihr erstgeborener Sohn Michel soll von den Großvätern ausgebildet worden sein, diese waren zu diesem Zeitpunkt jedoch schon tot. Glaubhafter ist eine Ausbildung durch den Urgroßvater, der ihn in Latein, Griechisch, Hebräisch, Mathematik und Astronomie unterwies.

1520, mit 16 Jahren, kam er nach Avignon zu seiner Tante Margarete, um an der Universität zu studieren. Er entschied sich für das Quadrivium, den Vierweg. Das Studium umfasste Arithmetik, Geometrie, Musik und Astronomie, die Vorlesungen fanden in lateinischer Sprache statt. Nach den Studien bei seinem Urgroßvater kam Michel nun erneut mit der Astronomie in Kontakt.

Nachdem die Universität von Avignon wegen des Ausbruches der Pest geschlossen wurde, wechselte Michel auf Wunsch seines Vaters an die Universität von Montpellier und begann am 23. Oktober 1522 mit seinem Medizinstudium. 1525 bestand er das Examen und erwarb in mehrtägigen Prüfungen die Zulassung als Arzt. Kaum hatte der 22-Jährige seine Zulassung erhalten, brach die Pest in ganz Südfrankreich aus. Michel betreute die Pestkranken, die keine Ahnung von der Ansteckungsgefahr hatten. Der junge Arzt stand der Pestepidemie hilflos gegenüber, er diagnostizierte den Krankheitsausbruch und öffnete die Eiterbeulen. Zuerst war er nur in Montpellier tätig, dann in der ganzen Umgebung der Stadt bis nach Narbonne.

Er nahm Unterricht bei einem Alchemisten, der ihn in die Kunst der Pharmazie einweihte. Als Pestarzt zog er weiter nach Toulouse, Bordeaux und Avignon. In den Bibliotheken der Städte kam er erstmals mit Büchern über Magie und Okkultismus in Berührung.

Schließlich kehrte er zurück nach Montpellier und erwarb sein Doktorat im Jahre 1530. Die dafür erforderlichen Praxisjahre hatte er als Pestarzt absolviert und machte dies auch zum Thema seiner Prüfungen.

Da er jetzt Doktor war, latinisierte er seinen Namen in „Nostradamus". Michel blieb vorerst an der Universität von Montpellier und wirkte eineinhalb Jahre als Assistenzarzt. Um 1532 verließ er die Stadt gemeinsam mit seinem Freund und Kommilitonen, dem Mönch François Rabelais. Die beiden zogen weiter, nach einigen Zwischenstationen reisten sie auf Einladung des Humanisten Julius Caesar Scaliger (1484–1558) nach Agen. Dieser lebte dort bereits seit einigen Jahren und hatte die damals 16-jährige Andiette de Roques Lobejac geheiratet, mit der er 15 Kinder zeugte. Nostradamus arbeitete die nächsten Jahre mit dem berühmten Gelehrten zusammen. Scaliger war ein Meister der Kryptologie, der Verschlüsselung von Botschaften. Diese Kunst übernahm Nostradamus von seinem Lehrmeister und perfektionierte seine Kenntnisse in den folgenden Jahren.

Michel heiratete und wurde sesshaft. Er eröffnete eine Praxis als Arzt und wurde bald Vater eines Sohnes und einer Tochter, deren Namen jedoch nicht überliefert sind. Trotz seines Gelübdes als Mönch heiratete auch Rabelais, was in späteren Jahren durch eine nachträgliche Rückversetzung in das Laienpriesteramt seine Rechtmäßigkeit erhielt.

In Agen hatte Nostradamus nun Zeit, seiner Leidenschaft zu folgen und weitere Studien des Okkultismus und der Alchemie zu betreiben. Damit zog er sich die Feindschaft von Scaliger zu, der dies vehement ablehnte. Später äußerte dieser über seinen einstmaligen Freund:

„Leichtgläubiges Frankreich, was erwartest du denn, wenn du nach den Worten von Nostradamus gierst? Welch übler Jude hat dir den Charakter verändert? Duldest du, dass sein Verbrechen deine erhabene Herrschaft lächerlich macht? Hast du nicht begriffen, dass dieser widerliche Angeber nur Narrenspiel betreibt? Man fragt sich am

Ende, wer der Dümmere ist, der nichtsnutzige Scharlatan oder du, der du seinen Betrug begünstigst.“

Der reisende Pestarzt

Bei einer neuerlichen Pestepidemie verloren Michel und François ihre Familien. Michel war zur Schließung seiner Praxis gezwungen. Ein Handwerker hatte Nostradamus angezeigt, weil er die Anfertigung von Marienstatuen aus Zinn und Bronze als „Teufelswerk“ bezeichnet hatte. Hier war ihm sein aufbrausendes Temperament zum Verhängnis geworden. Da der renommierte Pestarzt und Freund von Scaliger für sie unantastbar war, schritt die Inquisition vorerst nicht ein. Erst als seine Familie gestorben war und er die Freundschaft zu Scaliger verloren hatte, bestellten sie ihn zum Verhör nach Toulouse, die Anklage lautete auf „Vorwurf der Häresie“.

Dieser Anklagepunkt ist jedoch eher unwahrscheinlich, weil Rabelais mittlerweile zum Leibarzt und Sekretär von Kardinal Jean du Bellay ernannt wurde und enge Kontakte zum Vatikan pflegte. Sein langjähriger Freund hätte in dieser Angelegenheit sicherlich interveniert.

Michel wurde unterdessen in einen Erbschaftsstreit verwickelt, den seine Schwiegereltern gegen ihn führten. Von Verzweiflung getrieben, beschloss er weiterzuziehen. Um das Jahr 1538 verließ er Agen, um sich einige Jahre als reisender Arzt durchzuschlagen. Die Zeit seiner Wanderschaft, über die nichts bekannt ist, außer ein paar vagen Andeutungen von Nostradamus selbst, regte seine Anhänger zur Verbreitung aller möglichen mystischen Geschichten und Wundertaten an, die jedoch nicht zu beweisen sind.

So soll er geheime Aufträge für den Vatikan erledigt haben, andere sprechen von weiten Reisen bis nach Ägypten. Auf einer Reise durch Italien soll ihm eine Gruppe von Franziskanern begegnet sein. Nostradamus kniete vor einem noch ganz jungen Mann nieder und meinte, er würde nur seiner Heiligkeit die gebotene Referenz erweisen. Der so geehrte Felice Peretti di Montalto wurde 1585 als Sixtus V. zum Papst gewählt.

Erst ab 1544 trat Nostradamus wieder öffentlich in Erscheinung. Wiederum praktizierte er als Pestarzt, dieses Mal in Marseille, das vom Schwarzen Tod heimgesucht wurde. Ende Mai 1546 zog er weiter nach Aix-en-Provence, da man nach dem erfahrenen Pestarzt geschickt hatte. In seinem Buch *Excellent & moult utile opuscule à touts necessaire* (Hervorragendes & sehr nützliches Büchlein zu allem Notwendigen) aus dem Jahre 1555 beschrieb er die Seuche folgendermaßen: „Neun Monate lang starben die Menschen so schnell, dass man nicht mehr wusste, wie man sie unter die Erde bringen sollte."

Dass er sich nicht ansteckte, lag wohl daran, dass er erkannt hatte, wie wichtig Hygiene beim Umgang mit den Kranken war. Er lehnte Aderlasse kategorisch ab und sorgte für frisches Wasser und eine gute Belüftung der Krankenzimmer. Bei der Behandlung der Pestkranken wurde von den meisten Ärzten nach wie vor auf eine Behandlung durch Aderlass gesetzt. Die Mediziner infizierten sich dabei oft selbst mit der Krankheit, auch wurde das abgezapfte Blut einfach auf die Straße vor dem Haus gegossen, was neue Gefahren für eine weitere Verbreitung barg. Gemeinsam mit dem Apotheker Joseph Turel Mercurin stellte er seine berühmten Rosenpastillen als Schutz und Medizin im Kampf gegen die Seuche her. Das Rezept erweist sich aus heutiger Sicht als völlig wirkungslos, doch es beinhaltet immerhin einige Stoffe, die desinfizierend wirken. Die Pastillen bestanden aus: frischen Spanen von Zypressenholz, Schwertlilienblüten, Gewürznelken, aromatischem Schilfrohr, Aloeholz und den Knospen von 300 bis 400 roten Rosen. Man ging im 16. Jahrhundert davon aus, dass die Pest über die Atemluft übertragen würde, darum war es in den Augen von Nostradamus ratsam, die Pastillen im Mund zu halten, um die Ansteckung zu vermeiden. An eine Übertragung durch das Blut oder die Wundsekrete dachte scheinbar niemand.

Nach seiner Station in Aix-en-Provence zog er 1547 nach Salon-de-Provence zu seinem Bruder Bertrand de Nostredame, der seit 1540 Stadthauptmann war.

Mit 43 Jahren heiratete er zum zweiten Mal. Am 11. November 1547 fand die Trauung mit Anne Ponsarde Gemelle, einer wohlhabenden Witwe, statt. Das Paar bezog ein großes Haus im Stadtteil Farreiroux. Im dritten Stock unter dem Dach richtete Nostradamus sein Studierzimmer ein. Vom Dach aus konnte er die Position der Sterne studieren.

Sesshaftigkeit in Salon-de-Provence

Es folgte eine kurze Reise nach Italien im Jahre 1548. Nostradamus kehrte zurück nach Salon und wurde nun endgültig sesshaft, obwohl er Salon und dessen Bewohner nicht sonderlich mochte und sich der gebildete und weitgereiste Arzt in dem kleinen Ort nicht wirklich wohl fühlte. In späteren Jahren bemerkte er: „Zu Salon, wo ich mich niedergelassen habe, bin ich von brutalen Schwachköpfen und primitiver Masse umgeben; den Todfeinden einer wertvollen Literatur und bemerkenswerter Gelehrsamkeit."

In den nächsten Jahren wurden seine Kinder geboren: 1551 Madeleine, 1553 César, 1556 Charles, 1557 André, 1558 Anne und

1561 Diane. Er eröffnete eine Arztpraxis, die er allerdings ohne Ehrgeiz und nach Belieben betrieb. Nur die Mitglieder des Adels und der reichen Bürgerschaft konnten sich Besuche bei einem studierten Arzt leisten, das gemeine Volk und die Bauern konsultierten Wundärzte, Bader oder Hebammen. Nostradamus begann mit Erfolg, Salben und allerlei Kosmetika herzustellen, die er an den Landadel verkaufte. Die Existenz seiner Familie war mit dem Vermögen seiner Frau abgesichert. Nostradamus widmete sich wieder seinen Studien und finanzierte den Bau des Craponne-Kanals zwischen Rhône und Durance, der die Wasserversorgung von Salon und Umgebung sichern sollte. Der Kanal wurde nach dem in Salon-de-Provence geborenen königlichen Ingenieur Adam de Craponne (1526–1576) benannt, der den Bewässerungskanal entwarf und mitfinanzierte.

Nun begann Nostradamus, Horoskope zu erstellen und Weissagungen zu tätigen, was ihn in den Augen seiner Mitbürger verdächtig machte. Seit Erfindung des Buchdruckes waren Almanache in Mode gekommen. Ab 1550 veröffentlichte Nostradamus jährlich einen Almanach, wobei die ersten Ausgaben leider verschollen sind, erst die Exemplare von 1553 und 1554 sind im Original erhalten. Diese beliebten Bücher enthielten die Ankündigung von Sonnen- und Mondfinsternissen sowie die Errechnung der kirchlichen Feiertage. Die astrologischen Vorhersagen bezogen sich auf das Wetter, die Ernte, zu erwartende Krankheitsepidemien und drohende Kriege. Nostradamus formulierte seine Prophezeiungen in den Almanachen in vierzeiligen, zehnsilbigen Versen, die jeweils für einen Monat galten.

Im Jahre 1552 veröffentlichte er sein Werk *Le Traité des fardements et des confitures* (Kosmetika und Süßes).

Die Centurien

Der erste Teil seiner *Centurien* unter dem Titel *Les propheties de m. Michel Nostradamus* erschien im Jahre 1555. Das Werk bestand aus 353 quatrains (Vierzeilern), der zweite Teil folgte 1557 und enthielt 640 quatrains und einen Brief an seinen Sohn César als Vorwort. Der Nachdruck, der ein Jahr später erschien, wurde durch einen Brief an König Heinrich II. ergänzt.

Zwei Jahre nach Nostradamus' Tod erschien 1568 in Lyon ein Nachdruck, der im ersten Teil das Vorwort und 642 quatrains enthielt, und im zweiten Teil aus dem Brief an König Heinrich II. und 300 quatrains bestand.

Was Nostradamus über die Masse der Seher und Propheten seiner Zeit erhob, waren die sich über Jahrtausende erstreckenden Prophezeiungen, die bis zum Jahr 3797 reichen. Viele Dinge, die er in seinen Visionen sah, verstand selbst er als Gelehrter und belesener Mediziner nicht. Er wusste allerdings, dass viele seiner Schauen gefährliche Botschaften enthielten, und er versuchte diese zu verschlüsseln und ihren Sinn zu verschleiern.

In seinem Brief an König Heinrich II. erklärte er die verworrene und rätselhafte Sprache, der er sich bediente, wie folgt:

> *„Es sind die meisten meiner prophetischen Strophen dermaßen holprig, dass man weder einen Weg darin finden noch sie interpretieren kann … Aber die Ungunst der Zeit, Durchlauchtigster König, erfordert es, solche verborgenen Ereignisse nur in rätselhafter Sprache zu offenbaren, nicht nur einen Sinn, ein Verständnis zulassend, sondern in Dunkelheit gehüllt."*

Doch war es genau diese Rätselhaftigkeit der dunklen Verse, die sie interessant machten, und Nostradamus setzte sie sehr gezielt als Stilmittel ein. Seine beschriebene Furcht vor Verfolgung und Inquisition dürfte zu diesem Zeitpunkt in seinem Leben wohl nicht mehr relevant gewesen sein. Den berühmten Propheten, der mit dem Königshaus in Verbindung stand, drohte kein Ungemach mehr von dieser Seite.

Seine Visionen und Schauen empfing er während der Nachtstunden, weshalb er sie auch oft als „Nachtwachten" bezeichnete. Am Abend zog Nostradamus sich in sein Arbeitszimmer unter dem Dach des Hauses zurück, legte einen langen Umhang um und befreite seine Seele und seinen Geist von Alltagssorgen und banalen Gedanken. Er schob sich einen goldenen Ring mit einem blauen Stein über den Finger und setzte einen Lorbeerkranz auf. Danach ließ er sich auf einen dreibeinigen Messingstuhl nieder und tauchte den Saum seines Gewandes in Wasser. Er versetzte sich in Trance, um die Botschaften zu empfangen. Diese Vorgangsweise kopierte er zum größten Teil von der Pythia in Delphi. Über deren Geschichte und Riten war er durch das Buch *De Mysteriis Aegyptiorum* des griechischen Philosophen Iamblichos Chalcidensis (um 250–320) genau unterrichtet. Ein Werk, das ihn mehrfach inspirierte, was sich in den Versen seiner *Centurien* niederschlug. Berauschte sich die Pythia an den Dämpfen, die aus einer Erdspalte drangen, und dem Inhalieren von Räucherwerk mit halluzinogenen Zutaten, so bediente sich Nostradamus einigen Theorien zufolge alkoholischer Getränke. Er nahm gerne Branntwein und Absinth zu Hilfe, die denselben Zweck erfüllten wie Dämpfe und Rauch. Die so empfangenen Visionen versuchte er durch Astrologie zu verifizieren und genaue Daten und Orte zuzuordnen.

Nostradamus schrieb seine Verse in jambischen Parametern. Es wird vermutet, dass er die Vierzeiler zuerst in lateinischer Sprache schrieb und sie dann in das damals übliche Renaissance-Französisch übersetzte. Eine korrekte Übersetzung der *Centurien* in andere Sprachen ist fast nicht möglich, ohne ihren Sinn zu zerstören. Nicht alle seiner Prophezeiungen sind mit Ort und Datum versehen, wenn doch, lag Nostradamus damit meist spektakulär falsch.

Ab dem Jahr 1555 sagte er alle bedeutenden Ereignisse voraus, von der Französischen Revolution über die Machtergreifung Napoleons bis zum Zweiten Weltkrieg und schließlich den Untergang unseres Planeten.

Zum Tod von König Ludwig XVI. durch die Guillotine heißt es im quatrain VI, 92: „Die Stadt unter dem Schwert, von Scheiten aus Pulver verbrannt, ein zu großer Mord, das Haupt des Königs verhasst."

In IX, 77: „Die Regierung greift den ermutigten König auf, die gefangene Dame wird durch das Los zum Tode verurteilt, dem Sohn der Königin wird man das Leben verweigern, und der Kurtisane die Kraft des Geliebten."

Die Machtergreifung Napoleons beschreibt er in quatrain I, 60 mit den Worten: „Ein Kaiser nahe Italien geboren, dem das Reich viel opfern wird, man wird sagen: mit welchen Leuten verbündet er sich, und ihn eher einen Schlächter als einen Fürsten nennen."

Und weiter im quatrain IV, 54: „Von einem Namen, den nie ein französischer König trug, noch niemals wurde ein Blitzschlag so gefürchtet, Italien, Spanien und die Engländer zittern, Edle Aufmerksamkeit gegenüber einer fremden Frau."

Die Zuordnung der Prophezeiungen erfolgte meist im Nachhinein, da bei Eintreten der vorhergesagten Ereignisse plötzlich völlig klar war, wovon Nostradamus sprach, und sich die Schleier rückblickend lüfteten. Doch sind die Experten oft uneinig, was die Interpretation anbelangt. In mehreren quatrains sprach Nostradamus vom Fluss „Hister" und meinte damit die Donau. Viele Experten deuteten jedoch „Hister“ als „Hitler“, was eine Fehlinterpretation war. Auch die Landung von Außerirdischen, die einige in den Prophezeiungen lesen wollen, ist eher umstritten.

Die der Kabbala ähnlichen Textverschlüsselungen halten selbst den heutigen Gelehrten stand und haben sich ihre Rätselhaftigkeit, ganz im Sinne von Nostradamus, bis heute bewahrt.

Die Veröffentlichung der düsteren *Centurien* machte Michel Nostradamus berühmt. Doch auch die Stimmen der Zweifler und Kritiker wurden lauter. Das einfache Volk verdächtigte ihn, mit schwarzer Magie die Erfüllung der Prophezeiungen herbeizuführen.

Ein französisches Intermezzo

Caterina de' Medici (1519–1589) gehörte unzweifelhaft zu seinen Anhängern. Sie ließ ihn nach Paris rufen, doch der Prophet reiste mit gemischten Gefühlen am 14. Juli 1556 an den französischen Königshof. In seinen Versen hatte er zuvor die Königin kritisiert, so wusste er nicht genau, was ihn erwarten würde. Nostradamus war nun 52 Jahre alt. Er war ein stämmiger Mann mit freundlichen grauen Augen, in denen jedoch der Zorn aufblitzen konnte. Er hatte eine gerade Nase, gerötete Wangen und einen langen, dichten Bart.

Nach einmonatiger Reise mit der Kutsche traf er schließlich in Paris ein. Zuerst stieg er in der Herberge Saint Michel ab, was er aufgrund der Namensgleichheit für ein gutes Vorzeichen hielt. Bereits am nächsten Tag traf Connétable Anne de Montmorency, der Oberbefehlshaber der Armee ein, um den provenzalischen Seher an den Hof zu begleiten.

Im Schloss von Saint-Germain-en-Laye wurde er von Caterina de' Medici empfangen. Die Königin von Frankreich hatte einen ausgeprägten Hang zu Astrologen, Propheten, Magiern und Wahrsagern und wollte, dass Nostradamus für ihre sieben Kinder ein Horoskop erstelle. Seine Begegnung mit König Heinrich II. (1519–1559) währte nur kurz im Rahmen einer Audienz.

Er wurde in den Palast des Kardinals Bourbon-Vendôme umquartiert und erhielt ein Säckchen mit 130 Kronen. 100 vom König und 30 von der Königin als Draufgabe. Damit waren nicht einmal die Reisekosten gedeckt. Nostradamus hatte sich mehr erwartet und geriet ob der geringen Zuwendung in Finanznöte.

Ein schwerer Gichtanfall machte ihm zu schaffen und er musste das Bett hüten. Aus dieser Zeit ist eine Anekdote überliefert, wonach ein königlicher Page, dem ein Hund entlaufen war, bei dem berühmten Seher Hilfe suchte. Er stand vor dem Haus und rief, um vorgelassen zu werden, er sei ein Page des Königs. Bevor er jedoch vorbringen konnte, was sein Anliegen war, rief Nostradamus ungeduldig zurück: „Was soll das? Warum so ein Geschrei um einen entlaufenen Hund? Geh auf die Straße nach Orleans, da wirst du ihn mitsamt seiner Leine wiederfinden."

Wegen seiner Erkrankung folgte er dem Königshof verspätet nach Schloss Blois an die Loire. Auf Wunsch von Caterina sollte er die königlichen Kinder kennenlernen. Er erstellte genaue Horoskope für die Valois-Kinder. Auf die Frage der Königin, welcher ihrer Söhne den Thron besteigen werde, antwortete er: „Alle." Eine Prophezeiung, die sich in den nächsten Jahren leider erfüllen sollte.

Schließlich verließ er den französischen Königshof und hinterließ einen Berg von Schulden. Im Oktober 1556 kehrte er zurück nach Salon. Der Besuch bei Hofe machte sich im Nachhinein bezahlt. Die Leute wurden angezogen vom Ruhm und Glanz des berühmten Propheten, den sogar die königliche Familie zu Rate gezogen hatte.

Berater und Leibarzt des Königs

Am 10. Juli 1559 starb König Heinrich II. an den Folgen eines Turnierunfalls. Zur Feier des Friedens von Cateau-Cambrésis zwischen Heinrich II. und der englischen Königin Elisabeth I. war der König am 30. Juni 1559 zum Zweikampf angetreten. Die Lanze seines Gegners, des Grafen Montgomery, dem Hauptmann der schottischen Garde, brach und der Stumpf drang durch das Auge in Heinrichs Schädel ein. Er starb qualvoll an den schweren Hirnverletzungen.

Nostradamus hatte dieses Ereignis in seinen *Centurien* bereits vier Jahre zuvor vorausgesagt. In quatrain I, 35 prophezeite er: „Der junge Löwe wird den alten besiegen, auf einem Kampfplatz bei einem Einzelduell, in einem goldenen Käfig wird er ihn blenden, zwei Wunden in einer, um einen grausamen Tod zu sterben."

Das Volk misstraute dem Propheten, der Vorwurf der schwarzen Magie stand erneut im Raum. Man unterstellte ihm, den Unfall durch seine magischen Künste herbeigeführt zu haben. Der geheimnisvolle Hellseher stand wieder im Mittelpunkt der Kritik.

Emanuel Philibert, der Herzog von Savoyen (1528–1580), und dessen Gemahlin Marguerite von Frankreich kamen nach Salon, um Nostradamus zu konsultieren. Es erfolgte eine Einladung des Herzogspaares an den Seher. Herzogin Marguerite war schwanger und Nostradamus erstellte ein beeindruckendes Horoskop für ihren noch ungeborenen Sohn. Die Vorhersage, er würde der größte Heerführer aller Zeiten, erfüllte sich jedoch nicht. Herzog Karl Emanuel I., der Große von Savoyen (1562–1630), war in seinen Versuchen, Savoyen zu vergrößern, eher erfolglos und taumelte zwischen seinen Verbündeten Spanien und Frankreich hin und her. Er starb schließlich, als er in den Erbfolgekrieg von Mantua eingriff.

Nun begann sich die Vorhersage von Nostradamus über die Zukunft der Königssöhne langsam zu erfüllen. Der älteste Sohn von Heinrich II., König Franz II. (1544–1560), wurde am 18. September 1559 gekrönt. Der kränkliche 16-Jährige erlitt ein Jahr später einen Schwächeanfall und starb am 15. Dezember 1560. Es folgte sein Bruder Karl IX. (1550–1574) auf dem französischen Thron. Die Königinmutter Caterina de' Medici wurde nun Regentin.

Durch die Anfeindungen seiner Mitbürger wurde die Lage in Salon immer ernster und Nostradamus traf Vorbereitungen, um nach Avignon zu ziehen. Die kurze Phase der Bewunderung nach seiner Rückkehr aus Paris gehörte längst der Vergangenheit an.

Die politische Lage in Frankreich verschärfte sich. Die Hugenotten wurden zahlreicher und stärker, was die französischen Katholiken mit einem Blutbad beantworteten. Am 1. März 1562 veranstaltete die Garde des Herzogs François de Lorraine duc de Guise (1519–1563) ein Massaker unter gläubigen Protestanten, die in einer Scheune in Wassy, in der Champagne, den Gottesdienst feierten. Die Hugenottenkriege (1562–1598) hatten begonnen.

Der Königshof war gezwungen durch das Land zu reisen, um die Lage zu beruhigen. Caterina de' Medici und ihr Sohn Karl IX. samt Gefolge trafen am 17. Oktober 1564 in Salon ein. Die Pest war erneut ausgebrochen und die Einwohner von Salon flohen aufs Land. Die Stadt bot einen jämmerlichen und verlassenen Anblick. Die Schergen des Königs wurden ausgeschickt, um die Bevölkerung zurück in die Stadt zu treiben, damit sie für einen ordentlichen Empfang der königlichen Familie sorgen konnten. Sand vermischt mit duftenden Rosmarinzweigen wurde auf den Straßen verteilt, um den Gestank zu mindern. Die königliche Familie wurde im Câteau de L'Emperi untergebracht.

Der nun 61-jährige Nostradamus wurde zur Königinmutter gerufen und erschien auf einen Stock gestützt, da ihm seine Krankheit immer mehr zu schaffen machte. Er weissagte Caterina und dem König die Zukunft und traf sich heimlich mit dem späteren König Heinrich IV., um ihm ebenfalls ein Horoskop zu stellen.

König Karl IX. ernannte Nostradamus offiziell zum „Berater und Leibarzt des Königs“. Bereits am nächsten Tag zog der Hof weiter nach Aix und danach nach Arles. Dorthin beorderte Caterina den Seher zu einer weiteren Konsultation. Nostradamus prophezeite Karl IX. ein hohes Alter, was sich jedoch nicht erfüllte. König Karl starb am 30. Mai 1574 mit knapp 24 Jahren an der Schwindsucht. Unter seine Regentschaft fiel auch das Massaker in der Bartholomäusnacht am 24. August 1572, für das er am 26. August vor dem Parlament die Verantwortung übernahm. Nach seinem Tod folgte sein Bruder Heinrich III. (1551–1589), der der letzte König aus dem Hause Valois werden sollte.

Nach Heinrichs Ermordung am 1. August 1589 wurde der protestantische König von Navarra, Heinrich IV. (1553–1610), als erster Bourbone zum König gekrönt.

Die letzten Jahre

Der an Arthritis urica leidende Nostradamus konnte sich nur noch unter großen Schmerzen fortbewegen. Mit 62 Jahren war er ans Haus gefesselt. Es gesellte sich nun auch noch ein Nierenleiden zum Krankheitsbild des großen Propheten. Außerdem entwickelte sich als Folge der Arthritis eine Wassersucht.

Am 17. Juni 1566 setzte der Notar Joseph Roche das Testament des großen Sehers auf. Das sehr detaillierte Schriftstück listete all seinen Besitz auf. Mit 3444 Kronen und 10 Soli, Schuldscheinen in Höhe von 1600 Kronen und dem Haus in Salon war Nostradamus ein reicher Mann. Seine persönlichen Gegenstände wurden in einem Schriftstück ein paar Tage später verteilt. Sein langjähriger Freund, Prior Vidal vom Franziskanerkloster in Salon, nahm dem Propheten die Beichte ab und spendete ihm die Letzte Ölung. Am Abend verabschiedete sich Nostradamus von seinem Assistenten, dem Theologen Jean-Aimé de Chavigny mit den Worten: „Zum Sonnenaufgang werdet ihr mich nicht mehr lebend sehen."

Nostradamus starb in der Nacht zum 2. Juli 1566 an seiner schweren Erkrankung.

Der berühmte Seher wurde im Konvent Les Cordeliers in Salon, angeblich stehend, begraben. Während der Wirren der Französischen Revolution wurde das Konvent angegriffen und das Grab geschändet. Bei der Öffnung soll man eine Metallplatte auf dem Leichnam gefunden haben, auf der das Datum der Grabschändung eingraviert war. Die Soldaten sollen aus dem Schädel des Sehers getrunken haben und warfen die Knochen dann auf die Straße. Der Bürgermeister von Salon sammelte die noch verbliebenen Gebeine ein und brachte sie in die Marienkapelle der Kirche Saint Laurent, wo sie neu beigesetzt wurden. Nostradamus hatte in seinem Testament die Umbettung vorausgesagt: „... in der Begräbnisstätte der Stiftskirche von Saint-Laurent der genannten Stadt Salon und in der Kapelle unserer lieben Frau, an deren Mauer ein Grabmal errichtet werden möge ..."

Sein Assistent Chavigny verwaltete sein geistiges Erbe und arbeitete in den folgenden Jahren die riesige Hinterlassenschaft an Prophezeiungen auf. Es wurden unzählige Versuche unternommen, seine Schriften zu deuten, und er wurde im Laufe der Jahrhunderte zum Star unter den Hellsehern. Nostradamus wurde zum Inbegriff des dunklen, rätselhaften Propheten, der bis heute sein Geheimnis nur widerwillig preisgibt.

Alessandro Graf von Cagliostro

Giuseppe Balsamo – Der Abenteurer
8. Juni 1743–26. August 1795

ER WAR EIN ABENTEURER, EIN SCHWINDLER, ein Hochstapler, doch seiner unwiderstehlichen Faszination konnten sich die Menschen nicht entziehen, egal aus welcher Gesellschaftsschicht sie stammten. Durch seinen Auftritt als Alessandro Conte di Cagliostro gab er den Leuten, was sie begehrten. Niemals hätte ein Mann aus dem Armenviertel von Palermo eine Chance auf sozialen Aufstieg gehabt, dem geheimnisvollen arabischen Grafen aber schenkten sie ihr Vertrauen und ihr Geld. Das einfache Volk verehrte ihn als Heiler, der mit seinen ägyptischen Tinkturen und Tropfen oft Wunder vollbrachte. Der Adel und der Klerus wollten seine Künste als Alchemist und Wahrsager für ihre Zwecke nutzen. Cagliostro war gerissen und kannte alle nur möglichen Tricks, um sich bei den Reichen und Mächtigen einzuschmeicheln. Vieles war sicher nur Effekthascherei und Theaterdonner, doch sein Talent ging tiefer. Ihn nur als Betrüger abzutun, würde ihm sicher nicht gerecht. Wäre er nur ein geschickter Scharlatan gewesen, wäre er über eine gewisse lokale Berühmtheit nicht hinausgekommen und seine Karriere hätte wohl ein jähes Ende gefunden.

Das 18. Jahrhundert war das Zeitalter der Aufklärung, die Vernunft wurde zum Maß aller Dinge. Ein gesellschaftlicher, naturwissenschaftlicher und technischer Erkenntnisfortschritt war die Folge dieser Epoche. Der Umschwung vom Althergebrachten zur neuen, aufgeklärten Denkweise ging aber nicht ohne Probleme vonstatten. Abenteurer wie Casanova, der Graf von Saint Germain und eben der Graf von Cagliostro fanden einen fruchtbaren Boden für ihr Schaffen vor. Geschickt bedienten sie die Sehnsucht der Menschen nach dem Geheimnisvollen und Mystischen.

Der geschickte Schachzug, sich den Freimaurern anzuschließen und schließlich seine eigene ägyptische Loge zu gründen, öffnete Cagliostro viele Türen, die ihm sonst verschlossen geblieben wären. Doch führte gerade dies zu seinem Untergang. Er wurde im Laufe seines Lebens mehrmals verhaftet und in den Kerker geworfen, Katharina die Große wollte ihn angeblich sogar erdrosseln lassen, doch er kam immer wieder frei und setzte seinen Weg gemeinsam mit seiner Ehefrau Serafina fort. Die Verwicklung in die sogenannte „Halsbandaffäre" am französischen Königshof schadete seinem Ansehen und sein Stern begann allmählich zu sinken. Als er schließlich in Rom der Inquisition in die Hände fiel, war sein Schicksal besiegelt.

Giuseppe Balsamo starb, doch die Kunstfigur des Cagliostro erlangte Unsterblichkeit. Goethe und Schiller widmeten ihm Werke. Er taucht in Novellen von Dumas auf und Johann Strauß Sohn schrieb die Operette *Cagliostro in Wien.* Selbst in Mozarts *Zauberflöte* fanden seine ägyptische Freimaurerloge und seine Person, in der Gestalt des Serastro, ihr Echo.

Giuseppe, der Abenteurer

Cagliostro wurde als Giuseppe Balsamo am 8. Juni 1743 in Albergheria, dem arabischen Viertel von Palermo, geboren. Sein Vater Pietro starb im Alter von 45 Jahren, nur wenige Monate nach Giuseppes Geburt. Er blieb mit seiner Mutter Felicia Bracconieri und seiner Schwester im Armenviertel zurück. Giuseppe wuchs auf den Straßen und Märkten von Palermo auf. Die vermögenden Brüder seiner Mutter griffen jedoch bald in die Erziehung des jungen Giuseppe ein und er wurde im Alter von zehn Jahren in das Collegio di San Rocco geschickt. Da er mehrmals versuchte aus dem Collegio auszureißen, kam er schließlich als Novize nach Caltagirone in das Kloster der Fatebenefratelli. Hier erwarb er seine ersten Kenntnisse auf den Gebieten der Medizin, der Chemie und der Pharmakologie. Diesmal hielt er durch, bis er 15 Jahre alt war, dann wurde er von den Mönchen des Klosters verwiesen. Sie hatten seine Herumtreibereien und seine Disziplinlosigkeit endgültig satt. Einmal, als er zur Buße aus dem Martyrologium, der Geschichte der Märtyrer, laut vorlesen musste, ersetzte er die Namen der Heiligen durch die von stadtbekannten Huren.

Giuseppe hatte noch ein weiteres Talent an sich entdeckt. Er konnte zeichnen und kopieren, was er sofort gewinnbringend als Fälscher einsetzte. Als Folge seiner Betrügereien waren ihm die örtlichen Behörden auf den Fersen und er musste Palermo verlassen. Nach seiner Flucht bereiste Giuseppe Griechenland und den Orient. Er soll in Ägypten und Persien gewesen sein.

Als er 1766 nach Malta kam, verfügte er bereits über ein umfassendes Wissen in den Bereichen Chemie, Alchemie, Hypnose und der Kabbala. Zusätzlich hatte er sich alle möglichen magischen

Techniken im Orient angeeignet, dazu kamen die Taschenspielertricks seiner Jugend, um seine Kundschaft zu beeindrucken und wohl auch zu betrügen.

Als er sich dem Großmeister des Malteserordens, dem portugiesischen Adeligen Dom Manuel Pinto da Fonseca (1681–1773) vorstellte, benutzte er zum ersten Mal den Namen, unter dem er berühmt werden sollte: Graf Alessandro di Cagliostro. Cagliostro war der Familienname seiner Großtante und Patin Vincenza, den er sich kurzerhand angeeignet hatte.

Ausgestattet mit Empfehlungsschreiben, die für die Oberschicht und den Adel Italiens bestimmt waren, verließ er 1767 Malta und reiste nach Neapel und danach weiter nach Rom. Hier nutzte er die Empfehlung Dom Manuels und erhielt eine Stellung als Sekretär eines Kirchenmannes im Vatikan.

Alessandro lernte die 14-jährige, jungfräuliche Lorenza Feliciani kennen. Die wunderschöne, aber gänzlich ungebildete Tochter eines Handwerkers aus dem Armenviertel Roms war optisch des genaue Gegenteil zu Cagliostro – sie war blond und blauäugig mit einem hellen Teint. Alessandro hatte schwarzes Haar und dunkle Augen, sein Teint war dunkel wie der eines Arabers. Dieser reizvolle Gegensatz erregte die Aufmerksamkeit der Leute, was sich das junge Paar bald zunutze machte. Sie heirateten am 20. April 1768 in Rom. Die Lebensumstände der jungen Leute waren jedoch nicht eben luxuriös und Alessandro begann mit dem Verkauf von Liebestränken und allen möglichen Elixieren. Er betätigte sich als Fälscher von Urkunden und Wechseln. Schließlich überredete er Lorenza, sich Serafina zu nennen und mit ihrer Schönheit, die sie so gerne zur Schau stellte, die Kunden zum Kauf zu animieren.

Cagliostro entdeckt die Freimaurerei

Bald verließen sie Rom und brachen zu ihren ersten Reisen auf, der noch sehr viele folgen sollten. Sie durchstreiften Italien und fast ganz Europa. Sie wechselten ihre Namen häufig und zogen weiter, wenn die Behörden auf sie aufmerksam wurden. Cagliostro trat als Goldmacher, Alchemist, Heiler und Wahrsager in Erscheinung. Serafina unterstützte seine Geschäfte und hielt ihren Ehemann und sich selbst oft mit Prostitution über Wasser. Auch zur Besänftigung von Opfern ihrer Machenschaften und Abgesandter der Behörden setzte sie ihre Reize ein.

Bei ihrem zweiten Besuch in London im Jahre 1776 führten sie den Namen Graf und Gräfin Pellegrini und ließen sich in Soho nieder. Giuseppe hatte für seine Zimmerwirtin mithilfe der Kabbala die Lottozahlen vorausgesagt. Als diese tatsächlich gezogen wurden, erlangte er eine gewisse Berühmtheit. Da das Paar jedoch nur über sehr mangelhafte Sprachkenntnisse verfügte, konnten sie sich nicht etablieren. Giuseppe landete sogar im Gefängnis.

Doch dann geschah etwas, das sein Leben verändern sollte. Er wurde am 12. April 1776 in die Freimaurerloge „Esperance" aufgenommen und begann, sich mit der Geschichte und den Riten der Freimaurerei auseinanderzusetzen. In alten Schriften entdeckte er den ägyptischen Ritus für sich und begann ihn nach seinen eigenen Vorstellungen umzuwandeln. Die freimaurerischen Ideale Freiheit, Gleichheit, Brüderlichkeit und Toleranz bargen jede Menge Sprengstoff in sich, und sowohl die Kirche als auch die Herrscher diverser Reiche hatten Angst vor den einflussreichen Logen. Cagliostro sah jedoch das enorme gesellschaftliche und finanzielle Potenzial, das er sofort für sich zu nutzen begann.

Im Februar 1779 trafen Graf Alessandro di Cagliostro und seine Gemahlin im Herzogtum Kurland, dem heutigen Lettland, ein. Er trat als Emissär der unbekannten Oberen und als Reformer der Freimaurerlogen auf. Von den Freimaurern in Mitau, die der aus der Tradition der Tempelritter entstammenden Strikten Observanz angehörten, wurde er freundlich empfangen. Allerdings gab es auch die Befürchtung, er sei ein Spion der Jesuiten und im Auftrag des Papstes unterwegs, um die europäischen Logen auszuspionieren. Die erste Großloge war 1717 in London gegründet worden, die freimaurerische Konstitution geht auf das Jahr 1723 zurück und wurde von James Anderson (1678–1739) verfasst. Die Kirche reagierte prompt auf die neue Bedrohung, bereits 1738 erließ Papst Clemens XII. (1652–1740) die Bulle *In eminenti apostolatus specula*, in der er die Freimaurerei verbot. Die Kirche nahm dies als Grundlage für die Verfolgung von Freimaurern und die Zerstörung der Logen. Die Kurländer, allen voran Graf Johann von Medem und Landmarschall Otto von Medem, standen ihm deshalb anfänglich reserviert gegenüber. Elisa von der Recke (1754–1833), die Schwester der Herzogin von Kurland, beschrieb den Besuch der Cagliostros in ihrem Aufsatz *Nachricht von des berühmten Cagliostro Aufenthalte in Mitau im Jahre 1779 und dessen magischen Operationen.* Sie ließ im Nachhinein kein gutes Haar an dem Grafen, gab jedoch offen zu, dass ihre Familie ihm lange verfallen war. Seinen Auftritt in Mitau beschrieb sie mit folgenden Worten:

> *„Er gab sich für einen spanischen Obersten aus, meldete sich gleich bei meinem Vaterbruder als Freimaurer und sagte, er sei von seinen Obern in wichtigen Geschäften nach Norden geschickt, und in Mitau an ihn gewiesen. … Bei uns verband Cagliostro Religion, Magie und Freimaurerei sehr genau miteinander. So ungeschliffen sein äußerliches Betragen war, indem er oft jeden von uns ohne die*

geringste Ursache mit Ungestüm anfuhr, so sittlich betrug er sich übrigens in allen seinen Reden."

Die Freimaurer bestanden darauf, ihn und seine Fähigkeiten zu testen. Um sich als Alchemist zu beweisen, stellte er Silber her. Sein Talent als Nekromant bewies er in einem Experiment, das Elisa von der Recke in ihrem Aufsatz überliefert hat. Ein etwa sechsjähriger Knabe sollte die Rolle des Mediums spielen. Landmarschall Otto von Medem stellte daraufhin seinen jüngsten Sohn zur Verfügung. Das herbeigerufene Kind setzte sich auf den Schoß seines Vaters und wurde von Cagliostro mit dem „Öl der Weisheit" übergossen und gesalbt, um so zum Seher geweiht zu werden. Der Knabe erhitzte und begann zu schwitzen, was Cagliostro als Zeichen deutete, dass die Geistwelt das Kind angenommen hätte. Er murmelte Psalmen und malte geheimnisvolle Zeichen auf den Kopf und die linke Hand des Knaben. Man entschied sich dafür, dem Kind Mutter und Schwester erscheinen zu lassen. Cagliostro wies den Knaben an, in seine gesalbte linke Hand zu blicken und zu sagen, was er sah. Nach etwa zehn Minuten sagte das Kind, es sehe seine Schwester, die sich ans Herzen greife, als ob es ihr weh täte, dann küsste seine Schwester seinen Bruder Karl, der eben heimgekehrt sei. Die Anwesenden widersprachen heftig, da der Bruder des Kleinen in einem Armeelager viele Meilen von Mitau entfernt stationiert war. Bei der Überprüfung stellte sich heraus, dass alles sich genau so zugetragen hatte. Karl war überraschend nach Hause gekommen. Seine Schwester Louise hatte tatsächlich an starkem Herzklopfen gelitten und sich an die Brust gefasst. In ihrem späteren Aufsatz zerriss Elisa von der Recke diese Begebenheit in der Luft und nannte Cagliostro, den sie vorher schwärmerisch als „Priester der Geheimnisse" bezeichnet hatte, einen Betrüger, doch passte sie sich offenbar damit nur der mittlerweile vorherrschenden Meinung über den Grafen an.

Der Aufenthalt in Russland

Cagliostro benutzte das kleine Herzogtum Kurland nur als Zwischenstation, so lehnte er auch das Ansinnen einiger Adeliger ab, die ihn als neuen Herrscher installieren wollten. Das eigentliche Ziel des Grafen war Russland. Da er eine Empfehlung brauchte, um Zugang zum Hof in Sankt Petersburg zu bekommen, versuchte er Elisa zu überreden, ihn in das Zarenreich zu begleiten und ihn in die Nähe von Katharina der Großen zu bringen. Elisa lehnte dies jedoch ab, da sie das Verhalten des Grafen bei einigen Gelegenheiten nicht guthieß. Bei einer Séance hatte Cagliostro einen Adeligen, der ihn vorher beleidigt hatte, schwer bestraft, indem er ihm starke Schmerzen und Erstickungsanfälle zufügte. Bei einer seiner Vorlesungen hatte Cagliostro erklärt, wie man mit magischen Mitteln eine Frau, die nicht lieben wolle, zur physischen Liebe zwingen könne. Auch die unkontrollierten Wutausbrüche des Grafen gaben ihr zu denken.

Graf und Gräfin Cagliostro machten sich also alleine auf den Weg nach Sankt Petersburg, wo sie in der zweiten Juniwoche 1779 ein geräumiges Haus auf dem Quai du Palais, unweit des Zarenpalastes bezogen. Hier wehte dem Grafen ein frostiger Wind entgegen, denn durch die Einmischung in die Politik Kurlands war er bei der Zarin bereits in Ungnade gefallen. Von den Freimaurern wurde er etwas freundlicher aufgenommen. Da seine alchemistischen Künste und Séancen keinen Anklang fanden und auch seine Hellseherei nicht gefragt war, wechselte er die Berufung und wurde Heiler. Er kurierte den Grafen Stroganow von einem chronischen Nervenleiden. Von Krebserkrankungen bis zu Geisteskrankheiten wagte er sich an jedes Leiden und verzeichnete große Erfolge. Cagliostro führte seine Heilkraft auf göttlichen Beistand zurück und baute auch Séancen in die Behandlungen ein.

Er verlangte kein Geld für seine Künste, begann auch mittellose, einfache Menschen zu behandeln. Da die meisten Kranken entkräftet waren, ließ er zur Stärkung heiße Fleischbrühe servieren. Davon war Zarin Katharina II. (1729–1796) wenig begeistert, da sie stets Aufstände des armen Volkes fürchtete und sich Cagliostro damit eindeutig zur Demokratie bekannte. Sein Traum, in die Nähe der Zarin zu gelangen oder sie sogar als Anhängerin zu gewinnen, rückte in weite Ferne. Allerdings schloss sich Fürst Grigori Alexandrowitsch Potjomkin (1739–1791), der engste Berater Katharinas II. und Oberbefehlshaber der Armee, Cagliostro an. Fasziniert von Alessandros Künsten und verführt von Serafinas Reizen wurde er ein eifriger Besucher am Quai du Palais, was der Zarin aus vielerlei Gründen nicht passte. Sie verfasste drei Komödien, die sie in Sankt Petersburg mit großem Erfolg aufführen ließ: *Der Betrüger*, *Der Verblendete* und *Der sibirische Schamane.* In allen drei Werken wurde Cagliostro als Wunderheiler, Aufschneider und betrügerischer Magier verunglimpft und die Riten und Aktivitäten seiner Freimaurerloge ins Lächerliche gezogen. Die Schmähungen vonseiten der Zarin erfuhren ihren Höhepunkt, als sie in den *Sankt Petersburger Nachrichten* die selbst verfasste Satire *Das entdeckte Geheimnis der antiabsurden Gesellschaft durch jemand, der kein Mitglied davon ist* veröffentlichen ließ. Cagliostro hatte sich mit seiner versuchten Einflussnahme auf Potjomkin auf das politische Parkett begeben, und das bekam ihm nicht besonders.

Der Weg führt nach Frankreich

Im April 1780 verließen die Cagliostros Sankt Petersburg und zogen weiter nach Warschau. Immer mehr unzufriedene Kunden hatten sich gemeldet und die Feindseligkeit der Zarin hatte ihnen die Freundschaft vieler finanzkräftiger Unterstützer gekostet. Graf Mirabeau formulierte den Grund für die Abreise folgendermaßen: „Ein Magier erhielt Befehl, sich aus dem Reich zu entfernen."

Ende April erreichten der Graf und die Gräfin Polen. Der Freimaurer Fürst Adam Poninski, der die Loge „Karl zu den drei Helmen" gegründet hatte, überließ ihnen sein Stadthaus. Hier in Warschau wurden sie jedoch nicht ohne Hintergedanken willkommen geheißen. Wieder gab Cagliostro vor, zur Reformierung der Logen gesandt worden zu sein, was von König Stanislaus II. (1732–1798) begrüßt wurde, der selbst einer Loge angehörte. Bald wurden die Cagliostros vom polnischen Adel umschwärmt. Selbst Serafina, der man mittlerweile ihren Lebenswandel ansah, war von Verehrern umgeben, zu denen auch der König gehörte. Der Graf gründete ein Hospital, in dem er gemeinsam mit einigen Warschauer Ärzten Patienten aus allen Gesellschaftsschichten behandelte. Bald hielt er auch Séancen im ägyptischen Ritus ab, was wie immer seine Wirkung nicht verfehlte.

Doch eine junge Prinzessin am Königshof bezichtigte Cagliostro öffentlich des Betruges. So herausgefordert, sagte der Graf der zweifelnden Adeligen vor Zeugen voraus, dass sie bald eine unerwartete Begegnung haben werde, aus der erst Liebe und dann ein Eheschluss entstehen sollte, was kurz darauf auch eintraf.

Nach dem gescheiterten Versuch, für die Freimaurer Gold herzustellen, und nachdem Stanislaus II., der Katharina der Großen seinen Thron zu verdanken hatte, ihnen seine Gunst entzogen hatte, packte das Paar erneut seine Koffer und verließ Warschau im September 1780.

Ihre nächste Station war Straßburg, wo sie bis zum September 1783 blieben. Hier begegnete Graf Cagliostro dem Kardinal Louis René Édouard de Rohan (1734–1803). Dieser hatte sein Amt praktisch von seinem Onkel geerbt, bei dem er seit 1759 als Koadjutor gedient hatte. Durch seinen lasterhaften Lebenswandel am Wiener Hof, wohin er als Botschafter Frankreichs entsandt worden war, war er bei Marie Antoinette (1755–1793) schlecht angeschrieben. Als diese Königin von Frankreich wurde, war es mit seiner Karriere vorbei. Eine Wunde, die den eitlen und ehrgeizigen Kirchenmann stets schmerzte.

Im Palast des Kardinals lernte Cagliostro die Baronin Henriette Louise d'Oberkirch (1754–1803) kennen, die trotz aller Skepsis und Ablehnung die erste Begegnung mit dem Grafen als äußerst beeindruckend beschrieb: „Seine Augen waren unbeschreiblich, von übernatürlicher Tiefe – ganz Feuer und Eis." Sie beschrieb auch eine spätere Begegnung, als er mitten im Satz innehielt und verkündete, eben sei die österreichische Kaiserin Maria Theresia gestorben. Die Nachricht, die seine Vision bestätigte, traf ein paar Tage später in Straßburg ein.

Im Sommer 1781 heilte er Gertrud Sarasin, die Gattin des Schweizer Bankiers und Seidenhändlers Jacques Sarasin, von einer langwierigen Krankheit und danach von ihrer Unfruchtbarkeit. Der Bankier erwies sich als äußerst dankbar, entlohnte den Grafen fürstlich und benannte seinen neugeborenen Sohn nach ihm.

In Straßburg machte der Graf auch die Bekanntschaft von Johann Caspar Lavater (1741–1801). Er begegnete dem Freimaurer, der der Loge „Modestina cum Libertate" angehörte, am 24. September 1781. Beeindruckt schrieb der Pfarrer, Schriftsteller und

Philosoph an seinen Freund Johann Wolfgang von Goethe (1749–1832):

> *„Cagliostro ein Mann und ein Mann, wie es wenige gibt: indessen bin ich doch kein Gläubiger. O! wär' er so einfachen Herzens und demütig wie ein Kind; hätte er Sinn für die Einfachheit des Evangeliums und die Hoheit des Herrn! Wer dann wäre so groß wie er? Cagliostro sagt oft, was nicht wahr ist, und verspricht, was er nicht erfüllt. Dennoch halte ich seine Operationen nicht für Betrug, obgleich sie das nicht sind, was er behauptet."*

Auch Goethes Schwager Hofrat Johann Georg Schlosser (1739–1799) zählte zu den Anhängern und Bewunderern des Grafen. Goethe selbst hielt wenig von Cagliostro, doch sein Interesse an dem Wundermann war geweckt und er widmet ihm das Lustspiel *Der Groß-Cophta,* das 1791 in Weimar uraufgeführt wurde. Die Hauptfigur, der Großkophta, trug den Namen Graf Rostro und betrog mit seinem Geheimbund die leichtgläubigen Menschen, die ihm folgten.

Goethe machte sich im Jahre 1787 auf den Weg nach Palermo, um die Familie des vorgeblichen Grafen aufzusuchen. Im April besuchte er die Balsamos in deren heruntergekommenen Wohnung. Er war überrascht über die Ehrlichkeit und Redlichkeit der in tiefer Armut lebenden Familie. Da er sich unter dem falschen Namen Mr. Wilton eingeschlichen hatte und vorgab, ein Freund Cagliostros zu sein, um das Vertrauen der Balsamos zu gewinnen, plagte ihn sein Gewissen und er begann, die bedürftigen Angehörigen des Wundermannes finanziell zu unterstützen.

In Frankreich orientierte sich Cagliostro erneut um und legte das Hauptgewicht seiner Tätigkeit wieder auf den okkulten Bereich und die Etablierung eines eigenen ägyptischen Ritus. Dieser war eine Mischung aus biblischer Mystik und dem ägyptischen Osirisglauben. Er kopierte alte Totenbeschwörungen und ergänzte sie durch allerlei heidnische und christliche Riten und Handlungen. Schließlich beförderte er sich selbst zum Großkophta und Hohepriester und Serafina führte den Titel „Königin von Saba".

Cagliostro und die Halsbandaffäre

Cagliostro war im Januar 1785 nach Paris gezogen. Sein Haus wurde im ägyptischen Stil ausstaffiert und der Graf empfing den französischen Adel zu nächtlichen Séancen. Die Karriere des neuen Großkophta kam nun wieder in Schwung. Sein Auftritt als Mystiker und Hellseher in Verbindung mit dem geheimnisvollen ägyptischen Ritus entfachten einen wahren Kult um seine Person.

Doch schon bahnte sich neues Unheil an. Die folgenschwere Bekanntschaft zwischen Kardinal Rohan und Jeanne de Valois-Saint-Rémy, Comtesse de La Motte (1756–1791), die im September 1781 begonnen hatte, fand im Sommer 1782 ihre Fortsetzung. Die angebliche Gräfin gab vor, der alten königlichen Linie der Valois zu entstammen. Nach ihrer Heirat mit Marc-Antoine Nicolas Lamotte hatte sie sich selbst in „Comtesse de La Motte" umbenannt. Der lebenslustige Kardinal wurde der Liebhaber der skrupellosen Dame. Sie setzte Gerüchte in Umlauf, wonach sie eine enge Freundin Marie Antoinettes sei. Im April 1784 erzählte sie diese Lüge Kardinal Rohan. Er brannte darauf, die seit seiner Abberufung aus Wien belastete Beziehung zu Marie Antoinette zu verbessern, und zweifelte keine Sekunde an Jeannes Geschichten.

Rétaux de Villette, ein ehemaliger Liebhaber Jeannes, war ein geschickter Fälscher von Handschriften, und so ließen sie dem Kardinal einen gefälschten Brief der Königin zukommen. Auch ein nächtliches Stelldichein am 11. August 1784 zwischen Rohan und Nicole Leguay d'Oliva, einer Prostituierten und Schauspielerin, die der Königin verblüffend ähnlich sah, wurde arrangiert. Der leichtgläubige Kardinal wurde hinters Licht geführt.

Im Dezember 1784 trat Jeanne de La Motte im Namen der Königin mit der Bitte an den steinreichen Kirchenmann heran, er möge ein bestimmtes Collier von den Hofjuwelieren Charles-Auguste Boehmer und Paul Bassenge für sie erwerben, das diese ursprünglich für Madame Dubarry angefertigt hatten. Jeanne gab vor, dass die Königin ihren Gemahl damit nicht belasten wolle und darum der Kardinal einspringen solle. Das war der Beginn der „Halsbandaffäre", von der sich weder das Königshaus noch Frankreich selbst wieder ganz erholen sollten und die Marie Antoinettes Weg zum Schafott noch beschleunigte.

Der Kardinal erwarb das Schmuckstück schließlich um die horrende Summe von 1.600.000 Livres. Er bezahlte die erste Rate und bestand auf einer schriftlichen Vereinbarung mit der Königin, die bestätigte, dass diese dem Handel zustimmte und die weiteren Raten vom Hof beglichen würden. Auch das war kein Problem für die Gräfin und ihren Fälscher. Die angebliche Übergabe des Halsbandes fand am 1. Februar 1785 statt, gleich danach begannen die falsche Comtesse und ihre Gehilfen, die Diamanten aus ihren Fassungen zu lösen und Käufer zu suchen.

Die ersten Gerüchte über das Verschwinden des wertvollen Geschmeides machten im August 1785 die Runde. Um von sich abzulenken, verbreitete Jeanne de La Motte, der von ihr gefürchtete Cagliostro hätte mit den Dieben gemeinsame Sache gemacht.

Da die Juweliere zu Recht um ihr Geld fürchteten, legten sie die noch offene Rechnung der Königin vor. Marie Antoinettes Wut kannte keine Grenzen und sie ließ Kardinal Rohan am 15. August

1785 verhaften. Es folgten Haftbefehle für Jeanne de La Motte, Rétaux de Villette, Marie-Antoine Nicolas Lamotte und Nicole Leguay d'Oliva.

Am 22. August 1785 wurden schließlich auch die Cagliostros verhaftet und in die Bastille gebracht. Diesmal waren die beiden jedoch völlig unschuldig. Die Behörden glaubten, gestützt auf die Anschuldigungen der Gräfin, dass die Diamanten, die sich im Besitz Cagliostros befanden, aus dem unheilvollen Collier stammten.

Cagliostro verfasste gemeinsam mit seinem Anwalt Jean-Jacques Thilorier die Verteidigungsschrift *Memoire pour le Comte de Cagliostro, accusé contre Monsieur le Procureur-Général, accusateur,* die im Februar 1786 erschien und dem Verleger von den Lesern aus den Händen gerissen wurde. Von nun an behauptete Cagliostro, in Medina im Palast des Mufti Salahaim unter dem Namen Acharat aufgewachsen zu sein. Auf einer Bildungsreise nach Ägypten sei er in die Geheimnisse des ägyptischen Ritus eingeweiht worden. Danach sei er nach Malta weitergereist und dort einige Jahre geblieben. Er vergaß auch nicht, ausdrücklich auf seine humanitären Leistungen bei den unentgeltlichen Heilungen der Kranken aller Bevölkerungsschichten hinzuweisen. Das tat seine Wirkung, das Volk stand hinter dem Wundertäter und forderte nachdrücklich die Freilassung des Unschuldigen. Im März 1786 ordnete das Parlament die Freilassung Serafinas an.

Der Prozess zur Halsbandaffäre fand im Mai 1786 statt. Am 31. Mai wurden Cagliostro und Rohan freigesprochen, Jeanne de La Motte wurde gebrandmarkt und zu lebenslanger Haft verurteilt.

Cagliostro verließ die Bastille im Triumph, wurde aber noch im Juni 1786 aus Frankreich ausgewiesen. Er reiste mit seiner Gemahlin nach England, wo er kurz nach seiner Ankunft seinen *Lettre au peuple français* publizierte, in dem er den Sturm auf die Bastille und die Französische Revolution voraussagte. Der Magier und

Okkultist war nun endgültig ins politische Lager übergewechselt. Man begann Nachforschungen über seine Person und seine Vergangenheit anzustellen und er wurde bald als Giuseppe Balsamo entlarvt.

Friedrich Schiller veröffentlichte 1787 mit großem Erfolg in der Zeitschrift *Thalia* den *Geistheiler* als Fortsetzungsgeschichte.

Zwischen Kirche und Inquisition

Die Cagliostros zogen sich zu ihrem Gönner, dem Bankier Sarasin, in die Schweiz zurück. Sie bekamen die Auswirkungen der Affäre zu spüren, als sie im Sommer 1788 nach Turin reisten. Carlo Emmanuele IV. di Savoia (1751–1819) verwies das Paar des Landes, ebenso erging es ihnen in Mailand und Verona. Schließlich zogen sie weiter zum Hof des Fürstbischofs von Trient, um sich mit der Kirche auszusöhnen. Cagliostro bot seine Dienste als päpstlicher Informant an, um die Freimaurerlogen auszuspionieren. Fürstbischof Thun verfasste ein Referenzschreiben an den Staatssekretär des Vatikans, Kardinal Bouncompagni, und das Paar brach auf nach Rom, wo sie im Mai 1789 eintrafen.

Cagliostro wähnte sich unter dem Schutz der Kirche und nahm seine altbekannten Tätigkeiten wieder auf. Im Herbst desselben Jahres kamen Gerüchte auf, Cagliostro sei Mitglied oder gar das Oberhaupt der Illuminaten. Die Lage wurde gefährlich, denn die Kirche wollte ihren Informanten loswerden. Serafina, die in ihrer Ehe unglücklich war wie nie zuvor, nutzte die Gelegenheit und sagte am 26. September 1789 vor den Beamten des Heiligen Offiziums gegen ihren Ehemann aus. Sie schwor offiziell der Freimaurerei ab und kehrte zurück in den Schoß der Kirche.

In Frankreich war die erste Phase der Revolution vorbei und Cagliostro sehnte sich zurück in die Stadt seiner größten Erfolge. Er verfasste eine Petition zur Aufhebung des Einreiseverbotes und wies darin auf seine Verdienste für das Volk und seine liberalen Ansichten hin. Dies war Munition für die Inquisition.

Am 27. Dezember 1789 wurde Cagliostro in seiner Wohnung verhaftet, seine sorglos herumliegenden Dokumente wurden beschlagnahmt. Diese wurden an Padre Giovanni Barbieri weitergeleitet, der alle Dokumente, nach dem Gesichtspunkt der Nützlichkeit für die Inquisition, in seinem *Compendio* zusammenfasste.

Auf Cagliostro wartete ein Schauprozess, dessen Ausgang von Anfang an feststand. Die Verhöre begannen am 12. April 1790 mit der Befragung zur Freimaurerei nach dem ägyptischen Ritus. Bald darauf wurde er mit den Aussagen Serafinas konfrontiert, die mittlerweile im Kloster Santa Apollonia in Rom lebte und dieses auch nie wieder verlassen sollte.

Mit Einzelhaft, Folter und 43 unendlichen Verhören brachte man den einstigen Wundermann dazu, ein Teilgeständnis abzulegen, in dem er sich zum Vorwurf der Häresie bekannte. Er gab zu, dass die Freimaurerei im Widerspruch zur Lehre der christlichen Kirche stand.

Eine lange Reihe von Belastungszeugen wurde aufgerufen, der Verteidigung wurden keine Zeugen gestattet. Am 21. März 1791 wurde Cagliostro zum Tode verurteilt. Papst Pius VI. wandelte als Zeichen der Barmherzigkeit das Urteil in lebenslange Haft um. Die Schriften der ägyptischen Freimaurerloge wurden am 8. Juni öffentlich verbrannt. Da man sich davor fürchtete, seine Anhänger könnten ihn zum Märtyrer machen, beschloss man die vollkommene Demütigung des Verurteilten. Bekleidet mit einem Büßergewand, wurde der ehemalige Großkophta am 20. Juni 1791 von der Engelsburg zur Kirche Santa Maria geführt, dort musste er niederknien und Gott und die Kirche um Vergebung bitten. Um noch eins draufzusetzen, erschien nun auch Barbieris sehr einseitige Biografie *Compendio della vita, e delli gesta di Giuseppe Balsamo, denominato il conte Cagliostro.*

Unbeugsam bis in den Tod

Der Häftling wurde von der Engelsburg in die päpstliche Festung San Leo bei Montefeltro verlegt. Die Einzelhaft wurde aufrechterhalten und er durfte keine Besucher empfangen, doch hatten sowohl die Gefängnisleitung und seine Bewacher als auch der Vatikan selbst ihre liebe Not mit dem unbändigen und unbezwingbaren Gefangenen. Er bekam Wutanfälle, trat in den Hungerstreik und erschlich sich allerlei Vergünstigungen. Schließlich sperrte man ihn in einen umgebauten Brunnen, den „Pozzetto". Dieser maß nur zweieinhalb Meter und war durch eine Klappe in der Decke zu erreichen. Es gab ein winziges, vergittertes Fenster, das kaum Licht und Luft ins Innere ließ. Doch auch von hier gelang es ihm immer wieder, geheime Nachrichten aus dem Kerker zu schmuggeln.

Am 26. August 1795 um drei Uhr morgens starb Giuseppe Balsamo in seinem Kerker. Als offizielle Todesursache wurde ein Schlaganfall genannt. Johann Caspar Lavater soll zwei Tage nach dem Ableben Balsamos erfahren haben, dass man ihn im Gefängnis enthauptet habe, weil er einen Kapuzinermönch erwürgt hätte, um in dessen Kutte zu fliehen.

Die Kirche hatte sich bitter an ihm gerächt. Balsamos tatsächliche Fähigkeiten verschwanden unter einer dicken Schicht aus Verleumdungen und Gehässigkeiten. Er hatte eine Kunstfigur geschaffen, die ihn selbst am Ende auslöschte.

Marie Anne Adélaide Lenormand

Die Sibylle von Paris zwischen Robespierre und Napoleon
27. Mai 1772–25. Juni 1843

DAS LEBEN DER WOHL BERÜHMTESTEN Wahrsagerin Frankreichs war gleich der Zeit, in der sie lebte, geprägt vom Geist der Freiheit und des Umbruchs. Mehr als ein halbes Jahrhundert lang übte sie ihre Tätigkeit aus und kam dabei mit den höchsten Kreisen der damaligen Zeit in Berührung. 1772 ins Ancien Régime der Bourbonen hineingeboren, blieb sie zeitlebens bekennende Royalistin. Sie überstand die Wirren und Gefahren der Revolution, des Empire, der Restauration und der Juli-Monarchie. Mehrmals verhaftet, eingesperrt, als Spionin angeklagt und wegen Hexerei verurteilt, gab sie ihren Beruf jedoch ebenso wenig auf wie ihre Freiheit. Marie Anne Lenormand, die als „Sibylle von Paris" in die Geschichte einging, war unangepasst und rebellisch, was ihr sehr viel Ärger und einige Aufenthalte im Gefängnis einbrachte.

Mit ihrer hellsichtigen Gabe legte sie jedoch den Grundstein für ein veritables Vermögen und beeinflusste das Handeln der führenden Mitglieder aller fünf Regierungen und Staatsformen, die während ihrer Schaffensperiode in Frankreich herrschten.

Die meisten Informationen, die wir heute von ihr haben, entstammen, neben wenigen Berichten von Zeitgenossen, den 15 Büchern die sie selbst verfasste und veröffentlichte. Darunter ihre

Memoiren und Bücher zu entscheidenden Begegnungen und Ereignissen in ihrem Leben, wie dem Congrès d'Aix-la-Chapelle, ihrer Zeit in Belgien oder ihrer Freundschaft zu Kaiserin Joséphine.

Marie Anne Lenormand war ein Genie auf dem Gebiet der Selbstvermarktung und verstand es wie keine andere, ihr Leben und ihr Schaffen ins rechte Licht zu rücken. Es fällt jedoch auf, dass sie nie Texte oder Manuskripte veröffentlichte, in denen sie ihr Wissen und Können an andere weitergab. Nur sehr wenige ausgewählte Schüler wurden von ihr mündlich in ihre Arbeitsweise und ihre Praktiken eingeweiht. Hierbei war ihr die Wahrung ihrer Geheimnisse wichtiger als das Vermögen, das sie wohl mit der Preisgabe ihrer Vorgehensweise verdient hätte. In ihren Veröffentlichungen beschrieb sie minutiös die Vorhersagen, die sich erfüllten, und vergaß dabei nicht, sich mit dem Hauch des Geheimnisvollen zu umgeben. Dass diverse Pleiten, Pech und Pannen in Zusammenhang mit ihrer Gabe keine Erwähnung fanden, versteht sich fast von selbst.

Die Tochter einer Kaufmannsfamilie

Ihr Leben begann mit einem Rätsel, das sich um ihre Geburt rankt. So gibt es im Geburtenregister ihrer Heimatstadt Alençon in der Normandie zwei Einträge zur Geburt einer gewissen Marie Anne Lenormand, am 16. September 1768 und am 27. Mai 1772. Dieses Rätsel lässt sich allerdings schnell lösen. Im Jahre 1768 wurde ihre um vier Jahre ältere Schwester geboren und in einer Nottaufe auf den Namen der Mutter, Marie Anne, getauft. Der Säugling verstarb allerdings nur wenige Stunden nach der Geburt. Einem alten Aberglauben folgend, nach dem die Seele eines verstorbenen Kindes im nächst folgenden Kind desselben Geschlechts weiterlebt, wenn dieses auf den gleichen Namen getauft wird, bekam Marie, die tatsächlich im Jahre 1772 geboren wurde, kurzerhand den Namen ihrer Schwester.

Marie Anne entstammte einer Kaufmannsfamilie, ihr Vater Jean-Louis Lenormand war ein wohlhabender Tuchhändler. Sie hatte angeblich zwei Geschwister, Sophie und Marc, allerdings ist nur die Existenz ihres Bruders historisch belegt.

Der Vater starb, als Marie Anne gerade ein Jahr alt war, am 10. April 1773 an einer rätselhaften Krankheit. Ihre Mutter, mit der Situation völlig überfordert, ergab sich dem Willen der Verwandtschaft und heiratete wieder, um das florierende Geschäft ihres verstorbenen Mannes weiterzuführen. Bis zu ihrem sechsten Lebensjahr verlief das Leben des Mädchens glücklich und sorgenfrei, doch dann starb auch die Mutter und ließ sie als Vollwaise zurück.

Ihr Stiefvater heiratete nach Ablauf der Trauerzeit eine ältere Jungfer, die jedoch mit dem rebellischen und freigeistigen Mädchen nicht zurecht kam. In dieser Phase wurde Marie Anne durch den Kontakt mit Roma und Sinti, die in der Gegend um Alençon lebten, in die Kunst der Chiromantie eingeführt. Das Lesen aus den Linien der Handflächen blieb bis zum Ende ihres Schaffens ein steter Bestandteil ihres Repertoires.

Ihr Stiefvater ging nach Paris, um dort sein Geschäft weiter auszubauen, und Marie Anne blieb mit der ungeliebten Stiefmutter in der Normandie zurück. Nach mehreren Eclats zwischen den beiden wurde sie ins Kloster der Benediktinerinnen in Alençon verfrachtet und dort erzogen. In ihrer Zeit in der Klosterschule interessierte sie sich vor allem für Musik, Malerei, Mathematik, die Dichtkunst und das Erlernen von fremden Sprachen. Doch noch eine andere Leidenschaft fand hier ihren Anfang. Das junge Mädchen beschäftigte sich, sehr zum Ärger der Klosterschwestern, intensiv mit der Wahrsagerei. Mit sieben Jahren hatte Marie Anne ihre erste hellsichtige

Vision, angeblich ausgerechnet, als sie vor einen Disziplinarausschuss des Klosters zitiert wurde. Mit etwa zehn Jahren war sie eine Meisterin im Deuten der damals sehr beliebten Etteilla-Wahrsagekarten. Im Jahre 1781 sagte sie die Absetzung der Äbtissin voraus und wurde, als ihre Vorhersage eintraf, des Klosters verwiesen. Die neue Äbtissin aus dem Hause Livardie suchte nicht lange nach einem Grund, um dieses ungewöhnliche und schwierige Mädchen sofort loszuwerden, sondern warf sie ohne lange zu fackeln einfach aus dem Kloster.

Die nächsten Jahre in ihrem bewegten Leben sind nicht eindeutig belegt. Nach dem Rauswurf bei den Benediktinerinnen soll sie die nächsten zwei Jahre noch in weiteren Klosterschulen untergebracht worden sein, doch das Ende war immer das gleiche. Der Stiefvater entschied daher, dass Marie Anne als Näherin in ihrer Heimatstadt arbeiten sollte.

Ihre Gabe wird zum Beruf

Im Alter von circa 14 Jahren beschloss sie, auf eigene Faust nach Paris zu gehen. Sie traf bei ihrem Stiefvater ein, der nicht besonders begeistert reagierte, sie aber schließlich doch in seinem Geschäft arbeiten ließ. Das junge, etwas dickliche Mädchen lernte einen geheimnisvollen Mann kennen, der als Buchhalter für ihren Vater arbeitete. Dieser entpuppte sich als Schüler von magischen und alchemistischen Geheimlehren und weihte sie in die Lehren der Kabbala und Astrologie ein.

In Paris begann es zu brodeln, denn die Menschen hatten Hunger. Der dritte Stand begann gegen die Unterdrückung und gegen das Elend, in dem sie ihr Leben fristen mussten, aufzubegehren. Da

Marie Anne von ihrem Stiefvater schlecht behandelt wurde und sie keine Zukunft in seinem Geschäft hatte, verließ sie die Hauptstadt noch vor Ausbruch der Revolution.

Einige Biografen lassen sie danach in London auftauchen, wo sie für drei Jahre geblieben sein soll. Die Reise soll sie mit einem Lottogewinn finanziert haben, den sie ihren Kenntnissen der Kabbala zu verdanken hatte. In dieser Zeit lernte sie angeblich den deutschen Mediziner Franz Josef Gall (1758–1828), den Begründer der Phrenologie und Physiognomie, kennen. Marie Anne war fasziniert von seinen Lehren, die besagten, dass man die Charaktereigenschaften eines Menschen im Gesicht und in der Mimik ablesen kann. Eine Theorie, die ihr später bei der Ausübung ihrer Tätigkeit wertvolle Dienste leistete.

Nachdem sie sich die notwendigen Sprachkenntnisse angeeignet hatte, betätigte sie sich in London als Karten- und Handleserin und erstellte Horoskope für ihre zahlende Kundschaft.

Im Jahre 1790 kehrte sie zurück in das von der ersten Phase der Revolution 1789 schwer geschlagene Paris und fand eine Anstellung in einem Weißwarengeschäft. Schließlich eröffnete sie 1793 gemeinsam mit einer Kartenlegerin, die sich Madame Gilbert nannte, ihr „Bureau für Wahrsagerei“. Madame Gilbert soll eine Tante von Marie Anne gewesen sein, man vermutet, sie war die Schwester oder Schwägerin ihrer Mutter. Mit von der Partie war ein Bäckergeselle mit dem Namen Flammermont, der für die groben Arbeiten und das Administrative zuständig war.

Die bekennende Royalistin erzählt in ihren Memoiren, dass sie die am 10. August 1792 inhaftierte Königin Marie Antoinette (1755–1793) verkleidet im Kerker besuchte, um sie zur Flucht zu überreden. Da diese jedoch mit mehreren europäischen Herrschern über eine militärische Intervention und mit Danton über ihre Freilassung verhandelte, willigte sie nicht ein. Danach musste die Lenormand für einige Wochen untertauchen, weil sie fürchtete, verhaftet zu werden. Marie Anne erschien jedoch bald wieder, und da sie sehr geschäftstüchtig war und wohl auch über großes psychologisches Geschick verfügte, machte sie sich bald einen Namen unter den Wahrsagerinnen Frankreichs. Zu ihrer Klientel zählten bald nicht nur die normalen Bürger von Paris, sondern auch die Mächtigen und Reichen des Landes. Wohl übertrieb sie in ihren Aufzeichnungen bei der Aufzählung der Namen etwas, aber auch wenn der eine oder andere nicht zu ihren Kunden zählte, ist die Liste doch beachtlich. So nannte sie unter anderem Robespierre, Danton, Marat, Saint Just, Mirabeau, Desmoulins und Madame Taillien.

1793 kam es zu einer Begegnung mit den wohl einflussreichsten Männern der Revolutionsregierung und Führern der siegreichen Bergpartei. Die Jakobiner Maximilien de Robespierre (1758–1794), Antoine de Saint Just (1767–1794) und Jean-Paul Marat (1743–1793) kamen zu ihr, um Näheres über ihr Schicksal zu erfahren. Die Lenormand stand ihren ideologischen Erzfeinden gegenüber. Da es jedoch schon in jungen Jahren zu ihrer Gewohnheit zählte, sich kein Blatt vor den Mund zu nehmen, sagte sie den drei Männern ohne Umschweife und ohne Beschönigung einen gemeinsamen, gewaltsamen Tod aus politischen Gründen im Jahre 1794 voraus. Diese Vorhersage hätte sie Kopf und Kragen kosten können, doch das war ihr offenbar egal.

Als Marat dem Messerattentat von Charlotte Corday d'Armont, einer Anhängerin der Girondisten, am 13. Juli 1773 zum Opfer fiel, schien sich die Prophezeiung nur teilweise zu erfüllen. Doch Robespierre und Saint Just fanden das vorhergesagte Ende, als sie gemeinsam am 28. Juli 1794 hingerichtet wurden.

Ein gewaltsames Ende durch politische Gegner war ihnen vorhergesagt worden, und so ist es auch eingetreten, allerdings mit dem kleinen Schönheitsfehler, dass Marat vor seinen Weggefährten starb.

Wahrsagerei und Zeitgeist

Von Beginn an misstraute die Revolutionsregierung den Wahrsagern und Hellsehern. Es wurde befürchtet, dass ungünstige Vorhersagen das Volk gegen die Regierung aufwiegeln könnten. Am 19. Juli 1791 wurde also kurzerhand jede Wahrsagetätigkeit per Dekret verboten. Doch dieses Verbot hatte auf die Geschäfte der Hellseher keinerlei Einfluss, denn die Wartezimmer waren voll. Die Bürger waren verunsichert und hatten Angst vor einer ungewissen Zukunft, denn die Lage war alles andere als stabil. Es brodelte zwischen den Lagern und die Menschen suchten nach Rat und Orientierung.

Selbst die oberste Führungsriege konsultierte Hellseher und Kartenleger in deren Salons. Um sich nicht vor aller Welt lächerlich zu machen, schlichen sich die Adeligen und Wohlhabenden oft verkleidet oder zu sehr später Stunde zu den Wahrsagerinnen ihres Vertrauens, denn trotz höherer Bildung waren sie deren eifrigste Kunden. Der gefürchtete Wohlfahrtsausschuss, der im April 1793 als Teil eines Revolutionstribunals ins Leben gerufen wurde, schritt nur selten wirklich ein. Dennoch wurde Marie Anne Lenormand am 7. Mai 1794 verhaftet. Warum sie den Behörden aufgefallen war, ist nicht bekannt, gemunkelt wurde über nicht ganz saubere Geschäfte und kleine Betrügereien. Da sie ihre Haftstrafe aber im Frauengefängnis Petite-Force absaß, kann angenommen werden, dass es durchaus politische Hintergründe gab, denn in diesem Gefängnis saßen vor allem Regierungsgegner, Royalisten und andere politische Gefangene ein. Für eine Hellseherin vom Format einer Mademoiselle Lenormand war die Verhaftung, die sie offenbar nicht vorhergesehen hatte, natürlich besonders peinlich. In ihren

Büchern ging sie darauf nicht wirklich ein, sie meinte später dazu nur:

> *„Ich habe mich nicht wie eine Törin verhaften lassen, ohne es vorherzusehen oder zu erahnen; ich brauche die Gründe, die meinen verschiedenen Festnahmen zugrunde lagen, nicht zu erörtern. Beim ersten Mal, 1794, sagte ich Robespierre und seinesgleichen voraus, dass ihre Verbrechen ein Ende finden würden. In jener unseligen Zeit habe ich große und hervorragende Dienste geleistet, ich war der Sammelpunkt in meinem Gefängnis; auf der Treppe zu dem Zimmer, das die leidgeprüfte Prinzessin Lamballe bewohnte, sagte ich meine Orakel und tröstete meine Unglücksgefährtinnen."*

Was auch immer der wirkliche Grund für ihre Verhaftung war, falsche Bescheidenheit kann es nicht gewesen sein.

Bei ihrem Gefängnisaufenthalt lernte sie eine Mitinsassin kennen, die ihr weiteres Leben nachhaltig beeinflusste. Ihre Verhaftung und Verbringung ins Gefängnis Petite-Force erwies sich im Nachhinein fast als Glücksfall, denn sie traf auf Joséphine de Beauharnais (1763–1814), die Witwe von Alexandre de Beauharnais, der am 23. Juli 1794 in Paris guillotiniert wurde, und Geliebte von Paul de Barras (1755–1828), der 1794 maßgeblich am Sturz von Robespierre beteiligt war und als einer der Förderer von Napoleon Bonaparte gilt. Joséphine nahm die Dienste der Lenormand gerne in Anspruch. Diese gab auch später preis, was sie ihrer Mitgefangenen vorhersagte: „Ich prophezeite, sie werde die schönste Rolle in Frankreich spielen." Diese Vorhersage lässt natürlich ein breites Spektrum an Deutungsmöglichkeiten zu. Doch Joséphine schien genau zu wissen, was damit gemeint war, und blieb lange Jahre treue Kundin und Freundin der „Sibylle von Paris".

Anderen Quellen zufolge, suchte Joséphine de Beauharnais die

Wahrsagerin in ihrem Salon auf. Die Prophezeiung bleibt aber die gleiche. Der Besuch von Hellseherinnen war eine der liebsten Gewohnheiten von Joséphine, sie konsultierte neben der Lenormand auch Madame Lebrun und Catherine Huart, darum scheint diese Version doch sehr wahrscheinlich, wenn auch etwas weniger wildromantisch.

Nach ihrer Haftentlassung änderte die Lenormand ihre Berufsbezeichnung in Buchhändlerin und öffentliche Schreiberin, um den Anfeindungen und Kontrollen seitens der Polizei und des Wohlfahrtsausschusses zu entgehen. Viel nützte ihr dieser Schachzug jedoch nicht, denn sie wurde weiter streng observiert.

Joseph Fouché (1759–1820), der dank seiner Macht und seines Einflusses sowohl in den Zeiten der Revolution, des Empire und der Restauration Polizei und Geheimdienst unter seiner Kontrolle hatte, meinte dazu in einem seiner Berichte, dass die Demoiselle Lenormand ihr Büro als öffentliche Schreiberin nur unterhielt, um ihre Machenschaften zu kaschieren. Sie hätte also gleich bei ihrer eigentlichen Berufsbezeichnung als Wahrsagerin bleiben können. Im Jahre 1796 überzeugte Joséphine auch ihren sechs Jahre jüngeren, zukünftigen Ehemann von den Fähigkeiten der Hellseherin und überredete ihn zu einem Besuch in ihrem Salon. Nun konnte Marie Anne auch Napoleon Bonaparte zu ihren Kunden zählen. Er soll jedoch von ihren Prophezeiungen von Anfang an wenig begeistert gewesen sein, denn sie sagte ihm voraus, dass sein Glück und sein Erfolg von einer Frau abhängen würden.

Und wirklich, als er Joséphine im März 1796 heiratete, ging es mit ihm steil bergauf. 1799 wurde er erster Konsul und krönte sich am 2. Dezember 1804 schließlich selbst zum Kaiser von Frankreich und machte Joséphine zu seiner Kaiserin.

Die Arbeitsweise der „Sibylle von Paris“

Ab 1797 ließ sich Marie Anne in der Rue Tournon 5 nieder. Dies sollte für die nächsten 30 Jahre ihre Adresse und damit das Zentrum ihres Schaffens sein. Die ganze Wohnung vom Wartezimmer bis ins Schlafzimmer war vollgestopft mit allen nur möglichen und unmöglichen okkulten, esoterischen Gegenständen, die die Besucher in die richtige Stimmung versetzen sollten. Bilder, Büsten und Porträts, kabbalistische Zeichen, geheimnisvolle Gravuren und der magische Spiegel von Lucas Gauricus, dem Astrologen von Caterina de' Medici. Die Konsultationen fanden immer im Schlafzimmer statt. Wohl ein psychologischer Trick, der den Kunden Intimität und Vertrautheit vermitteln sollte.

Die Lenormand und ihr Klient saßen sich an einem mit grünem Tuch bespannten Tisch gegenüber. Es herrschte eine kunstvoll arrangierte Unordnung im Zimmer. Die verwendeten Praktiken und Mittel waren vielfältig, ihre Anwendung variierte wie die verlangten Preise: Karten, Kaffeesatz, Wassertropfen auf einem venezianischen Spiegel, geschmolzenes Blei, Spiel der 33 griechischen Stäbchen, erstellte Horoskope nach dem Geburtsdatum oder der Lieblingsblume und vieles mehr.

Einen der wenigen Berichte über den Ablauf einer Sitzung bei Mlle Lenormand lieferte der Finanz- und Innenminister des Königreiches Westphalen, Karl August Freiherr von Malchus (1770–1840), in seiner Autobiografie. Er galt als nüchterner Preuße, der mit beiden Beinen fest auf dem Boden stand. Der Freiherr besuchte Paris mehrfach zwischen 1810 und 1814. Bei einem seiner Aufenthalte konsultierte er auf Anraten einiger seiner Freunde die berühmte Wahrsagerin, von der ganz Paris sprach. Er ging verkleidet zu ihr, denn er war kein Unbekannter. Seinem Bericht zufolge begann sie die Konsultation, indem sie dem Klienten gezielt einige Fragen stellte. Sie interessierte sich für den Namen, das Geburtsdatum, den Familienstand und etwaige Kinder. Malchus berichtete weiter, dass sie mit 14 verschiedenen Kartendecks arbeitete, die mit astrologischen und nekromantischen Zeichen versehen waren, es kamen auch Tarotkarten und einfache Spielkarten zur Verwendung. Sie ließ sich bei ihrer Tätigkeit viel Zeit und studierte die ausgelegten Karten genau. Außerdem betrachtete sie die Handlinien ihres Gegenübers, auch Numerologie und Geomantie gehörten zu ihrem Repertoire und kamen zum Einsatz. Wenn sie allerdings ein fertiges Bild in ihrem Kopf hatte, kamen die Deutungen schnell und präzise. Sie erstaunte den Freiherrn von Malchus auch damit, dass sie Dinge aus seiner Vergangenheit wusste, die er selbst schon fast vergessen hatte, auch ihre Angaben zur Gegenwart stimmten haargenau. Bei ihren Prophezeiungen für die Zukunft drückte sie sich teils vage und kryptisch aus, andere Dinge sagte sie präzise und sehr bestimmt. Malchus berichtete später, dass jede ihrer Prophezeiungen eingetroffen sei. Er schloss die Zuhilfenahme von Tricks oder gar Betrügereien völlig aus. Denn das Wissen, das sie hatte, hätte sie sich unmöglich durch Boten oder Informanten besorgen können.

Die heute so beliebten Lenormand-Wahrsagekarten sind zwar nach ihr benannt, wurden aber sicher nicht von ihr selbst verwendet oder entworfen. Das „Grand Jeu de Mlle. Lenormand“ besteht aus 54 Wahrsagekarten und erschien erst nach ihrem Tode. Was auch für das „Petit Lenormand“-Kartendeck gilt, das aus 36 Karten besteht. Sie selbst benutzte eine reiche Auswahl an verschiedensten Karten, wie etwa das Kartendeck von Jean-François Alliette, das dessen Künstlernamen „Etteilla“ trug.

Eine Konsultation bei der Sibylle von Paris war nicht gerade billig, sie berechnete 30 Francs für das große Spiel, was dem Monatslohn eines Arbeiters der damaligen Zeit entsprach, 6 Francs für das kleine Spiel und 400 Francs für ein Horoskop. Kundschaft aus dem einfachen Volk verirrte sich also nur noch selten in den Salon der Hellseherin. Fouché erwähnte in einem seiner Berichte, dass sie mit ihrer Tätigkeit geschätzte 20.000 Francs im Jahr verdiente.

Doch die berühmte Sibylle wurde auch oft angegriffen und von ihren Zeitgenossen verspottet. So machte die Anekdote die Runde, dass ein als Mädchen verkleideter junger Mann von Mlle Lenormand in ihrem Salon empfangen wurde und von ihr die Vorhersage bekam, dass er bald einen Ehemann finden und gefahrlos einem gesunden Kind das Leben schenken werde.

Das Spiel um Macht und Geld

Sie erlegte sich bei ihren Vorhersagen keinerlei Zurückhaltung auf, schlechte Prognosen versah sie nicht mit einem Zuckerguss, sondern verkündete sie wenig diplomatisch gleich direkt und verärgerte damit einige sehr einflussreiche und mächtige Persönlichkeiten, allen voran Napoleon selbst. Da dieser meist zurückhaltend und mit wenig Begeisterung auf ihre Prophezeiungen reagierte, warf sie ihm bei einem seiner Besuche impulsiv die Karten ins Gesicht, was nicht gerade zur Vertiefung ihrer Freundschaft beitrug.

Es folgten weitere Verhaftungen in den Jahren 1803, 1805 und 1809, die Anklagen lauteten in allen drei Fällen auf Hochverrat. Sie wurde bezichtigt, mittels ihrer hellseherischen Fähigkeiten in den Besitz von Staatsgeheimnissen gelangt zu sein. Marie Anne landete wieder zu kurzen Aufenthalten im Frauengefängnis. Da sie nicht nur die Spitze der Regierung, deren Ehefrauen und Mätressen, den Kaiser, Kaiserin Joséphine und deren Hofstaat zu ihren Klienten zählte, sondern auch politische Kräfte aus anderen Lagern, ist es eher wahrscheinlich, dass sie auf diesem Wege in den Besitz ihrer Kenntnisse kam. Wie bei einem Mosaik trug jeder Klient mit seinen Informationen einen Teil zum Gesamtbild bei. Die kaiserliche Polizei soll sich diesen Umstand gerne zunutze gemacht haben, denn es kamen bald Gerüchte auf, dass die Lenormand als Spitzel für Napoleon arbeitete. Fouché zählte seit Jahren zu ihren Bewunderern und Beschützern, es ist daher sehr wahrscheinlich, dass sie ihm den einen oder anderen Tipp gab und ihm diverse Informationen zukommen ließ. Dass sie das unentgeltlich tat, darf ob ihrer legendären Geschäftstüchtigkeit allerdings bezweifelt werden. Sie spielte nun also eifrig mit im großen Spiel um Macht, Intrigen und das Erlangen von Vorteilen.

Neben ihrer Divinationstätigkeit publizierte sie auch die Zeitschrift *Le Mot à l'oreille, ou le Don Quichotte des Dames*, die mit vagen Vorhersagen, kleinen Horoskopen und vielen Klatsch- und Tratschgeschichten ihre Leser unterhielt. Natürlich ließ Marie Anne es sich nicht nehmen, auch ihre politische Meinung mit einfließen zu lassen.

Nach der Krönung von Napoleon 1804 wurde Paris zum politischen Zentrum Europas, was für Mlle Lenormand und alle anderen Wahrsagerinnen den erfreulichen Umstand mit sich brachte, dass viele Regenten, Herrscher und ranghohe Diplomaten samt Gefolge und Anhang die französische Hauptstadt beehrten und oft wochen- und monatelang festsaßen. Das Geschäft florierte. Sie empfing nun Persönlichkeiten wie die Schriftstellerin Madame Anne Louise Germaine de Staël (1766–1817), den Staatsmann Charles-Maurice de Talleyrand-Périgord (1754–1838) oder den Gesandten des österreichischen Kaiserreichs Klemens Wenzel Lothar Graf von Metternich (1773–1859), der auf Wunsch Napoleons in Paris weilte. Marie Anne konnte es sich nun leisten, ein Stadthaus in Paris und einen

Landsitz ein paar Meilen außerhalb der Hauptstadt zu erwerben, doch ihr Salon blieb weiterhin in der Rue Tournon 5.

Wie schon zu Zeiten der Revolutionsregierung, war man auch im Empire den Wahrsagerinnen und Hellseherinnen nicht wirklich wohlgesonnen. Besonders gegen jene, die sich zu politischen Prophezeiungen hinreißen ließen, wurde vorgegangen. Ein Heer von Spitzeln war unterwegs, um dem Treiben Einhalt zu gebieten. So erwischte es unter anderen auch Madame Lebrun, die ihr wirkliches Tun mit dem Verkauf von Schminke zu verschleiern versuchte. Obwohl eine Vertraute von Kaiserin Joséphine, wurde sie arrestiert und aus Paris vertrieben. Als Napoleon im April 1814, wie von Marie Anne vorhergesagt, abdankte, brach für die Hellseher Frankreichs eine herrliche Zeit an. Mit Beginn der ersten Restauration und Rückkehr des Bourbonenkönigs Ludwig XVIII. (1755–1824) wurde die Verfolgung der Wahrsager eingestellt und die Verbote wurden gelockert. Ludwig XVIII. beschäftigte sogar seinen eigenen Kartenleger.

Am 29. Mai 1814 starb Joséphine auf Schloss Malmaison, das sich seit 1799 in ihrem Besitz befand. Dieser Schicksalsschlag traf die Lenormand hart. Sie widmete ihrer verstorbenen Freundin zwei Bücher, die sie 1815 und 1820 veröffentlichte. *Anniversaire de la mort de l'impératrice Josephine* und *Mémoires historiques et secrets de l'impératrice Joséphine, Marie-Rose Tascher-de-la-Pagerie, première épouse de Napoléon Bonaparte.*

Eine reiche Geschäftsfrau im Exil

Ihrem sicheren Geschäftssinn folgend, reiste Marie Anne zum Aachener Kongress, der von 29. September bis 21. November 1818 stattfand. Es nahmen Monarchen aus Preußen, Österreich, Russland, Großbritannien und Frankreich teil. Hier traf sie erneut auf Zar Alexander I. (1777–1825), der sie bereits in ihrem Salon in Paris konsultiert hatte. Sie erstellte ihm sein Horoskop und versprach, ihm ihr Buch über die verstorbene Ex-Kaiserin Joséphine zu widmen. Der Zar, der von Joséphine nach der Abdankung Napoleons auf Schloss Malmaison gerne empfangen wurde, bedankte sich mit einem Brillantring bei der Wahrsagerin. Aber er sollte nicht der einzige Kongressteilnehmer bleiben, der die berühmte Sibylle von Paris aufsuchte. Die Diplomaten waren neugierig, wie über das Schicksal Europas entschieden würde, denn der Ausgang der Verhandlungen betraf natürlich auch ihr eigenes Leben und ihre Karrieren. Marie Anne widmete ihren Erlebnissen und Prophezeiungen eine eigene Publikation, die 1819 erschien: *La sibylle au congrès d'Aix-la-Chapelle*.

Mlle Lenormand, die nie ein Hehl aus ihrer Sympathie für das Königshaus der Bourbonen gemacht hatte, kam mit König Ludwig XVIII. gut aus. Er konsultierte sie einst, als er noch der Comte de Provence war. Sie hatte ihm damals im Jahre 1791 dringend zur Flucht aus Frankreich geraten, und er war ihrem Rat gefolgt. In den ersten Jahren seiner Regentschaft vermehrte sich ihr Vermögen beträchtlich. Sie war jetzt Mitte 40 und steinreich, verfügte über diverse Konten und besaß einige Immobilien. Außerdem sammelte sie wertvolle Gemälde und alte Schriften und Bücher.

Mit dem Tod des Thronerben Charles Ferdinand de Bourbon, Herzog de Berry (1778–1820) änderte sich die Situation jedoch schlagartig. Der Thronfolger wurde am 13. Februar 1820 von Louis Pierre Louvel nach einem Besuch in der Oper mit einem Messer attackiert und tödlich verwundet. Die Lenormand hatte ihn vorher gewarnt, dass er sich in großer Gefahr befände. Ludwig XVIII. veränderte sich nach dem Tod seines Neffen, in seiner Politik kam es zu einer reaktionären Wendung. 1821 wurde Marie Anne erneut verhaftet und eingesperrt. Diesmal war ihr Buch *Mémoires historiques et secrets de l'impératrice Joséphine* der Grund dafür. Sie weigerte sich, einige Passagen zurückzunehmen, und blieb vorerst in Haft.

Nachdem der König seine Politik so drastisch geändert hatte, flohen viele politische Gegner nach Brüssel. Unter ihnen befand sich auch Marie Anne Lenormand. Anfangs verlief ihr Leben in Belgien in gewohnten Bahnen. Sie ging ihrem Beruf nach, doch wieder konnte sie es nicht lassen, sich auch hier, im Exil, in die Politik einzumischen. So kritisierte sie lautstark und wie üblich völlig undiplomatisch den belgischen König Wilhelm I. (1772–1843). Sie wurde deshalb wegen des Verdachtes der Spionage und der Beteiligung an einem staatsfeindlichen Komplott verhaftet und schließlich verurteilt. Ihre Äußerungen und Wortmeldungen während des Prozesses stimmten das Gericht nicht eben milder. Ihre mehrmaligen Berufungen wurden abgelehnt. Schließlich gewährte man ihr auf Druck ihrer Anhänger und nach Intervention einiger einflussreicher Freunde und Beschützer eine erneute Anklage. Diesmal wurde die Anklage in Hexerei umgewandelt. Sie wurde schuldig gesprochen, und dem Druck ein zweites Mal nachgebend, umgehend aus der Haft entlassen.

Nach dem Tod von König Ludwig XVIII. am 16. September 1824 bestieg sein Bruder Karl X. (1757–1836) den französischen Thron. Die Zeit unter Karl X. schadete ihr und ihrem Geschäft nachhaltig. Nach und nach zog sich die Sibylle von Paris ins Privatleben zurück. Sie ließ sich auf ihrem Landsitz, Schloss Puissy, nieder. Die Karten legte sie nur noch für sich selbst und ihre Freundinnen.

Der Kunstfehler eines Arztes

Marie Anne hatte nie geheiratet, sie wollte sich ihre Freiheit erhalten und sich vor der Einmischung eines Ehemannes bewahren. Auch wäre ihr gesamter Besitz auf den Ehemann übergegangen, was für sie eine ungeheuerliche Aussicht gewesen sein muss. Sie entschied sich also gegen eine Ehe und blieb lieber alleine, was für die damalige Zeit sehr ungewöhnlich war. Die Lenormand war keine große Schönheit, sie war klein und dicklich, aber sie war auch ganz bestimmt nicht hässlich. Sie wurde als charismatisch beschrieben und auch ihr stattliches Vermögen wirkte wohl sehr anziehend, so gab es sicher einige Bewerber. Die Männer, denen sie aber tatsächlich ihre Gunst, wenn schon nicht ihre Hand schenkte, waren jedoch dünn gesät. Der Buchhalter und Geheimschüler in der Firma ihres Stiefvaters, von dem sie fasziniert war, der ehemalige Bäckergeselle Flammermont, der sich in den schwierigen Anfangsjahren um sie kümmerte, und im Alter schließlich Hubertus Flamet, ihr Sekretär.

Am 25. Juni 1843 starb Marie Anne Lenormand an einer entzündeten Operationsnarbe, ein Kunstfehler ihres Arztes. Sie selbst hatte vorausgesehen, dass ein Arzt schuld an ihrem Tod sein würde. Ihrem Leichenzug am 27. Juni 1843 zum Friedhof Père Lachaise folgte eine riesige Menschenmenge, in der sich, wie einst in ihrem Salon, Aristokraten, Großbürger und das einfache Volk mischten. Auch der französische Außenminister und der Dichter Victor Hugo sollen unter den Trauernden gewesen sein. Die Pariser hatten ihre Sibylle nicht vergessen und bereiteten ihr einen würdigen Abschied.

Helena Petrovna Blavatsky

Die emanzipierte Okkultistin
12. August 1831–8. Mai 1891

DIE ART, WIE SIE IHR LEBEN FÜHRTE, WAR skandalös, unangepasst und abenteuerlich. Die große russische Okkultistin und Esoterikerin wollte sich keinen gesellschaftlichen Konventionen unterordnen und wählte einen Weg, der ihr zwar die ersehnte Freiheit und Unabhängigkeit, aber auch Einsamkeit, Armut sowie viele Kritiker und Feinde einbrachte.

Helena Petrovna Blavatsky war emanzipiert und unbeugsam. Sie selbst sah sich als Vermittlerin von Spiritualität und Weisheit. Dem Ruf ihrer geistigen „Meister" oder „Mahadmas" folgend, bereiste sie die halbe Welt und schlug eine Brücke zwischen östlichen und westlichen Weisheitslehren.

In New York gründete sie die „Theosophische Gesellschaft" und wurde der Mittelpunkt einer Schar von Anhängern. In ihrer Zeitschrift *Lucifer* schrieb sie in einem Artikel über praktischen Okkultismus:

„Es ist leicht, Theosoph zu werden. Jeder von durchschnittlichen intellektuellen Fähigkeiten und einer Neigung zum Metaphysischen; von reinem, uneigennützigem Lebenswandel, der mehr Freude daran hat, seinen Nachbarn zu helfen, als selbst Hilfe zu empfangen; einer der immer bereit ist, eigene Vergnügungen zugunsten anderer zu opfern; der Wahrheit, Güte, Weisheit um ihrer selbst willen liebt,

nicht wegen dem Nutzen, den sie einbringen können – ist ein Theosoph."

Ihre Gesundheit war zeit ihres Lebens schwach, doch sie schonte sich nicht. Ihre Reisen verlangten ihr oft das Letzte ab, doch auch ihre körperliche Schwäche konnte sie nicht aufhalten, ihr Wanderleben fortzusetzen. Immer wieder verlor sie das Bewusstsein, was in manchen Phasen oft Tage andauern konnte. In späteren Jahren litt sie an der Brightschen Krankheit, einem schweren Nierenleiden.

Von ihren Freunden und engsten Mitarbeitern wurde sie „Löwenherz" genannt, denn ihr Mut und ihre Courage, ihren Weg jenseits aller Konventionen zu gehen, waren bemerkenswert. Einer ihrer Grundsätze lautete: Die Pflicht eines Theosophen ist: niemanden und nichts zu fürchten als das Gericht des eigenen Gewissens.

Stets war die Kettenraucherin umwallt von einer Rauchwolke. Gehüllt in weite Gewänder, in denen versteckt kleine Glöckchen bimmelten, pflegte sie die Aura des Mysteriösen. Es gibt viele Ungereimtheiten in ihrem Lebenslauf, sie versuchte ganze Abschnitte, meist die eher unrühmlichen, zu verschleiern und durch spirituelle, durchgeistigte Begebenheiten zu ersetzen. Manche ihrer Reisen und Abenteuer haben nie wirklich stattgefunden, was sie damit erklärte, dass in ihrem Körper eine zweite Person wohnte, die all diese Dinge erlebt und gesehen hatte. Sie selbst sagte: „Ich bin mir des Besuches nicht so sicher als des Sehens – natürlich sah ich sie."

Sie wusste nur zu genau, was die Menschen von ihr erwarteten, und bot ihnen die erhofften „Gänsehauterlebnisse". Stets begleitet von Klopfzeichen und dem Klingen von „himmlischen Glöckchen", ließ sie die Geister von Verstorbenen auftreten und bot jeden Hokuspokus, der gerade gefragt war. Sie selbst betrachtete dies nur als Beiwerk ihrer eigentlichen Mission.

Doch bot sie ihren Gegnern und Zweiflern damit auch eine Angriffsfläche, die diese natürlich nutzten, um sie in Misskredit zu bringen. In späteren Jahren wurde sie von ehemaligen Angestellten des Betruges bezichtigt. Die Zeitungen und christlichen Verbände stürzten sich auf diese Geschichten, schon lange hatten sie auf die Gelegenheit gewartet, der skandalumwitterten „Madame Blavatsky" etwas Unehrenhaftes nachweisen zu können.

Helena Petrovna Blavatsky gilt heute als die Begründerin der modernen Esoterik. Ihr Verdienst war die Weiterentwicklung und Öffnung der westlichen Spiritualität. Die Gleichwertigkeit der verschiedenen Religionen, deren Lehren sie alle als wertvoll betrachtete, und ihr friedliches Nebeneinander waren ihre Mission.

Eine bewegte Kindheit in Russland

Helena Petrovna von Hahn-Rottenstein wurde am 12. August 1831 in Jekaterinoslaw im damaligen Südrussland geboren. Ihre Mutter, Helena Andrejevna, war die Tochter der Prinzessin Helene Dolgoruki. Ihr Vater, Peter von Hahn-Rottenstein, stammte aus einer mecklenburgischen Adelsfamilie und diente als Offizier in der Armee des Zaren. Sie war also deutsch-russischer Abstammung.

Helena Petrovna war ein ständig kränkelndes, dickliches, sehr unschönes Kind mit blondem, krausem Haar. Nur ihre großen blauen Augen bestachen und wirkten fast unheimlich.

Die Dienerschaft versetzte sie regelmäßig in Angst und Schrecken, weil sie düstere Verwünschungen aussprach. Ständig waren in ihrer Nähe Klopfgeräusche zu hören und sie erzählte Geschichten über umherspukende Geister und Kobolde. Bei ihrer Taufe war der anwesende Priester in Flammen aufgegangen, weil er zu nah an eine

Kerze kam, die ein Kind hielt. Sie war ein wissbegieriges kleines Mädchen mit höllischem Temperament. Man rief sogar einen Exorzisten herbei, um ihrer Herr zu werden, und versuchte ihr die Flausen auszuprügeln, was jedoch beides nicht den gewünschten Erfolg hatte.

Ihr Vater machte Karriere in der Armee und wurde ständig versetzt, die ganze Familie reiste mit ihm quer durch Russland. Nach einigen Kuraufenthalten verließ die Mutter ihren Ehemann. Sie hatte drei Kindern das Leben geschenkt, nun langweilte sie sich und wollte frei sein. Helena war das älteste Kind, nach ihr folgten ihre Schwester Vera und ihr Bruder Leonid. Als die Mutter ging, um sich unter dem Künstlernamen Sinaida R. als Romanschriftstellerin selbst zu verwirklichen, war sie gerade acht Jahre alt. Alle drei Kinder wurden beim Vater untergebracht und reisten mit ihm.

Als Helena zwölf wurde, starb ihre Mutter an Tuberkulose. Ihr Vater brachte sie und ihre Geschwister zu den Großeltern. Diese ließen ihren Enkelkindern eine umfassende Erziehung angedeihen. Helena wurde in naturwissenschaftlichen Fächern unterrichtet und lernte Deutsch, Englisch und Französisch. Da sie sehr gerne las, machte sie sich bald über die Bibliothek ihres Urgroßvaters her, der sich erfolglos als Alchemist versucht hatte und eine riesige Sammlung von okkulten Büchern hinterlassen hatte. Da niemand sich um die Auswahl ihres Lesestoffes kümmerte, verschlang sie alles, was ihr in die Finger kam.

Die unheimlichen Vorfälle um das seltsame Kind gingen unterdessen weiter. Es erschien der Geist von Tekla Lebendorff, einer Bekannten der Familie. Helena Petrovna selbst schrieb später in ihren persönlichen Erinnerungen darüber:

„Über sechs Jahre lang, von der Zeit an, als ich acht oder neun war bis ich fünfzehn wurde, hatte ich einen alten Geist (Mrs. T.L. Tekla

Lebendorff, wie sie sich selbst nannte), der jede Nacht kam, um durch mich in Anwesenheit meines Vaters, meiner Tanten und vieler anderer Leute, die in Tiflis und Saratov wohnten zu schreiben … Nun, das dauerte nahezu sechs Jahre – meine Niederschriften – in klarer, altmodischer, eigentümlicher Handschrift und Grammatik auf deutsch – eine Sprache, die ich nie schreiben gelernt hatte und nicht einmal gut sprechen konnte – und auf Russisch … In jenen Tagen wurde das nicht Spiritismus genannt, sondern Besessenheit.“

Das freiheitsliebende Mädchen litt unter den Zwängen ihrer Familie und wollte ausbrechen. Einmal hielt sie, um nicht an einer Tanzveranstaltung teilnehmen zu müssen, ihre nackten Füße in kochendes Wasser und verbrühte sie so stark, dass sie wochenlang das Bett hüten musste.

Die Unbeugsame als Ehefrau

Am 7. Juli 1849 heiratete sie den Vizegouverneur von Eriwan, Nikifor Blavatsky, den sie im Hause ihrer Großeltern kennengelernt hatte. Ihr Bräutigam war 39 Jahre alt, glatzköpfig und langweilig. Sie nannte ihn einen „gerupften Raben“. Da sie auch als Erwachsene eher unschön war, spielte der Hohn ihrer Umgebung sicherlich auch eine Rolle bei der Entscheidung, sich einen Ehemann zu suchen. Als der Priester ihr bei der Hochzeit gebot, ihren Ehemann zu ehren und ihm zu gehorchen, antwortete sie laut und deutlich: „Mit Sicherheit werde ich das nicht tun.“

Bereits drei Monate später, im Herbst 1849 verließ sie Nikifor Blavatsky, ohne die Ehe vollzogen zu haben, und ging zurück zu ihren Großeltern. Diese verfrachteten sie auf ein Schiff, das sie zu ihrem Vater bringen sollte. Doch auch dieser war nicht eben beglückt, vom bevorstehenden Besuch der störrischen Tochter zu hören.

Der Aufbruch in ein neues Leben

Mithilfe eines Schiffskapitäns änderte sie ihr Reiseziel und fuhr nach Konstantinopel. Dort lernte sie die Gräfin Kiselev kennen, die ihre Leidenschaft für den Okkultismus teilte, und brach mit ihr nach Ägypten auf. Sie lebte von der finanziellen Unterstützung ihres Vaters, was ihr ein weiteres Herumreisen ermöglichte. Gemeinsam mit der Gräfin kehrte sie zurück nach Paris und schloss sich einer russischen Aristokratin an, mit der sie nach London reiste.

Helena war nun 20 Jahre alt. Mit ihrer Familie hatte sie gebrochen, denn ihr Verhalten war für eine Aristokratin untragbar, so stand sie nun alleine da.

Laut den Aufzeichnungen in ihrem Tagebuch traf sie genau an ihrem Geburtstag, am 12. August 1851, in London ihren zukünftigen geistigen Führer, ihren Meister Morya. In tiefe Depressionen und Einsamkeit versunken, wollte sie in die Themse springen, wurde jedoch von ihrem Meister davon abgehalten. Sie nannte ihn „Meister M – meiner Träume".

Die nächsten Jahre sind schwer nachzuvollziehen. In ihren Erinnerungen beschrieb sie Reisen nach Kanada, Nord- und Südamerika, Sri Lanka, Indien und Tibet, dessen Grenzen jedoch für Ausländer geschlossen waren. Anderen Quellen zufolge soll sie Europa während dieser Zeit jedoch nicht verlassen haben. Vielleicht war auch die Angst, von ihrem Ehemann gefunden zu werden, mit ein Grund für ihr Versteckspiel. Da die Ehe vonseiten der Kirche nicht geschieden werden konnte, wollte Nikifor Blavatsky seine Ehefrau zurück, um eine Familie zu gründen. An der Seite des Opernsängers Agardi Metrovitch zog sie durch die Lande und verdiente ihr Geld mit ihrer spiritistischen und hellseherischen Begabung, bis sie 1858 überraschend nach Russland zurückkehrte.

Vor ihren russischen Verwandten zog sie alle okkulten Register und bot ihnen das volle Programm von Klopfzeichen über Gedankenlesen bis hin zu schwebenden Gegenständen. Diese Tricks bezeichnete sie allerdings abschätzig als „niederen Okkultismus". Sie nahm an Séancen teil und lernte einen jungen Mann kennen, der ihre Leidenschaft für Spiritismus und Okkultismus teilte. Nicholas Meyendorff wurde ihr Liebhaber. Zu diesem Zeitpunkt erschien auch Agardi Metrovitch wieder auf der Bildfläche und der angereiste Ehemann Nikifor Blavatsky rundete das Bild ab.

Helena Petrovna wurde schwanger. Sie verließ ihre Liebhaber und ihren Ehemann, die alle drei für die Vaterschaft infrage kamen, und brachte ihren Sohn alleine in der russischen Provinz zur Welt. Am 23. August 1862 wurde Juri Blavatsky geboren. Das Kind kam schwer behindert zur Welt und Helena sah dies als Strafe für das Leben, das sie führte.

Schließlich kehrte sie zu ihrem nun schon 60-jährigen Gefährten Agardi Metrovitch zurück und tingelte mit ihm wieder durch die Theater. Helena und Agardi wollten mit Juri nach Bologna reisen, weil sie sich Heilung für den Jungen erhofften, der an schwersten Skelettdeformierungen litt. Auf der Reise starb der fünfjährige Knabe, den sie abgöttisch geliebt hatte. Helena Petrovna verkraftete diesen Schicksalsschlag nur schwer. In einem Brief vom 2. November 1889 schrieb sie: „Es gibt etliche Seiten im Buch meines Lebens, über die ich niemals sprechen werde. Eher sterbe ich. Nicht weil ich mich ihrer schäme, sondern weil sie mir zu heilig sind."

Dieser Ausspruch von Madame Blavatsky traf wohl auf viele Begebenheiten in ihrem Leben zu. Auf diese Phase aber ganz besonders. Wie es ihre Art war, verschleierte sie die Geschehnisse der letzten Jahre.

Ihren eigenen Angaben folgend, reiste sie 1868 unter der Anleitung ihres Meisters Morya zu Studienzwecken nach Tibet. Hier lernte sie auch ihren zweiten Meister kennen, Meister Koot Hoomi. Außerhalb ihrer Anhängerschaft wird diese Reise allerdings bezweifelt, weil die Grenzen für ausländische Reisende immer noch geschlossen waren.

Nach dem Tod ihres Großvaters beschloss sie, mit Metrovitch nach Kairo zu reisen, wo dieser ein Engagement ergattert hatte. Am 6. Juli 1871 explodierte das Schiff „SS Eumonia", auf dem sie unterwegs waren, und Agardi Metrovitch ertrank. Von den 400 Passagieren überlebten nur 17 das Unglück, unter ihnen Helena Petrovna Blavatsky.

Helena setzte ihren Weg nach Kairo fort. Sie war nun auf sich selbst gestellt und begann, mit ihren spiritistischen Sitzungen Geld zu verdienen. Als die gruseligen Geister-Effekte als Schwindel entdeckt wurden, verließ sie Ägypten.

Die Reise nach Amerika

Ihr Vater Peter von Hahn starb im Jahre 1873 und damit versiegte ihre Geldquelle. Amerika kam in okkulten Kreisen in Mode und so folgte sie der Anweisung ihres Meisters und brach auf nach New York, wo sie am 7. Juli 1873 eintraf.

Die mittellose Reisende fand erst Unterkunft in einer Wohngemeinschaft für Frauen, bevor sie eine eigene Wohnung beziehen konnte. Mit 41 Jahren versuchte sie einen Neubeginn, was sich jedoch wesentlich schwieriger gestaltete, als sie erwartet hatte. Eine Frau alleine, ohne männliche Unterstützung, hatte es in Amerika nicht leicht.

Die stets qualmende russische Kettenraucherin begann Geld durch Gelegenheitsjobs, wie das Entwerfen von Postkartenmotiven oder die Herstellung von Kunstblumen, zu verdienen, und sie war auch journalistisch tätig. Wenigstens jetzt machte sich ihre Erziehung und Ausbildung bezahlt.

Als sie erfuhr, dass es auf einer Farm in Vermont in der Gemeinde von Chittenden spiritistische Vorkommnisse gab, reiste sie dorthin, um unter den Gleichgesinnten zu sein und vielleicht Unterstützung zu finden.

Die Brüder William und Horatio Eddy stammten aus einer Familie, in der mediale Fähigkeiten eine lange Tradition hatten. Eine ihrer Vorfahren war in den Hexenprozessen von Salem 1692 verurteilt worden. Die Spezialität der Brüder war die Materialisation von Geistern Verstorbener.

Unter den anwesenden Gästen befand sich Colonel Henry Steel Olcott. Er war in seiner Eigenschaft als Journalist anwesend, um über die Geschehnisse auf der Farm zu berichten. Durch seine Artikel in den Zeitungen hatte sie von der Existenz des „Eddy-Homestead“ erfahren. Bei ihrer ersten Begegnung trug die auffällige, Zigarren rauchende Russin ein rotes Garibaldihemd, was zu ihrem unkonventionellen Auftreten passte. Helena und Henry führten lange Gespräche und er wurde allmählich zum neuen Beschützer für Madame Blavatsky.

Es dauerte nicht lange und sie wurde der Mittelpunkt der spiritistischen Sitzungen auf der Farm. Sie ließ Geister aus ihrer russischen Heimat erscheinen, die auf die anwesenden Amerikaner sehr exotisch wirkten. Wenn sich kein Geist einstellen wollte, engagierte sie kurzerhand Laiendarsteller, die die Rolle übernahmen. Sie inszenierte sich selbst und ihre Wunder, sah das jedoch nur als Hilfestellung für ihre wahre Begabung und Mission. Die Leute brauchten etwas, das sie sehen, hören und anfassen konnten, sie wollten Theater und sie bekamen es geboten.

Henry Olcott war zu Helenas größtem Bewunderer geworden und verbreitete ihren Ruhm weit über die Grenzen von Vermont hinaus. Helena Petrovna Blavatsky wurde eine Berühmtheit. Spiritistische Zirkel aus ganz Amerika hofierten sie und schickten Einladungen, um ihr Können selbst zu erleben.

Am 3. April 1875 heiratete sie ihren um zehn Jahre jüngeren Liebhaber. Die Tatsache, dass sie noch immer mit Nikifor Blavatsky verheiratet war, weil die Kirche in eine Scheidung nicht einwilligen wollte, schien ihr nicht von Bedeutung. Als sie jedoch entdeckte, dass ihr neuer Ehemann vor dem finanziellen Ruin stand, war dieses Zwischenspiel jäh beendet. Sie fand zurück zu ihrer Mission und verkündete, dass sie von einer ägyptischen Brudergemeinde der Unsterblichen zur Botin bestimmt war. Sie solle die Menschen zu Weisheit und ihrer Bestimmung führen.

Der ihr treu ergebene Henry Steel Olcott wich nicht mehr von ihrer Seite und trug auch diese neue Wendung begeistert mit.

Die Geburtsstunde der „Theosophischen Gesellschaft“

Zurück in New York wurde ein okkultistischer Salon gegründet. Helena Petrovna Blavatsky hielt Vorträge und sie hielt Hof. Ihre schwache Gesundheit machte ihr wieder zu schaffen, diesmal wollte eine Verletzung am Bein nicht heilen. Die Ärzte wollten das brandige Bein amputieren. Wie so oft in ihrem Leben erfolgte eine spontane Heilung über Nacht. Helena führte dies immer auf das Eingreifen ihrer Meister zurück.

Nun stieß ein junger Anwalt, der aus Irland stammende William Quan Judge, zu Olcott und Blavatsky. Auch ihn hatten die von Olcott verfassten Artikel über die Eddy-Farm neugierig gemacht.

Anfang September 1875 befanden sich 17 Personen zu einer Zusammenkunft in Helenas Wohnung am Irving Place. Angeregt durch die geführten Diskussionen kam Olcott die Idee zur Gründung einer esoterischen Institution. Er reichte William Quan Judge einen Zettel, auf den er die Frage nach der Gründung einer Gesellschaft geschrieben hatte. Der Zettel wurde an Madame Blavatsky weitergereicht und diese stimmte zu. Sie hatte zuvor schon die Anordnung ihres Meisters bekommen, eine Geheimgesellschaft zu gründen, damit wurde die Anweisung erfüllt.

Die „Theosophical Society" wurde gegründet. Die drei Ziele der Theosophischen Gesellschaft wurden wie folgt formuliert:

- *Die Bildung des Kerns einer universellen Bruderschaft der Menschheit, ohne Unterschied von Rasse, Glaube, Geschlecht, Kaste oder Hautfarbe*
- *Das Studium alter und moderner Religionen, Philosophien und Wissenschaften und das Aufzeigen der Relevanz solcher Studien*
- *Die Erforschung der nicht geklärten Naturgesetze und der im Menschen verborgenen, übernatürlichen Kräfte*

Henry Steel Olcott wurde zum Vorsitzenden und William Quan Judge zum Sekretär der Theosophischen Gesellschaft bestimmt. Helena Petrovna Blavatsky erhielt die Funktion des korrespondierenden Sekretärs. Der Gründungsakt fand am 17. November 1875 in der Mott Memorial Hall in der Madison Avenue statt. In Ihrem Notizbuch schrieb Helena: „Das Kind ist geboren! Hosianna!"

Helena sah nun ihren Meister in ätherischer, durchsichtiger Gestalt vor sich und empfing seine Botschaften und Ratschläge. Im Sommer 1875 hatte sie mit der Arbeit an ihrem ersten Buch *Isis entschleiert* begonnen.

Sie arbeitete jeden Tag bis zu 17 Stunden und schaffte das unglaubliche Pensum von 25 Seiten täglich. Ständig rauchend zitierte sie aus Büchern, die sie gar nicht besaß, geschweige denn selbst gelesen hatte, und das in verschiedenen Sprachen. Ihr Meister diktierte und sie schrieb.

Helena verarbeitete alles Wissen, das sie in den Büchern ihres Urgroßvaters gefunden und sich auf ihren Reisen erworben hatte. Sie brachte ihre Erfahrungen der letzten Jahre ein, doch es ging noch darüber hinaus. Die Leute, die sie beim Schreiben beobachteten, hatten den Eindruck, als würde sie niederschreiben, was eine Geistgestalt diktierte. Beim Schreiben hatte sich wieder ihr höllisches Temperament gemeldet und niemand war vor ihren Beschimpfungen sicher. Sie selbst nannte sich „altes Nashorn".

Allen Spöttern zum Trotz wurde *Isis entschleiert* ein Bestseller und die erste Auflage von 1000 Stück war innerhalb von zehn Tagen vergriffen.

Zur Theosophischen Gesellschaft fanden bald viele Interessierte und auch Neugierige, sie wuchs unablässig. Von den 17 Gründungsmitgliedern waren allerdings bald nur noch Madame Blavatsky, Colonel Olcott, W. Q. Judge und Abner Doubleday übrig. Die anderen waren aus den verschiedensten Gründen abgefallen.

Am 8. Juli 1878 wurde Helena Petrovna Blavatsky die amerikanische Staatsbürgerschaft verliehen.

Der Umzug nach Indien

Helena verlegte die Quelle ihrer Weisheit und Inspiration von Ägypten nach Indien und Tibet. Sie hatte brieflichen Kontakt zu Swami Dayananda Saraswati und Hurrychund Chintamon von der indischen Reformbewegung „Arya Samaj“, deren Grundideen denen der Theosophischen Gesellschaft ähnelten.

Ihre Aufgabe in Amerika war erfüllt und ihre Meister befahlen sie nach Indien, um ihre Mission dort fortzusetzen.

Gemeinsam mit ihrem getreuen Freund Colonel Henry Steel Olcott trat sie am 17. Dezember 1878 ihre Reise nach Indien an. Amerikanischen Boden sollte sie nie wieder betreten. Die Belange der Theosophischen Gesellschaft wurden in die Hände von Judge und Doubleday gelegt.

Die strapaziöse Reise endete in einem unterkühlten Empfang durch Hurrychund Chintamon. Auf Swami Dayananda Saraswati traf sie erst später und stellte einige große Unvereinbarkeiten zwischen den beiden Bewegungen fest, eine Zusammenlegung war damit ausgeschlossen.

Madame Blavatsky und Colonel Olcott bezogen Quartier in einem indischen Bezirk von Bombay und Helena begann, die indische Kultur zu studieren. Olcott arbeitete eifrig an der Erweiterung der Theosophischen Gesellschaft durch die Gründung von Logen und Niederlassungen außerhalb Amerikas. Von den anfänglichen Enttäuschungen und Schwierigkeiten ließen sie sich jedoch nicht von ihrer Mission abbringen.

Die britischen Kolonialherren und die christlichen Missionare waren entsetzt von den beiden Amerikanern, die durchs Land reisten, um die Kultur und Religion der Einheimischen zu studieren.

Blavatsky ihrerseits machte kein Hehl aus ihrer Verachtung für das Benehmen der christlichen Missionare. Dieses seltsame Paar war in den Augen der Briten verdächtig und wurde von der britischen Fremdenpolizei überwacht. Die geborene Russin mit Hang zu indischen Weisheitslehren musste in ihren Augen eine Spionin sein.

Die Beharrlichkeit und Unbeugsamkeit von Madame Blavatsky machte sich schließlich doch noch bezahlt. Sie fand neue Anhänger unter den Einheimischen, die ihr ehrliches Interesse an der indischen Kultur und ihre Toleranz zu schätzen wussten. Helena war nun 51 Jahre alt. Sie rauchte immer noch Unmengen von Zigaretten und ihre Leibesfülle war beträchtlich. Sie war nun fast bewegungsunfähig geworden. Das indische Klima und die körperlichen Strapazen der Reisen machten ihr schwer zu schaffen. Sie erlitt immer wieder Fieberschübe und zog sich eine Nierenerkrankung zu.

Olcott begann im September 1879, die Zeitung *The Theosophist* herauszugeben, die bis heute existiert. Madame Blavatsky, unter dem Einfluss der sie umgebenden indischen Kultur, nannte ihre Meister nun „Mahadmas".

Im Mai 1880 traten sie eine Reise nach Sri Lanka an, um ihre Gesellschaft auszuweiten. Sie wurden herzlich aufgenommen. Während ihres dreimonatigen Aufenthaltes konvertierten die beiden Theosophen zum Buddhismus, was ihnen nicht nur Freunde einbrachte. Ihre Gesellschaft wuchs und sie sammelten weltweit Anhänger. Es wurden neue Logen in Europa gegründet und auch in Amerika wuchs die Zahl der Sympathisanten. Doch auch die Zahl ihrer Kritiker und Feinde wuchs. Ihre spiritistischen Tricks, die nur Beiwerk zu ihrer eigentlichen Lehre waren, wirkten sich nun negativ aus, und ihre Offenheit fremden Kulturen und Religionen gegenüber weckte die Skepsis der Traditionalisten.

Madame Blavatsky kämpfte erneut mit gesundheitlichen Problemen. Zu ihrem Nierenleiden gesellten sich nun auch Rheuma und

Gicht. Die Ärzte rieten dringend zur Erholung, woran sie sich auch kurzzeitig hielt.

1882 folgte der Umzug nach Adyar bei Madras in das neue, circa 150 Hektar große Theosophische Hauptquartier.

Die Coulomb-Affäre

Im Jahre 1884 wurde ihr Gesundheitszustand so bedrohlich, dass eine Rückkehr nach Europa nicht mehr aufgeschoben werden konnte. Sie musste sich auf Krücken fortbewegen oder wurde in einem Rollstuhl befördert. Zuerst reiste sie nach Nizza, danach nach London.

Während ihrer Abwesenheit war das Hausmeisterehepaar Alex und Emma Coulomb wegen der Veruntreuung von Geldern entlassen worden. Die Rache der beiden folgte auf dem Fuße.

Im Hauptquartier in Adyar gab es ein Geheimzimmer, in dem der Schrein aufbewahrt wurde, mit dessen Hilfe Madame Blavatsky mit ihren Meistern oder Mahadmas in Verbindung trat. 150 Meisterbriefe sollen sich in diesem Schrein manifestiert haben. Sie erschienen, von den Meistern gesandt, im Inneren des Schreins, bevor sie von Helena an ihre Anhänger weitergegeben wurden.

Das Ehepaar Coulomb fand sich in der Mission von Madras ein und sie bezichtigten ihre ehemalige Arbeitgeberin des Betruges. Sie verkauften ihre Geschichte an *The Christian College Magazine* und Emma packte so richtig aus. Sie verriet all die gut gehüteten Geheimnisse ihrer ehemaligen Arbeitgeberin und gab an, von Helena Petrovna Blavatsky zum Betrug angestiftet worden zu sein. Die Meisterbriefe waren von ihr und ihrem Ehemann durch Schlitze in den Schrein gesteckt worden, und überhaupt soll der Kontakt mit den Mahadmas ein Schwindel gewesen sein. Sie verkauften einige der Meisterbriefe zum Beweis.

Die Feinde der Theosophischen Gesellschaft ließen sich diese Gelegenheit natürlich nicht entgehen, um die Buddhistin und ihre tolerante, indienfreundliche Gesellschaft bloßzustellen. Dieser Skandal traf Madame Blavatsky aus heiterem Himmel, trotz ihrer hellseherischen Fähigkeiten hatte sie die Katastrophe nicht kommen gesehen. Quer über alle Kontinente machte die Geschichte ihre Runde und ihr guter Ruf stand auf dem Spiel.

William Quan Judge, der sich gerade auf Europareise befunden hatte, reiste sofort nach Adyar, um die Angelegenheit zu klären, doch es war bereits zu spät und er kehrte unverrichteter Dinge zurück nach New York.

Am 20. September 1884 erschien in der *London Times* ein Artikel über den Skandal. In ihrer Antwort an die *Times* bestritt Helena vehement, Geld für die Theosophische Gesellschaft mit der Vorführung von okkulten Phänomenen beschafft zu haben. Die von den Coulombs vorgelegten Meisterbriefe bezeichnete sie als plumpe Fälschungen der beiden.

Nun schaltete sich die „Society for Psychical Research“ ein, um die Vorfälle unter der Leitung des jungen Australiers Richard Hodgson zu untersuchen und die Protagonisten zu beurteilen. Das Ergebnis fiel verheerend aus. Im Bericht wurden alle 150 Meisterbriefe als Fälschungen der Madame Blavatsky bezeichnet und sie selbst als russische Spionin denunziert. Der vorgelegte Report war eine 200-seitige Anklageschrift. Hodgson bezeichnete sie als die perfekteste, erfinderischste und interessanteste Betrügerin der Geschichte. In ihrem Buch *Schlüssel zur Theosophie* beschrieb sie die Untersuchungskommission der „Society for Psychical Research“ mit gebührendem Abstand und dem ihr eigenen Humor als „eine Herde alter, britischer Blödhammel, die von einem allzu ausgelassenen kleinen Schaf aus Australien angeführt, mit den Hörnern auf sie losgingen“.

Als dieser handfeste Skandal über sie hereinbrach, sah sie die Sache jedoch mit weniger Humor. Trotz aller gesundheitlichen Bedenken reiste sie nach Indien. Im Januar 1885 folgte die nächste schwere Erkrankung, an der sie beinahe starb. Im März 1885 kehrte sie allerdings endgültig zurück nach Europa. Sie ließ sich in Italien nieder und gab sich ihrem Unglück und ihren Depressionen hin. Im August desselben Jahres folgte der Umzug nach Würzburg. Hier traf sie auf die Gräfin Constance Wachtmeister. Die 47-jährige verwitwete Schwedin zog zu der schwer angeschlagenen Theosophin und kümmerte sich um sie.

Die zwölf theosophischen Logen, die in den USA bestanden, wurden zur amerikanischen Sektion unter der Leitung von William Quan Judge zusammengefasst.

Madame Blavatskys Hinterlassenschaft an die Nachwelt

Madame Blavatsky begann nun mit der Arbeit an ihrem Hauptwerk, der *Geheimlehre*. Ihr fieberhaftes Schreiben wurde wieder von Klopflauten und dem Gebimmel von Glöckchen begleitet. Sie selbst bezeichnete sich stets als Schreiberin, nicht als Autorin. Sie wurde von ihren Meistern inspiriert und schrieb nach deren Anweisungen.

Nach einem kurzen Aufenthalt in Ostende zog sie nach London. Hier wendete sich das Blatt wieder. Man entdeckte die Theosophie als neue Mode. Helena wurde verehrt. Dichter wie William Butler Yeates (1865–1939) machten ihre Aufwartung bei der kettenrauchenden Prophetin. Yeates wurde schließlich Mitglied der Theosophischen Gesellschaft, bevor er noch einen Schritt weiter ging und Mitglied des „Hermetic Order of the Golden Dawn“ wurde.

Im Oktober 1888 erschien der erste Band von Helenas *Secret Doctrine,* zur Jahreswende 1888/1889 folgte der zweite Band mit einer Startauflage von 500 Stück. Die beiden Bände sind in Kosmogenese, die Weltenentstehung, und in Anthropogenese, die Menschheitsentstehung, aufgeteilt. Es wird die Welt- und Menschheitsentwicklung nach der geheimen Lehre dargestellt, die Hunderte von Jahren von den Meistern gehütet und bewahrt wurde.

Auf Wunsch einiger Mitglieder, die ihr Wissen vertiefen wollten, gründete sie die esoterische Sektion der Theosophischen Gesellschaft. Diese esoterische Schule, machte es sich zur Aufgabe, tiefe esoterische Erkenntnisse und magische Techniken zu lehren. Sie umfasste nur eine sehr kleine Gruppe von Schülern, die von Blavatsky persönlich ausgewählt wurden. Es sollen nicht mehr als 10 bis 15 Schüler unterrichtet worden sein.

Als wüsste sie, dass ihr nicht mehr viel Zeit blieb, stürzte sie sich weiter fieberhaft in die Arbeit. Ebenfalls 1888 veröffentlichte sie die Werke *Schlüssel zur Theosophie,* das sie als einen Schlüssel bezeichnet, der die Tür zum vertieften Studium aufsperrt, und *Die Stimme der Stille,* das bei ihrem letzten Aufenthalt in Frankreich entstand.

Die unermüdliche Theosophin gründete die Zeitschrift mit dem wohl absichtlich missverständlichen Titel *Lucifer,* der Lichtbringer. Die anglikanische Kirche reagierte wie erwartet und verbot die Lektüre der Zeitschrift für ihre Mitglieder.

Dem Erfolg der Theosophischen Gesellschaft tat dies jedoch keinen Abbruch, sie erfreute sich regen Zulaufes, und im Jahre 1890 übersiedelte man in die Avenue Road, dem Hauptquartier der europäischen Sektion, die unter Helenas Leitung stand.

Der Gesundheitszustand von Madame Blavatsky wurde wegen ihres Nierenleidens immer schlechter, die dadurch bedingten Anfälle von Bewusstlosigkeit häuften sich.

Helena Petrovna Blavatsky starb am 8. Mai 1891 in Folge einer Grippeerkrankung. Nach den vielen spektakulären Erkrankungen und den darauffolgenden wundersamen Heilungen, die meist über Nacht von ihren Meistern vollzogen wurden, starb sie einen stillen Tod. Sie hatte ihre Aufgabe erfüllt. In ihren Notizen hatte sie geschrieben:

„Wenn ich tot bin, wird man vielleicht meine selbstlosen Motive anerkennen. Ich habe mein Wort gegeben, solange ich lebe, den Menschen zu helfen, die Wahrheit zu finden – Ich werde mein Wort halten. Sollen sie mich schmähen und kränken! Sollen die einen mich als Medium bezeichnen, als Spiritistin, die anderen mich eine Betrügerin nennen! Der Tag wird kommen, an dem die Nachwelt mich besser verstehen lernt."

Sie sollte damit Recht behalten. Selbst die „Society for Psychical Research", die sie zu Lebzeiten als „größte Betrügerin der Welt" bezeichnet hatte, rehabilitierte sie. Heute gilt sie als die Begründerin der modernen Esoterik und wird von ihren sehr zahlreichen Anhängern als Prophetin verehrt.

Aleister Crowley

Suchender, Magier und verderbtester Mann der Welt
12. Oktober 1875–1. Dezember 1947

EDWARD ALEXANDER CROWLEY, THE GREAT Beast 666, Laird of Boleskine, Perdurabo, Meister Therion. So vielfältig wie seine Namen sind auch die Möglichkeiten, sich seiner Person und seinem Wirken zu nähern. Von seinen Schülern und Nachfolgern heiß verehrt, von seinen Gegnern und kirchlichen Kreisen verdammt und aller möglichen „verderbten" Handlungen bezichtigt, von anderen wiederum nur verspottet und belächelt.

Die Wahrheit liegt wohl irgendwo in der Mitte, doch ganz unschuldig war er an seinem schlechten Ruf natürlich nicht. Da er sich über lange Jahre hindurch der Sexualmagie widmete und mit allen möglichen Drogen, Ritualen und Praktiken experimentierte, die sämtliche moralischen und religiösen Grenzen überschritten, und er bewusst Tabus brach, konnte die Ablehnung seiner Zeitgenossen für ihn nicht überraschend gewesen sein. Wahrscheinlich hat ihn die Engstirnigkeit seiner Gegner auch noch aufgestachelt und deren Reaktion auf ihn und sein Wirken amüsiert.

Einer der Grundsteine, auf den sich sein schlechter Ruf aufbaute, war wohl sein Aufruf zu Tier- und Menschenopfern. Vor allem männliche Kinder sollten geopfert werden – jedoch konnte ihm nie ein Mord nachgewiesen werden. Doch auch unter den Mitgliedern der verschiedenen Orden, in denen er tätig war, und unter seinen Schülern fand er nicht nur Freunde. Seine anmaßende Persönlichkeit und sein ausgeprägter Größenwahn machten ihn nicht unbedingt beliebt. Allerdings muss man auch bedenken, dass die Ablehnung seiner Kollegen wohl nicht auf moralische Bedenken, sondern eher auf Neid zurückzuführen war, weil Crowley mit seiner gekonnten Selbstinszenierung im Rampenlicht stand.

The Beast 666 hinterließ jedoch bei den Menschen, die sich auf ihn einließen, oft verbrannte Erde. Er hatte zwei Ehefrauen, die beide wahnsinnig wurden, mehrere seiner unzähligen Geliebten begingen Selbstmord oder verfielen dem Alkohol und anderen Drogen. Einer seiner Freunde und Schüler starb nach einem Ritual, bei dem er angeblich gemeinsam mit Crowley Katzenblut trinken musste. Ihm wurden Tier- und Menschenopfer sowie rituelle Vergewaltigungen vorgeworfen, er soll Satanist gewesen sein, was alles zusammen eine explosive Mischung abgab und vor allem in der britischen Presse ihren aufgeregten Niederschlag fand.

Crowley trat die traditionelle Moral mit Füßen und nahm auf den Preis, den meist andere bezahlen mussten, keinerlei Rücksicht. Aleister Crowley war Magier, Okkultist, Sekten- und Ordensgründer, Schriftsteller und Lehrmeister, aber vor allem war er ein eitler Selbstdarsteller, der seine Mitmenschen manipulierte.

Sein Einfluss auf die Gesellschaft und die Kunst ist jedoch unbestritten. Über ihn wurden Bücher geschrieben und Filme gedreht. Somerset Maugham nahm sich Crowley zum Vorbild seines 1908 erschienenen Romans *The Magician,* was dieser geschmeichelt mit den Worten zur Kenntnis nahm: „The Magician war eine Hymne an mein Genie, wie ich sie mir besser nicht hätte träumen können." 1928 wurde der Roman von Rex Ingram in Nizza verfilmt, die Hauptrolle wurde mit Paul Wegener besetzt.

Der amerikanische Filmemacher Kenneth Anger reiste 1955 nach Cefalù auf Sizilien und drehte den Dokumentarfilm *Thelema Abbey,* der allerdings als verschollen gilt. 1969 widmete er Crowley seinen etwas wirren, aber sehr intensiven Kurzfilm *Invocation of my Demon Brother*, zu dem Mick Jagger die Musik schrieb.

Die Rolling Stones besangen ihn in ihrem Hit *Sympathy for the Devil*, der auf dem Album *Beggars Banquet* zu finden ist. Jimmy Page von der Gruppe Led Zeppelin ist einer seiner glühendsten Anhänger und erwarb Crowleys Anwesen Boleskine House in Schottland in den 1970er-Jahren. Sowohl Anger als auch Page gelten als Schüler der Lehren von Aleister Crowley.

Die Beatles haben ihn links in der letzten Reihe auf dem Cover ihres Albums *Sgt. Pepper's Lonely Hearts Club Band* verewigt. Ozzy Osbourne singt in seinem Song *Mr Crowley:*

„Mr. Crowley, what went down in your head
(Oh) Mr. Crowley, did you talk to the dead
Your lifestyle to me seems so tragic
With the thrill of it all
You fooled all the people with magic
(Yeah) You waited on Satan's call"

2008 entstand der Film *Chemical Wedding*, der vom britischen Rockmusiker Bruce Dickinson, dem Sänger von Iron Maiden, und Julian Doyle geschrieben wurde.

Der lockere Umgang mit Sex und Drogen und die völlige Ignoranz von Moral und Tabus gepaart mit ungeheurer Maßlosigkeit scheint vor allem auf Rockmusiker und andere Künstler eine gewisse Anziehungskraft zu haben.

Crowley hinterließ seinen Anhängern einen reichen Schatz an Büchern, Schriften und Lehren. Was ihn aber unsterblich machte, waren die von ihm gemeinsam mit der Künstlerin Lady Frieda Harris (1877–1962) gestalteten Tarotkarten.

Crowley war kein Hellseher oder Wahrsager im eigentlichen

Sinne, doch durch seine Arbeit und sein Studium der Kabbala und aller Arten von okkulten Schriften und Lehren gehörte auch das zu seinem Repertoire. Er befragte das I Ging zu seinen persönlichen Entscheidungen und machte auch einige Vorhersagen. Der Tarot sollte seiner Meinung nach nicht unbedingt für den Blick in die Zukunft verwendet werden, sondern zum täglichen Studium.

The Great Beast

Edward Alexander Crowley wurde am 12. Oktober 1875 in Leamington Spa in Warwickshire als einziges Kind einer wohlhabenden Bierbrauerfamilie geboren. Emily Bertha Bishop und Edward Crowley waren Quäker und sehr religiöse Menschen. Später wurden sie Mitglieder der freikirchlichen Brüderbewegung, den fundamentalistischen Plymouth Brethren, die von John Nelson Darby (1800–1882) gegründet wurden.

Die Kindheit von Crowley wurde von der streng christlichen Lebensweise und den engen moralischen Normen der Eltern geprägt. 1887 starb sein Vater an Zungenkrebs, was der junge Crowley trotz der zuversichtlichen Prognose der Ärzte vorausgesehen haben will. Nach dem Tod des Vaters zog er mit seiner Mutter nach London, wo sein Onkel Tom Bond Bishop die Erziehung des Knaben übernahm.

Seine Mutter bezeichnete er später in seinem Buch *The Confessions of Aleister Crowley* als „hirnlose Bigotte des engstirnigsten, logischsten und unmenschlichsten Typs".

Er wurde auf das Internat St. Leonards geschickt, das von den strengen Plymouth-Brüdern geführt wurde und ihm wie die Hölle vorkam. Aufgrund mehrerer Vorfälle, wie Alkoholmissbrauch und

Sexspiele mit seinen Mitschülern, wurde er mit Isolationshaft bestraft, was ihn an den Rand des Wahnsinns und die Grenze seiner körperlichen Kräfte trieb. Als sein Onkel davon erfuhr, wurde er von der Schule genommen.

Die Versuche seiner Mutter, ihn zu disziplinieren, scheiterten kläglich, was sie dazu brachte, ihn nach der Offenbarung des Johannes „The Great Beast" zu nennen. Dies griff Crowley später auf und nannte sich selbst „To Mega Therion" oder „The Beast 666".

Trotz seiner Asthmaerkrankung war Crowley zeit seines Lebens ein begeisterter Bergsteiger. Er bestieg fast alle bekannten Alpengipfel, wie den Eigner, den er im Alleingang bezwang. Später folgten der Popokatépetl in Mexiko und der K2, bei dem er bis auf eine damalige Rekordhöhe vorstieß. Seinen Bergkameraden blieb er allerdings in keiner sehr guten Erinnerung, da er wenig kameradschaftlich und eher leichtsinnig war.

1885 kam Crowley nach Cambridge an das Trinity College. Nach dem Tod seines Vaters hatte er ein stattliches Vermögen geerbt, was ihn zu einem unabhängigen und wohlhabenden jungen Mann machte. Seine Zeit am College empfand er als Befreiung, endlich war er seinem strengen, einengenden Umfeld entflohen. Er studierte Philosophie, Psychologie und Ökonomie, allerdings nahm er kaum an den Vorlesungen teil. In dieser Zeit sammelte er eifrig Erfahrungen mit Partnern beiderlei Geschlechts, was ihm angeblich eine Geschlechtskrankheit eintrug.

Crowley entdeckte seine Leidenschaft für das Okkulte und die Welt der Geheimbünde. Nach Lektüre des Buches *Book of Black Magic and of Pacts* trat er in brieflichen Kontakt mit dessen Autor, dem Okkultisten Arthur Edward Waite (1857–1942). Von Arthur E. Waite stammt übrigens das zweite große Tarotkartendeck neben dem Crowley-Tarot, das als Rider-Waite-Tarot 1909 veröffentlicht wurde.

Crowley und der Golden Dawn

Waite war Mitglied des „Hermetic Order of the Golden Dawn", der 1888 in London gegründet wurde. Der Golden Dawn versuchte die Lehren der Kabbala, der Astrologie, Magie, Numerologie, Alchemie, ägyptischen Mythologie und des Tarot zu einem komplexen System zu vereinigen. Der Orden hatte mehrere Grade: Neophyt, Zelator, Theoricus, Prakticus, Philosophus, Adeptus Minor, Adeptus Major, Adeptus Exeptus, Magister Templi, Magus und Ipsissimus. Dem inneren Orden konnte man ab dem Grad des Adeptus Minor beitreten.

Aleister Crowley wurde am 18. November 1898 Mitglied des Golden Dawn im Grad eines Neophyt. Hier war er in guter Gesellschaft, denn dem Orden gehörten auch der Dichter und Nobelpreisträger William Butler Yeats, Bram Stoker, Alan Bennett und Sir Arthur Conan Doyle an. Er führte nun den Ordensnamen Perdurabo, was übersetzt „Ich werde ausharren bis zum Schluss" heißt.

Es folgte ein schneller Aufstieg quasi im Monatstakt. Im Mai 1899 hatte er bereits den Grad des Philosophus erreicht. Wohl wegen seiner offen zur Schau gestellten Bisexualität wurde ihm die Aufnahme in den inneren Orden des Golden Dawn von den Mitgliedern des Londoner Tempels verweigert.

Im Jahr 1898 verließ Crowley Cambridge, ohne jedoch seinen Abschluss gemacht zu haben. Im Laufe seines Lebens eignete er sich allerdings durch seine Reisen und das Studium von philosophischen und religiösen Werken eine umfangreiche und beeindruckende Bildung an.

Mit dem Geld aus dem Erbe seines Vaters kaufte er das schottische Anwesen Boleskine und Abertraff am Südufer des Loch Ness.

Von jetzt an nannte er sich Laird of Boleskine. Er änderte seinen Vornamen von Edward Alexander in Aleister, um seine keltische Abstammung zu unterstreichen.

Die Ablehnung des Londoner Ordens konnte er natürlich nicht akzeptieren, weshalb er sich 1900 an Samuel Liddell MacGregor Mathers (1854–1918), der Mitbegründer und Oberhaupt des Golden Dawn war, wandte. Dieser verlieh ihm den Titel Adeptus Minor und nahm ihn in den inneren Orden auf. Die Mitglieder des Londoner Ordens erkannten seinen Rang jedoch nicht an. Im folgenden Streit wurde Mathers als Oberhaupt abgesetzt und der Orden löste sich 1903 auf. Crowley folgte aber weiter der Tradition des Ordens und weihte sich selbst in die höheren Grade ein, bis er schließlich den Grad des Ipsissimus erreicht hatte. Heute gibt es Nachfolgeorden in vielen Ländern, die der Tradition und den Lehren des original Golden Dawn verbunden sind.

Crowley begab sich auf Reisen und besuchte Mexiko, die USA, Japan und Singapur und landete schließlich auf Sri Lanka bei seinem Freund Alan Bennett, der ebenfalls Mitglied des Golden Dawn war. Er widmete sich intensiv der Lehre des Yoga und reiste schließlich über den indischen Subkontinent zurück nach Paris, wo er im Winter 1902 ankam. Er tauchte in das Pariser Künstlermilieu ein und zählte bald Persönlichkeiten wie Somerset Maugham, Marcel Schwob und Auguste Rodin zu seinen Freunden.

Rose Kelly, die „Scarlet Woman“

Am 12. August 1903 heiratete er Rose Kelly. Sie wurde seine erste „Scarlet Woman“. Crowley sah in seiner „Scharlachroten Frau“ die Inkarnation der großen Hure Babylon aus der Offenbarung, Kapitel

17, die bekleidet war mit Purpur und Scharlach und geschmückt mit Gold, Edelsteinen und Perlen. Sie hatte einen goldenen Becher in der Hand, voll von Gräuel und Unreinheit ihrer Hurerei. Später übernahmen mehrere scharlachrote Frauen auch eine wichtige Rolle bei seinen Messen und Riten. Der sexsüchtige Crowley betrachtete zeit seines Lebens Frauen nicht als ebenbürtig. Von ihm stammt das Zitat, dass Frauen wie Milch an der Hintertüre angeliefert werden sollten. Sex blieb für ihn immer etwas Unpersönliches, da er stets versuchte, in seinen sexualmagischen Ritualen die Kontrolle nicht zu verlieren, um die Energie für seine Zwecke nutzen zu können.

Nach der Hochzeit ging er mit seiner frisch angetrauten Ehefrau auf eine ausgedehnte Hochzeitsreise. Dieses Mal besuchte er Italien, Sri Lanka und Ägypten.

In Kairo ließ er sich als Fürst Chioa Khan nieder und empfing zwischen 8. und 10. April 1904 sein Buch *Liber L vel Legis* (Buch des Gesetzes), das ihm von seinem Schutzgeist Aiwass in einem tranceähnlichen Zustand diktiert wurde. Es besteht aus drei Teilen und 220 Versen, sein Inhalt stellte eine Art Evangelium des neuen Äons dar und markierte für Crowley den Aufbruch in ein neues Zeitalter. Crowley selbst schrieb in seinen *Confessions,* dass er sich anfänglich gegen das Buch und seinen Inhalt gewehrt hätte, er lehnte weite Teile davon sogar ab. Später begann er das *Liber Legis* jedoch genau zu studieren, und es wurde die Grundlage seines Systems von Thelema (griechisch: Wille). Er wurde zum Verkünder und Propheten der Gesetze von Thelema. Aus diesem Buch stammt auch sein wohl berühmtestes Zitat: „Tue, was du willst, soll das ganze Gesetz sein. Liebe ist das Gesetz – Liebe unter Willen."

Crowley sagte in diesem Werk den Zweiten Weltkrieg und den Zerfall des Kommunismus in den 1980er-Jahren voraus. In Kapitel III, Vers 46 heißt es:

„Ich bin der Kriegsherr der Vierziger; die Achtziger kauern vor mir und liegen darnieder. Ich will euch Sieg und Freude schenken: ich will in der Schlacht an euren Waffen sein, und ihr werdet frohlocken im Erschlagen. Erfolg ist euer Beweis; Mut ist eure Rüstung; voran, voran, in meiner Kraft; und um nichts sollt ihr umkehren!"

1905 wurde seine erste Tochter Nuit Ma Ahathoor Hecate Sappho Jezebel Lilith Crowley geboren. Das Baby starb allerdings bereits ein Jahr später an Typhus. Rose Kelly war zu diesem Zeitpunkt bereits mit der zweiten Tochter Lola Zaza schwanger. Crowley trennte sich von Rose, die Scheidung erfolgte 1909. Rose Kelly blieb schwer alkoholkrank und psychisch angeschlagen zurück. Später wurde sie in eine Nervenklinik eingewiesen.

Die Gründung des Ordens „Argentum Astrum"

Auf seinen Reisen hatte er Studium und Ausübung der Magie vernachlässigt, was er jetzt bereute. Im Jahr 1907 gründete er seinen eigenen Orden „Argentum Astrum, A.A." (Silberner Stern). Er gründete die Zeitschrift *The Equinox* als Publikation seines Ordens, veröffentlichte jedoch zu viele Geheimnisse und Rituale des Golden Dawn, was 1910 zu einem Prozess mit Mathers führte, der dies verhindern wollte. Mathers blieb erfolglos und Crowley setzte die Herausgabe der Zeitschrift fort.

Die Magie des Aleister Crowley war ein Konglomerat aus den Lehren des Yoga, des Tantra, der Sexualmagie, der Kabbala, alten magischen Riten und starkem ägyptischem Einfluss. Crowley prägte den Begriff „Magick" für seine spezielle Form der Magie. Seiner

Linie treu bleibend, symbolisierte der Buchstabe „K“ im Wort „Magick“ das Wort „Kteis“, das Vagina bedeutet.

In seinem Buch *Magick without Tears* findet man folgende Definition: „Magick ist die Wissenschaft und Kunst, Wechsel in Übereinstimmung mit dem Willen hervorzurufen.“

Und weiter heißt es im Abschnitt III, Theoreme, Punkt 5: „Das zweite Erfordernis, um einen Wechsel zu verursachen, ist die praktische Fähigkeit, die notwendigen Kräfte in richtige Bewegung zu versetzen.“

Punkt 23: „Magick ist die Wissenschaft, sich selbst und seine Bedingungen zu verstehen. Es ist die Kunst, dieses Verständnis in Handlung umzusetzen.“

Punkt 28: „Jeder Mensch hat das Recht, seinen eigenen Willen zu erfüllen, ohne darüber besorgt zu sein, dass er mit dem von Anderen interferieren könnte. Denn wenn er an seinem richtigen Platz ist, ist es ein Fehler Anderer, wenn sie mit ihm interferieren.“

Die Botschaft lautet also: Man muss genau wissen, was man will, dann muss man erkennen, wie man es erreichen kann, und schließlich wählt man das geeignete Mittel oder die geeignete Kraft. Sollte ein anderer dabei Schaden nehmen, ist es seine eigene Schuld. Man durfte also jedes magische und praktische Mittel zur Durchführung seines Willens gebrauchen, was natürlich auch die Kenntnis der Zukunft mit einschloss.

Ebenfalls im Jahr 1907 begegnete ihm der Dichter Victor Benjamin Neuburg (1883–1940), mit dem er eine langjährige homosexuelle Beziehung einging und den er in seine magischen Riten mit einbezog.

Crowley wurde von Theodor Reuß (1855–1923) in den „Ordo Templi Orientalis“, kurz O.T.O., aufgenommen. Etwa zwei Jahre später erhielt er den Titel National-Großmeister für Großbritannien und Irland der Mysteria Mystica Maxima. Crowley drückte dem Orden bald seinen Stempel auf und brachte sehr viele Elemente und Riten der Sexualmagie in die Praxis des Ordens ein.

Bei Ausbruch des Ersten Weltkrieges bot er England seine Hilfe als Magier an, was aber abgelehnt wurde. Am 24. Oktober 1914 reiste er in die USA. Was folgte, waren Jahre in Armut, denn sein Vermögen hatte er verschleudert. Er versuchte durch Geldzauber seiner Not zu entrinnen, denn Arbeit zu suchen, kam für ihn nicht infrage. Er kannte auch zu wenig Leute in New York, die er um Unterstützung hätte bitten können. Crowley lernte den Dichter Georges Sylvester Viereck (1884–1962) kennen und schrieb für die deutschlandfreundlichen Zeitungen *The Fatherland* und *The International.* Außerdem arbeitete er für die der Sinn Féin nahestehende Zeitung *The Irish Republic.* An der Freiheitsstatue in New York rief er schließlich die Republik Irland aus und verbrannte seinen britischen Reisepass.

Nach dem Krieg hatte er seinen Landsleuten gegenüber einigen Erklärungsbedarf. Er verbreitete die Version, dass er durch skurrile und überzeichnete Artikel dem Ansehen Deutschlands hatte schaden wollen und dem britischen Geheimdienst Informationen geliefert hätte. Fest steht, dass er bei seiner Rückkehr nach England 1919 von den Behörden für seinen Verrat nicht belangt wurde, allerdings hatten die Jahre in den USA seinem Ruf nachhaltig geschadet.

Crowleys Sexualmagie und die Abtei Thelema

Seinen Aufenthalt in den USA nutzte er, um sich weiter in die Kenntnisse und die Praxis der Sexualmagie zu vertiefen. Über seine Experimente und magischen Handlungen führte er ein detailliertes Tagebuch, wie ein Wissenschaftler über seine Forschung.

In der Sexualmagie nutzt man den natürlichen Trancezustand und die freigesetzte Energie beim Höhepunkt für magische Handlungen. Crowley nannte es „eroto-komatose Luzidität", also durch erotische Handlungen und Praktiken herbeigeführte, dem Koma ähnliche Hellsichtigkeit, die man für die Visionsmagie und alle anderen Spielarten der Magie verwenden kann. Crowley nannte diese magischen Paarungen „Opus". Er achtete darauf, das „Elixier", also die vermischten Sexualflüssigkeiten beider Partner, wieder oral zu sich zu nehmen. Vorher benutzte er dieses Elixier für Weissagungen und hielt diese Prophezeiungen sowie die Konsistenz und den Geschmack der Flüssigkeit akribisch genau in seinen magischen Tagebüchern fest. Er engagierte billige Prostituierte und trug in seine Aufzeichnungen auch zusätzlich das Aussehen ihrer Geschlechtsteile ein. Um seine Entwicklung zu fördern, versuchte er Angst- und Ekelschwellen zu überwinden. Er suchte per Zeitungsinserat nach Frauen, die körperlich entstellt oder möglichst hässlich waren, um mit der entsprechenden Ekeltrance zu arbeiten.

Immer auf der Suche nach seiner „Scharlachroten Frau" waren auch in seiner New Yorker Zeit diverse Damen an seiner Seite. Bekannt sind Jane Foster, Anna Katherine Miller und ab dem Frühling 1918 Leah Hirsig.

Als er nach London zurückkehrte, suchte er einen Arzt auf, der ihm Heroin gegen sein Asthma verschrieb. Crowley hatte seit seiner Jugend mit allen möglichen Drogen experimentiert, doch nun wurde er süchtig. Seine Drogensucht sollte er nicht mehr besiegen können, obwohl er sich mehreren Entziehungskuren unterzog.

1920 wurde seine dritte Tochter Anne Leah geboren. Er richtete sich in Fontainebleau ein und stellte Ninette Fraux Shumway als Gesellschafterin für Leah Hirsig ein. Bald wurde sie seine Geliebte. Nachdem er das I Ging befragt hatte, zog er mit seinem Gefolge nach Cefalù auf Sizilien und gründete die Abtei Thelema.

Hier lebten er und seine Anhänger nach den Gesetzen von Thelema. Er vollzog seine Riten und unterrichtete seine Schüler. Deren Berichten zufolge soll Meister Therion sie zur Überwindung der Ekelschwelle gezwungen haben, Ziegenkot zu essen, und auch sodomistische Rituale mit einem Ziegenbock sollen stattgefunden haben.

Bald lieferten sich Leah und Ninette wilde Eifersuchtsszenen, und auch der Zulauf der Schüler und Anhänger geriet ins Stocken. Das Geld wurde immer weniger und die Abtei konnte nur knapp durch Spenden und Zuwendungen erhalten werden. Crowley unternahm Reisen zu Gönnern und veröffentlichte 1922 sein Buch *The Diary of a Drug Fiend,* in dem er seine Drogensucht und das Leben in der Abtei beschrieb.

Der Student Raoul Loveday, der Crowley glühend bewunderte, folgte dessen Einladung und besuchte den Magier mit seiner Frau Betty May. Damit war das Schicksal aller Personen, die in der Abtei von Thelema lebten, besiegelt, denn am 16. Februar 1923 starb Raoul Loveday. Über die Ursache für seinen Tod gab es zwei Versionen. Crowleys Version war eher harmlos und wurde auch vom behandelnden Arzt bestätigt. So hätten Raoul und Betty May eine Wanderung durch die Berge unternommen, Raoul hätte von einem Fluss getrunken und sich mit Typhus angesteckt, woran er auch gestorben sei.

Die Version, die Betty May in die Welt hinausposaunte, war eine etwas andere: Loveday und Crowley hätten einen Ritus vollzogen, bei dem sie das Blut einer geopferten Katze getrunken haben sollen, was Loveday zum Verhängnis wurde. Als sich der Gesundheitszustand von Loveday verschlimmerte, hatte Crowley seinen Tod für den 16. Februar 1923 um vier Uhr vorhergesagt, was leider auch eintrat. Die Londoner Presse, allen voran der *Sunday Express,* sturzten sich auf die Skandalgeschichten und berichteten von unaussprechlichen Verbrechen, Menschenopfern und wilden Sex- und Drogenorgien.

Crowley wurde daraufhin von Mussolini am 23. April 1923 aus Italien ausgewiesen. Sein Schüler Norman Mudd, Leah Hirsig und Ninette Fraux Shumway lebten noch einige Jahre in der Abtei. Crowley ging wie immer, wenn in seinem Leben etwas nicht nach seinem Willen ging, auf ausgedehnte Reisen. Er reiste nach Tunesien und veröffentlichte den Gedichtband *Songs of Italy*. Die Gedichte waren antifaschistisch und gegen Mussolini und sein Regime gerichtet.

Seine Tochter Anne Leah starb 1924 und Leah erlitt eine Fehlgeburt. Nachdem er der vermögenden Amerikanerin Dorothy Olson begegnet war, trennte er sich 1925 von Leah Hirsig. Sein damaliger Aufenthalt in Frankreich wurde am 5. Februar 1929 unfreiwillig beendet, weil er wie zuvor in Italien von den französischen Behörden aufgrund seiner skandalösen magischen Rituale per Dekret ausgewiesen wurde.

Crowley und die Deutschen

Maria Teresa Ferrari de Miramar, die aus Nicaragua stammte, wurde Crowleys zweite Ehefrau. Im August 1929 heiratete er sie in Leipzig, um ihr die englische Staatsbürgerschaft zu sichern. Das Paar verließ Deutschland und zog nach Kent.

Ebenfalls 1929 veröffentlichte er eines seiner Hauptwerke, *Magick in Theory and Practice*. In diesen Jahren lebte er vor allem von den Zuwendungen und Spenden seiner Gönner und Schüler, außerdem wurde ihm eine Art Pension vom O.T.O. ausgezahlt.

Seine Ehe hielt nur ein Jahr. Auf einer weiteren Reise nach

Deutschland lernte er die blutjunge Hanni Jäger kennen. Er verließ seine Ehefrau und nahm seine neue Geliebte mit nach England. Maria verfiel, wie ihre Vorgängerin, dem Alkohol und landete schließlich in einer Heilanstalt.

Im September 1930 reiste Crowley gemeinsam mit Hanni nach Portugal, um den portugiesischen Dichter Fernando Pessoa (1888–1935) zu besuchen. Auf dieser Reise inszenierte er seinen Selbstmord, indem er einen Abschiedsbrief, von seinem Zigarettenetui beschwert, an den Klippen der Boca do Inferno deponierte und verschwand. Sein spurloses Verschwinden löste wilde Spekulationen aus, die von Selbstmord über Mord bis zur konspirativen Verschwörung reichten. Ein Gerücht besagt, dass er seinen Tod vortäuschen wollte, um unbehelligt für Hitler arbeiten zu können. Der wahre Grund war allerdings wesentlich banaler, der Magier wollte mit dieser wilden Geschichte wohl nur seine Geliebte Hanni Jäger beeindrucken, die ihn kurz zuvor verlassen hatte. Außerdem war das Echo in der Presse wohl ganz nach seinem Geschmack.

Zurück in Deutschland, lebte er von 1930 bis 1932 in Berlin. Zu seinen Freunden zählten Personen wie der Begründer der Individualpsychologie Alfred Adler (1870–1937) und der Schriftsteller Aldous Huxley (1894–1963).

Crowley war nun fast 60 Jahre alt und völlig bankrott. Durch seinen aufwendigen Lebensstil, seine Reisen, seine Drogensucht und nicht zuletzt durch die vielen Prozesse, die er führte und verlor, hatte er sein ganzes Vermögen und alle Reserven und Einkünfte aufgebraucht. 1932 prozessierte er gegen die britische Malerin, Bildhauerin und Schriftstellerin Nina Hamnett (1890–1956). Diese hatte ihn in ihren Memoiren *Laughing Torso* der Ausübung von schwarzer Magie bezichtigt. Da die Beweise erdrückend waren, erlitt Crowley eine schmerzliche Niederlage vor Gericht.

Seine Einstellung zur Politik und seine Beziehung zu den Nazis sind bis heute nicht ganz geklärt. Schon in seinen Jahren in den USA während des Ersten Weltkrieges fühlte er sich zum Deutschtum hingezogen. Außerdem hatte er einen Hang zu totalitären Systemen, wie man auch an der Struktur von seinem Thelema deutlich sah. Sein Orden hatte Logen in Deutschland und viele seiner Anhänger stammten von dort. Martha Künzel übersetzte das *Liber L vel Legis* ins Deutsche und schickte ein Exemplar an Adolf Hitler. Crowley selbst soll Hitler seine Dienste angeboten haben. Es gibt sogar das Gerücht, dass der britische Geheimdienst Crowley in die Nähe Hitlers bringen wollte, um diesen gezielt zu beeinflussen. Dafür gibt es aber keine stichhaltigen Beweise. Der *James Bond*-Autor Ian Fleming, der für den britischen Geheimdienst arbeitete, soll Crowley als Astrologen vorgeschlagen haben, um Rudolf Heß, dem Stellvertreter Hitlers, ein gefälschtes Horoskop unterzujubeln. Crowleys schlechter Ruf vereitelte dies aber.

Die Gestapo schloss die Logen des O.T.O. in Deutschland und Crowleys Freund und Gönner Karl Johannes Germer (1885–1962), der ein führendes Mitglied des O.T.O. war und den Ordensnamen Frater Saturnus führte, wurde verhaftet und in ein KZ gesteckt. Spätestens ab diesem Punkt dürfte Crowley keine Sympathien mehr für die Nazis gehegt haben. Da er sich für die Reinkarnation des französischen Okkultisten Elphas Lévi (1810–1875) hielt, war wohl auch der Antisemitismus der Nazis nicht nach seinem Geschmack.

Nach dem Krieg behauptete er, er hätte dem Foreign Office die Verwendung des V-Zeichens für „Victory" vorgeschlagen.

Crowley war kein politischer Mensch und wollte sich auch keinem fremden System unterordnen. Er hatte sein eigenes System und seine eigene Religion, die es zu verbreiten galt. Er war kein Politiker, sondern er sah sich als Prophet und Missionar. Er drängte in die Öffentlichkeit und hätte maßgebliche Politiker sicher gerne für seine Zwecke eingespannt, egal ob nationalsozialistisch, faschistisch oder kommunistisch.

Die Entstehung des Crowley-Tarots

1937 wurde Aleister Ataturk MacAlpine geboren, Sohn von Patricia „Deirdre“ MacAlpine und Aleister Crowley. Das Verhältnis zu seinen Kindern war kein besonders inniges. Zwar betrauerte er den Tod der Kinder, die früh starben, doch zu den überlebenden konnte er keine wirkliche Beziehung aufbauen. Sein Sohn Aleister Ataturk, der 1978 starb, änderte seinen Namen in Randall Gair. Seine Tochter Lola Zaza nannte sich Lola Hill. Beide distanzierten sich von ihrem Vater.

Mithilfe der finanziellen Unterstützung seiner Anhänger konnte er in den folgenden Jahren einige seiner Bücher und Schriften veröffentlichen. Darunter *The Equinox of the Gods* und *Eight lectures on Yoga.*

Gemeinsam mit der Künstlerin Lady Frieda Harris, der Frau des britischen Arbeiterführers Sir Percy Alfred Harris, begann er 1939 mit der Arbeit an den Tarotkarten und dem *Book of Thoth,* in dem die 78 Karten, die eine Mischung aus dem klassischen, archetypischen Tarot, der Kabbala, ägyptischer Inspiration und allen nur erdenklichen Symbolen sind, interpretiert werden.

Sein Spätwerk, das erst 1944 vollendet war, wurde sein größtes Vermächtnis. Crowley versorgte Harris mit Unterlagen und Inspirationen, die allerdings alle nicht unbedingt seiner eigenen Weisheit und Erleuchtung entsprangen, sondern eher den Materialien und Schriften des Golden Dawn entsprachen. Lady Harris griff Crowleys Anregungen auf und schuf ein wunderschönes Kartendeck.

Harris besuchte Kurse in projektiver Geometrie und setzte diese in den Crowley-Gemälden um. Manche der Karten musste sie jedoch mehrmals zeichnen, weil Crowley nicht vollkommen zufrieden war. Es war wohl ihr Eifer und ihre Energie, die die fünfjährige Arbeit zum Erfolg führte. Crowley lenkte und beeinflusste ihre Arbeit, weshalb er das Ergebnis auch als sein Werk betrachtete.

Die Gemälde wurden in einigen Ausstellungen gezeigt und erschienen dann erstmals als Illustrationen in Crowleys *Book of Thoth* in einer Auflage von 200 Stück. Erst 1969 wurden sie als eigenständiges Kartendeck veröffentlicht. Seither übt das Crowley-Tarot dank der ausdrucksstarken und symbolträchtigen Gestaltung eine ungebrochene Faszination aus.

Sein letztes Buch *Magick without Tears* schrieb Crowley Mitte der 1940er-Jahre. Es besteht aus einer Sammlung von Briefen an einige seiner Schüler und stellt sein magisches Testament dar. Es erschien jedoch erst 1954, Jahre nach seinem Tod.

Crowleys einsamer Tod in Hastings

Crowley, der für einige Jahre von seiner Drogensucht losgekommen war, begann 1945 wieder mit dem Konsum von Heroin und Kokain, was seinem Gesundheitszustand nicht unbedingt zuträglich war. Sein Asthmaleiden wurde mit zunehmendem Alter immer schlimmer und sein Körper wurde durch seine Drogensucht immer schwächer.

Nach Befragung des I Ging zog er schließlich nach Hastings in eine kleine Pension. Dies sollte die letzte Station seines Lebens sein. Er war zeit seines Lebens ein Suchender, ein Besessener seiner Magie, die er fast wissenschaftlich betrieb. Obwohl er versuchte, mit seinen Künsten sein Schicksal und sein Leben zu beeinflussen, blieben seine Geld- und Gesundheitszauber ohne große Wirkung. Er litt sein ganzes Leben unter seiner Asthmaerkrankung und konnte sich von seiner Drogensucht nicht befreien. Seine Geldnot war ein Dauerzustand und seine Berühmtheit hatte eher zweifelhafte Gründe.

The Great Beast 666 starb am 1. Dezember 1947 mittellos und einsam an Herzversagen. Seine letzten Worte: „I'm perplexed".

Edgar Cayce

Der schlafende Prophet aus Amerika
18. März 1877–3. Januar 1945

ER WAR EINE DER BEMERKENSWERTESTEN Persönlichkeiten unter den Hellsehern. Sein außergewöhnliches Talent und der Umgang damit, machten ihn einzigartig.

„Der schlafende Prophet" sah in Trance bedeutende Ereignisse für die Menschheit voraus. Kriege, Umweltkatastrophen, der Börsencrash von 1929 und die Ermordung von John F. Kennedy sind nur einige der Prophezeiungen, die sich bereits erfüllten. Er lieferte nicht nur genaue Daten über die Ereignisse selbst, sondern auch Hintergründe und Auslöser.

Edgar Cayce widmete seine Gabe dem Wohle der Menschen, die seine Hilfe brauchten. Als tief gläubiger Mann war er davon überzeugt, seine Gabe von Gott erhalten zu haben, um seinen Mitmenschen damit zu dienen und Gutes zu bewirken. Lange kämpfte er dagegen an, sein Leben ganz von seinen außergewöhnlichen Fähigkeiten bestimmen zu lassen. Er wollte ein normales Familienleben mit Frau und Kindern führen, doch sein mächtiges Talent und der Wunsch, kranken Menschen zu helfen, drang immer wieder an die Oberfläche.

Cayce machte als junger Mann viele negative Erfahrungen, zuerst verlachte und verspottete man ihn, weil er anders war, dann versuchte man ihn auszunutzen und mit seiner Hilfe reich zu werden. Wissenschaftler testeten und untersuchten ihn unablässig, um ihn als Scharlatan zu entlarven. Als man ihm im Trancezustand eine Hutnadel durch die Wange bohrte und mit einem Messer seinen Fingernagel entfernte, verlor er die Geduld und ließ keine weiteren Tests mehr zu. Als er schließlich seinen Weg gefunden hatte, war er oft die letzte Hoffnung für Schwerkranke, er nahm sich aber auch anderen persönlichen Problemen an, die an ihn herangetragen wurden.

Edgar Cayce war kein verklärter, religiöser Spinner, er verfügte über einen scharfen Verstand, war selbstbewusst und sehr charismatisch. Da er seiner Gabe mit Demut begegnete, war er kein arroganter Selbstdarsteller, sondern reagierte sehr sensibel auf die Leiden der Menschen. Er selbst meinte dazu: „Ich tue nichts, was Sie nicht auch tun könnten, wenn Sie bereit sind, den Preis dafür zu bezahlen."

In seinen „Readings", seinen in Trance geäußerten Ratschlägen und Prophezeiungen, ging es vor allem um die Diagnose und die Heilung von Krankheiten aller Arten. Diese Trancesitzungen waren sehr anstrengend für ihn und er reglementierte die Zeit, die er in Trance verbrachte, doch der Wunsch zu helfen war oft größer als seine Vernunft. In späteren Jahren entwickelte sich sein visionäres Talent und er machte viele Vorhersagen über die Zukunft der Erde und der Menschen.

Cayce war kein Mediziner oder Gelehrter, seine Bildung war einfach und etwas lückenhaft, da er die Schule bereits nach der achten Klasse verlassen hatte, doch er verwendete in seinen Diagnosen oft medizinische Fachausdrücke und bezeichnete die Krankheiten mit ihren lateinischen Namen. Nach gestellter Diagnose gab er Tipps und Anweisungen zur Heilung. Er nannte Medikamente und genaue Behandlungsmethoden, an die sich seine „Patienten" halten sollten. Er selbst war kein Heiler, er war ein Seher, der in Trance Kontakt zu den Menschen aufnahm, sie besuchte und untersuchte.

Die Hilfesuchenden mussten nicht zu ihm kommen, es genügte ein Brief, in dem das Anliegen formuliert wurde, und er überwand in seinen Readings oft Tausende von Kilometern, um seine Diagnose zu stellen. Es kam häufig vor, dass er Bemerkungen fallen ließ, wenn er beim Patienten eingetroffen war. Seine Kommentare betrafen die Personen selbst oder ihre unmittelbare Umgebung, wie „Wirklich hübscher Schlafanzug", „Hier regnet es", „Ein richtiger Schnösel" oder „War mal sehr hübsch". Obwohl er körperlich nie vor Ort war, stimmten seine Angaben immer und wurden von den Klienten bestätigt.

Cayce zapfte „die Information" an, wie er es nannte, und erhielt Antworten. Wenn er wieder aus seinem Schlaf erwachte, konnte er sich nicht an das Gesagte und Gesehene erinnern.

Von den Medizinern seiner Zeit wurde er oft kritisiert, weil er gerne auch alternative Heilmethoden verordnete und zudem auch noch ohne Bezahlung arbeitete. Über seine Begabung schrieb er einmal: „Meine Freunde, wer mit meiner Gabe gesegnet ist, hat kein leichtes Leben."

Ein Farmjunge mit spezieller Begabung

Edgar Cayce wurde am 18. März 1877 auf einer Farm in Kentucky geboren, wo er bis zu seinem 18. Lebensjahr auch blieb. Diese ersten Jahre waren der Grundstein für seine Verbundenheit mit der Natur und allen Lebewesen.

Leslie Cayce, sein strenger Vater, hatte wenig Verständnis für seinen Sohn. Er fürchtete, dass der außergewöhnliche Junge Schande über die Familie bringen würde. Zu seiner Mutter Carrie und seinen vier Schwestern Annie, Ola, Mary und Sarah hatte er eine sehr enge und liebevolle Beziehung. Sein Großvater war als Wünschelrutengänger auf den Farmen tätig und hatte das Talent, mithilfe von starker Energie Tische schweben und Besen tanzen zu lassen. Als der geliebte Großvater vor seinen Augen von einem Pferd getötet wurde, erlitt der sensible Knabe einen Schock. Später erzählte er seiner Großmutter, dass der so schmerzlich vermisste Großvater ihm öfters Besuche abstattete und mit ihm sprach. Edgar hatte auch einige Spielkameraden, die nur für ihn sichtbar waren. Seine Mutter und Großmutter glaubten dem fantasievollen Knaben und bestärkten ihn.

Als er schließlich sieben Jahre alt war, wurde er eingeschult. Edgar war kein guter Schüler. Er war verträumt und folgte dem Unterricht kaum. Nach acht Jahren verließ er die Schule für immer.

Seine Familie, sehr gläubige Presbyterianer, besuchte die Old Liberty Church von South Christian. Durch Gespräche mit den Predigern und die Bibelstunden, die er eifrig besuchte, erwarb er sich eine gute und solide theologische Bildung. Als die Stelle des Küsters frei wurde, bewarb sich der junge Edgar darum und wurde eingestellt. Cayce hatte eine sehr enge Beziehung zu Gott und sah das Gebet als direkte Verbindung zum Herrn an. Zeit seines Lebens sollten Gebete eine zentrale Rolle in seinem Schaffen spielen.

Im Jahre 1890 hatte er eine Vision, die sein weiteres Leben bestimmen sollte. Bevor er zu Bett ging, sprach er wie üblich ein Gebet. Plötzlich erschien eine Lichtgestalt in seinem Zimmer. Auf die Frage, was er sich am meisten wünsche, antwortete er, er wolle den Menschen helfen, besonders kranken Kindern. Die Erscheinung antwortete: „Deine Gebete sind erhört worden. Dein Wunsch wird in Erfüllung gehen. Halte am Glauben fest. Bleibe dir selbst treu. Hilf den Kranken und Elenden." Voller Dankbarkeit lief Cayce hinaus in die Natur, um Gott zu danken, an Schlaf war nicht mehr zu denken.

Als er am nächsten Tag müde und aufgewühlt in der Schule saß, machte er einen Fehler beim Buchstabieren des Wortes „cabin". Dies kam seinem strengen Vater zu Ohren und er beschloss, dass seinem Sohn eine Nachhilfestunde in Orthografie nicht schaden könnte. Bei jedem Wort, das Edgar falsch buchstabierte, setzte es eine Ohrfeige. Schließlich bat der übermüdete und gequälte Junge um eine Unterbrechung, um etwas ausruhen zu können. Mit dem Kopf auf dem Buch schlief er kurz darauf ein. Nach dem Erwachen konnte er den Inhalt des gesamten Buches auswendig, sogar die Seitenzahlen konnte er den gefragten Wörtern zuordnen.

Diese außergewöhnliche und nützliche Fähigkeit behielt Cayce sein ganzes Leben lang. Was ihm allerdings den Spaß am Lesen nahm, da er den Inhalt des Buches kannte, sobald er es in die Hände nahm.

Erste Heilungen

Etwa zwei Jahre später wurde der 15-Jährige beim Baseballspielen von einem Ball auf den Kopf und den Rücken getroffen. Seine Schwester brachte den verwirrten Jungen nach Hause und er bekam von seinen Eltern Bettruhe verordnet. Er verfiel in eine tiefe Bewusstlosigkeit, gab jedoch deutliche Anweisungen zur Behandlung seiner Verletzungen. Außerdem sprach er über kommende Entwicklungen in der Politik und die Zukunft der Wirtschaft, wohl weil er dachte, dies könnte seinen Vater interessieren. Die Fähigkeit, im Schlaf Bücher auswendig zu lernen, war für viele der Nachbarn schon kaum zu verstehen, doch nun hielten sie ihn für einen Freak und mieden ihn.

Edgar, der Gott immer noch liebte und eifrig in der Bibel las, wollte Priester werden. Seine Eltern beschlossen, mit ihren Töchtern nach Hopkinsville zu ziehen, Edgar blieb auf der Farm seines Onkels zurück. In einer neuerlichen Vision erhielt er den Befehl, seiner Familie zu folgen, um die Mutter zu unterstützen.

Cayce war nun 20 Jahre alt. Anfangs verwirrte ihn das Leben in der Stadt, doch bald suchte er sich eine Stelle als Buchhändler in „Hoppers Buchladen". Er wurde Lehrer an der Sonntagsschule und lernte die Frau seines Lebens kennen. Die 15-jährige Gertrude Evans war die Tochter eines wohlhabenden Architekten. Das ebenso schöne wie temperamentvolle junge Mädchen war gebildet und belesen. Cayce beschrieb Gertrude mit folgenden Worten:

> *„Sie erschien mir wie das schönste Wesen, das ich je gesehen hatte – mit schwarzem Haar und schwarzen Augen, Augen, die so feurig und voller Entschlossenheit waren, und sie hatte den küssenswertesten Mund, den man sich nur vorstellen konnte."*

Edgar zog weiter nach Louisville in Kentucky, wo er sich wieder in einer Buchhandlung bewarb. In Louisville lernte er ein reiches Mädchen kennen und stand nun zwischen zwei Frauen. Dies war ein Szenario, das sich noch des Öfteren wiederholen sollte, denn der charismatische Cayce war bei den Damen sehr beliebt. Gertrude ertrug diese und andere Schwächen von Edgar mit unerschütterlicher Liebe.

Cayce kündigte bald seine Stelle als Buchhändler und wurde Vertreter für Versicherungen. Die Buchhandlung, für die er gearbeitet hatte, heuerte ihn an, um auf seinen Reisen auch Bücher zu vertreiben. Nun geschah etwas, das sein weiteres Leben grundlegend veränderte. Er wurde von einem geheimnisvollen Leiden befallen, das sich in Kopfschmerzen und Stimmverlust äußerte. Damit war die Karriere als Vertreter für den 23-Jährigen beendet und er wurde Lehrling bei einem Fotografen. Die Ärzte und Spezialisten waren ratlos.

In der Stadt arbeitete ein Schausteller und Hypnotiseur, der sich Professor Hart nannte. Er hörte vom Leiden des jungen Mannes und bot an, ihn für 200 Dollar zu heilen. Unter Hypnose gewann Cayce seine Stimme zwar kurzzeitig zurück, verlor sie jedoch im wachen Zustand wieder.

Angespornt vom Teilerfolg des Hypnotiseurs trat nun Al C. Layne an Cayce heran. Der Buchhalter befasste sich intensiv mit Hypnose und Osteopathie und sah die Lösung in einer Art geführten Selbsthypnose. Im März 1901 starteten Layne und Cayce ihr Experiment. Durch Autosuggestion versetzte sich der immer noch stumme Cayce in Trance und wurde von Layne aufgefordert, sich selbst eine Diagnose zu stellen. Die Antwort kam klar und deutlich. Cayce diagnostizierte eine partielle Stimmbandlähmung, ausgelöst durch eine Überreizung der Nerven. Als Therapie nannte Cayce eine stärkere Durchblutung der Halsregion. Layne führte ihn weiter durch die Hypnose und gab die Anweisung, die genannte Körperregion zu durchbluten. Edgars Hals färbte sich langsam rot, nach etwa 20 Minuten wurde die Behandlung erfolgreich abgeschlossen. Cayce hatte seine Stimme zurück.

Die beiden starteten einen weiteren Versuch, bei dem nun Layne um eine Diagnose für seinen angegriffenen Gesundheitszustand bat. Nach dem Erwachen hatte Cayce keinerlei Erinnerung an das von ihm Gesagte und zweifelte an der vorgeschlagenen Therapie. Layne ignorierte ihn und befolgte die in Trance gegebenen Anweisungen, und tatsächlich war er bald wieder völlig gesund.

Vom Erfolg beflügelt, überredete Al C. Layne den immer noch unsicheren Cayce zur Eröffnung einer Praxis, in der er Diagnosen für fremde Leute stellen sollte. Für Cayce begann nun eine lange Phase, in der er durch Zweifel geplagt seinen Weg suchte und zwischen seiner Bestimmung und der Sehnsucht nach einem normalen Leben hin und her gerissen war. Er zog mehrmals um und versuchte sich einen neuen Freundes- und Bekanntenkreis aufzubauen, der nichts von seiner Begabung wusste.

Hin und wieder ließ er sich von Layne zu Readings überreden, vor allem bei erkrankten Kindern machte er eine Ausnahme. Aus dieser Zeit ist die Heilung der kleinen Aime Dietrich bekannt, die an einer Hirnschädigung litt und durch seine Diagnose und Heilungsvorschläge nach langer Leidensgeschichte wieder ganz gesund wurde.

Sechs Jahre nach der Verlobung entschloss sich Edgar, Gertrude zu heiraten. Die Hochzeit fand am 17. Juni 1903 in der Christian Church in Hopkinsville statt. Mit der Anonymität, die er sich so gewünscht hatte, war es jedoch bald vorbei. Es erschienen mehrere Zeitungsartikel über ihn und er wurde unzähligen Untersuchungen und Tests unterzogen. Seine Popularität wuchs nun beständig, obwohl niemand eine schlüssige Erklärung für seine Gabe finden konnte.

Selbst bekannte Persönlichkeiten wie Nikola Tesla (1856–1943) statteten ihm Besuche ab. Thomas Edison (1847–1931) versuchte einige Readings aufzuzeichnen, was jedoch misslang.

Schließlich wurde er durch den Vorstand der Gemeinde vorgeladen, um die Umstände und die Herkunft seiner Gabe zu klären. Nachdem er sich als gläubig und besonders bibelfest erwiesen hatte, wurde er entlastet und später sogar in den Kirchenvorstand gewählt.

Cayce begann nun, sein Talent als Gabe Gottes zu sehen, und nahm sie an. Er erinnerte sich an den Bund, den er als Kind mit Gott geschlossen hatte, und wollte seine Fähigkeiten nur noch unentgeltlich einsetzen, um den Menschen zu helfen. Mithilfe seines hellseherischen Talents klärte er auf Wunsch der Polizei immer wieder Verbrechen auf. Hatte Gertrude am Anfang ihrer Beziehung zu Cayce Schwierigkeiten damit gehabt, sich auf sein Talent einzulassen, so unterstützte sie ihn nun und gab ihm den nötigen Halt.

Gemeinsam mit einem Partner eröffnete Edgar zwei Fotostudios, in denen auch Gertrude tätig war.

Am 16. März 1907 wurde sein erster Sohn Hugh Lynn geboren und Cayce hatte nun die Familie, die er sich sehnlich gewünscht hatte. Als beide Fotostudios nacheinander abbrannten, stand er vor dem Bankrott, weil er keine Versicherung abgeschlossen hatte. Sein Gesundheitszustand wurde immer schlechter und er kehrte mit seiner Familie zurück nach Hopkinsville. Fast ein Jahr lang gab er nun keine Readings mehr.

Der Arzt Wesley Ketchum hielt in Boston Vorträge über Cayce, was ein enormes Medienecho auslöste. Bald trafen an die 20.000 Briefe von Hilfesuchenden ein und Cayce wurde wieder einmal von den Ereignissen überrollt. Gemeinsam mit seinem Vater, Wesley Ketchum und dem Hotelbesitzer Albert D. Noe gründete er eine Gesellschaft. Er eröffnete neuerlich ein Fotoatelier, das allerdings über einen ausgestatteten Raum für die Abhaltung von Readings verfügte. Ketchum übernahm die Aufgabe, ihn durch die Trance zu führen.

Schwere Schicksalsschläge

Sein zweiter Sohn, Milton Porter Cayce, wurde geboren, erkrankte jedoch an Colitis, einer schweren Darmentzündung. Edgar nahm die Krankheit seines Sohnes nicht ernst genug und vertraute auf die alleinige Behandlung durch den Arzt. Als dieser ihn schließlich damit konfrontierte, dass das Baby sterben würde, versetzte er sich in Trance, um seinen Sohn mit einer neuen Therapie zu retten. Es war jedoch zu spät und sein kleiner Sohn starb. Cayce machte sich schreckliche Vorwürfe, dass er dank seiner Gabe fremde Menschen heilen konnte, er sein eigenes Kind aber hatte sterben lassen.

Gertrude erholte sich kaum von diesem Schicksalsschlag und wurde ernsthaft krank. Der Arzt diagnostizierte Tuberkulose und kündigte ihren baldigen Tod an. Dieses Mal reagierte Edgar zur rechten Zeit und gab in einem Reading die richtigen Anweisungen für die Rettung seiner Frau.

Doch das Schicksal hielt noch einen weiteren Tiefschlag für ihn bereit. Er stellte fest, dass seine beiden Geschäftspartner und sein Vater ihn betrogen hatten. Da Edgar es ablehnte, Geld für seine Dienste zu nehmen, sah die finanzielle Lage der Partner nicht besonders rosig aus. Statt den in Trance befindlichen Cayce nach Diagnosen und Heilmethoden zu befragen, um den Kranken und Leidenden zu helfen, befragten sie ihn zu Investitionen und Geldanlagen, um sich selbst zu helfen. Da Edgar sich nach den Readings nicht an das Gesagte erinnerte, entdeckte er den Betrug erst, als er sich bei einigen Patienten nach dem Therapieerfolg erkundigte und diese nie eine Antwort auf ihre Schreiben an Cayce erhalten hatten.

Sein Vater hatte seit Entdeckung der Gabe seines Sohnes immer wieder versucht, daraus Profit zu schlagen. Einmal waren es Vorhersagen zu Investitionen am Getreidemarkt, zu denen sich der junge Edgar überreden ließ, dann wieder die Voraussage der Börsenkurse. Edgar hatte gegen seine Überzeugung dem Drängen seines Vaters immer wieder nachgegeben, wenn dieser in Geldnöten steckte. Dieses Mal war Cayce jedoch schwer enttäuscht, weil man ihn so hintergangen hatte, und er kündigte die Partnerschaft auf.

1912 zog er alleine nach Selma, Alabama, um dort als Fotograf eine Niederlassung der Tressler Company zu führen. Da die Geschäfte sehr gut gingen, kaufte Cayce das Atelier und gründete die „Cayce Art Company". Er ließ seine Familie zu sich nach Selma kommen und Gertrude arbeitete mit ihm gemeinsam im Studio.

Cayce kehrte zurück zu einem normalen Leben und unterrichtete wieder an der Sonntagsschule der Christian Church. Im März 1912 wurde er zum Dekan gewählt, er sah seine Hauptaufgabe darin, Missionare zu rekrutieren, und tatsächlich gingen überdurchschnittlich viele seiner Schüler in den Missionarsdienst. In Selma kam Edgar langsam wieder zu Kräften und war auch bald wieder bereit, Readings für Freunde und Verwandte zu geben. Schließlich mischten sich auch Leute aus Selma unter seine Patienten. Für Cayce war es ein Akt der Nächstenliebe, den Kranken zu helfen, die an ihn herantraten.

In einem eigenen Reading riet ihm „die Information" zur sofortigen Blinddarmentfernung, obwohl der vorher herbeigerufene Arzt anderer Meinung war. Cayce vertraute der „Information", ließ den Blinddarm entfernen, und behielt Recht. Sein Blinddarm hatte kurz vor dem Durchbruch gestanden.

Dann ereignete sich ein schwerer Unfall, sein sechsjähriger Sohn Hugh Lynn erlitt bei einer Explosion von Blitzlichtpulver eine schwere Augenverletzung. Die Ärzte meinten, das Augenlicht des Kindes nicht mehr retten zu können. Cayce erklärte in einem Reading, wie sein Sohn zu heilen sei. Viele Mitglieder der Christian Church waren bei diesem Reading anwesend, um Edgar bei dieser wichtigen Sache mit ihren Gebeten zu unterstützen. Seinem Therapievorschlag folgend, wurden die Augen von Hugh Lynn zum Entsetzen der Ärzte 15 Tage lang mit Gerbsäure behandelt. Nach Ablauf der festgesetzten Frist wurden die Verbände abgenommen und das Kind war völlig geheilt.

Cayce, der immer wieder an seiner Fähigkeit gezweifelt hatte, gewann nun neues Vertrauen in seine Gabe. Elf Jahre nach der Geburt des ersten Sohnes wurde am 9. Februar 1918 Edgar Evans geboren. Die Familie Cayce war in das Gemeindeleben von Selma fest integriert und Edgar gab seine Readings nun regelmäßiger. Es ereigneten sich einige bemerkenswerte Dinge, während er in Trance war. Bei einem Reading für einen italienischen Adeligen gab er die Antworten in italienischer Sprache, die Anfrage eines Kubaners beantwortete er auf Spanisch. Gegen Ende des Ersten Weltkrieges wurde er nach Washington zum Präsidentenpaar gerufen. Woodrow Wilson (1856–1924) befragte ihn zum geplanten Friedensprogramm. Von nun an begann er nicht nur private Readings zu geben, er befasste sich auch mit Fragen zur Weltpolitik.

Auf der Suche nach dem Schwarzen Gold

Edgar war nun 43 Jahre alt und träumte von einer eigenen Klinik, in der seine Patienten nach gestellter Diagnose nach seinen Therapievorschlägen behandelt würden. Für viele Patienten war es ein unüberwindbares Problem, einen Arzt zu finden, der die oft unorthodoxen Heilmethoden umzusetzen gewillt war. Doch der Bau einer Klinik kostete viel Geld und Edgar suchte nach einer Möglichkeit, um die erforderlichen Mittel aufzutreiben.

Gemeinsam mit dem Texaner David E. Kahn, dessen Bruder Leon gestorben war, weil die Ärzte sich geweigert hatten, ihn nach den Vorschlägen aus den Readings zu behandeln, gründete er die „Cayce Petroleum Company", um in Texas nach Ölquellen zu suchen.

Mit dem Geld von Freunden, Verwandten und Investoren wollte er durch Readings Ölquellen aufspüren und verkaufen. Bevor sie begannen, wurde „die Information" nach der Rechtmäßigkeit und Durchführbarkeit dieser Geschäftsidee befragt. Sie erhielten die Antwort, dass sie Gottes Segen hätten, solange sie aus Uneigennützigkeit und nur zum Zweck der Krankenhausfinanzierung zu Werke gingen.

Nach anfänglichem Erfolg stellte sich das Unternehmen bald als geschäftliche Katastrophe heraus. Edgar verließ seine Familie und lebte gemeinsam mit den Arbeitern auf den Bohrfeldern. Die Investoren forderten Erfolge und seine Verzweiflung wuchs. Nach drei Jahren kapitulierte er und kehrte zurück zu seiner Familie. Nach dieser Niederlage begann er wieder einmal an der „Information" und seinem Bund mit Gott zu zweifeln.

Lebensreadings und Reinkarnation

An dieser Schwelle seines Lebens trat die 18-jährige Gladys Davis in sein Leben. Die attraktive, blonde Sekretärin schloss sich ihm an und wurde bald zu einem Mitglied seiner Familie. Cayce beschloss, das Fotoatelier in Selma, das sein Vater in der Zwischenzeit geführt hatte, zu verkaufen und zu seinem Gönner Arthur Lammers nach Daytona zu ziehen.

Er wollte fortan mit seinen Readings den Lebensunterhalt seiner Familie bestreiten. Schweren Herzens ging er darauf ein, nun 25 Dollar pro Reading zu verlangen. Wenn der Patient mittellos war, arbeitete er allerdings weiter gratis.

Cayce begann nun mit einer neuen Form der Readings, den sogenannten „Lebensreadings". Dabei ging es um die Reinkarnationen der Fragesteller in menschlichen Körpern. Als gläubiger Christ war er selbst schockiert über diese Erkenntnisse, die er in Trance weitergab, denn diese Readings waren mit seinem Glauben unvereinbar und er wusste auch nicht recht, ob „die Information" ihm nicht wieder einen Streich spielte wie in Texas.

Bald erforschte er die früheren Leben seiner Familienmitglieder, von Gladys, und natürlich seine eigenen. Er war ein ägyptischer

Hohepriester namens R ATA, der englische Abenteurer und Taugenichts John Bainbridge, der 1742 nach Amerika kam, das uneheliche Kind des englischen Königs Jakob II., der altpersische Nomadenkönig Uhjltd, der trojanische Krieger Tenon, der griechische Chemiker Armitidides, der ein Zeitgenosse von Aristoteles war. Seine eigene Lieblingsexistenz war allerdings Lucius von Kyrene, der in der biblischen Apostelgeschichte als Prophet und Lehrer erwähnt wird. Immer wieder tauchten die Mitglieder seiner Familie und Gladys als Bezugspersonen in seinen früheren Leben auf.

Cayce kam zu der Erkenntnis, dass die Erfahrungen aus früheren Existenzen in das gegenwärtige Leben hineinspielen und uns alle unbewusst beeinflussen. Für schlechte Taten müsse man in zukünftigen Leben bezahlen, die guten, selbstlosen Taten nahm man als Bonus mit.

Arthur Lammers, sein großzügiger Gönner, der bisher den Großteil seines Lebensunterhaltes finanziert hatte, kam in finanzielle Schwierigkeiten und Edgar musste plötzlich selbst für alles aufkommen, was die ganze Familie in große Not stürzte.

Ein Lebenstraum wird wahr

David E. Kahn, dem er nach dem Texasabenteuer noch immer in Freundschaft verbunden war, war mittlerweile durch die Herstellung von Radios reich geworden. Er schickte den Börsenmakler Morton Blumenthal und dessen Bruder Edwin zu ihm, damit er ihnen Lebens- und medizinische Readings geben konnte. Die Brüder waren von der Idee eines Krankenhauses fasziniert. Bald darauf kaufte Morton Blumenthal ein Haus in Virginia Beach für die Familie Cayce und er finanzierte auch deren Umzug. „Die Information“ hatte Edgar schon in der Vergangenheit mehrmals aufgefordert, nach Virginia Beach zu gehen, daher verloren sie keine Zeit und zogen im September 1925 um.

Cayce gab die Readings nun bei sich zu Hause. Gertrude führte ihn von nun an durch die Trance und Gladys schrieb alles auf, um es zu archivieren. Die Familie Cayce trat den Presbyterianern bei und Edgar begann wieder Bibelklassen zu unterrichten.

Erstmals sprach „die Information“ nun von Wetterveränderungen und Erdbeben. Bei einem Reading erfuhr er von der schweren Krankheit seiner Mutter und ihrem bevorstehenden Tod. Er reiste zu ihr, um ihr beizustehen und sich von ihr zu verabschieden. Nach dem Tod der Mutter zog sein Vater Leslie zu ihnen nach Virginia Beach. Er nahm an den Trancesitzungen teil und empfing die Besucher.

Morton und Edwin Blumenthal wurden dank der Readings reich und ließen Edgar daran teilhaben. Eifrig planten sie das Krankenhaus mit Vorlesungssaal und eigener Bibliothek.

Im Mai 1927 wurde die „Association of National Investigators“ gegründet. Die Association erwarb ein Grundstück, das erhaben auf einem Hügel lag. 105. Straße Ecke Atlantic Boulevard sollte das großzügig angelegte Gebäude entstehen. Die von Cayce gegründete Zeitschrift *The new Tomorrow* ging zum ersten Mal in Druck und Edgar ließ es sich nicht nehmen, auf der Baustelle mitzuarbeiten. Am 11. November 1928 wurde das „Cayce Hospital for Research & Enlightenment“ eröffnet. Die ersten Patienten wurden aufgenommen und Blumenthal und Cayce begannen mit ihren Vorträgen über das Heilen von Krankheiten, Telepathie und das Leben nach dem Tod. Cayce war rundum glücklich.

Im Jahre 1930 wurde schließlich die ebenfalls von Blumenthal finanzierte „Atlantic University“ eröffnet. Nach dem Börsencrash von 1929 gerieten jedoch viele der Investoren in finanzielle Schwierigkeiten. Blumenthals Sekretärin entdeckte mediale Fähigkeiten an sich und begann einen Keil zwischen ihren Chef und Cayce zu treiben, indem sie nun die Vorhersagen für ihn übernahm und Blumenthal damit in ihrem Sinne beeinflusste. Schließlich verlangte Morton Blumenthal, dass Cayce keine Readings mehr für David Khan geben dürfe. Edgars Antwort war eindeutig: „Der Tag, an dem Khan keine Readings mehr bekommt, ist der Tag, an dem Eddie zwei Meter unter der Erde liegt."

Die Blumenthals verlangten weiter, dass die Klinik auf sie überschrieben wird, was Cayce auch tat. Das war der Beginn von Streitigkeiten an allen Fronten und endlosen Prozessen.

Düstere Visionen

Am 28. Februar 1931 wurde die Klinik geschlossen. Die Feindschaft zwischen den Blumenthals und Cayce wurde nie wieder beigelegt, auch wenn Cayce sich dies gewünscht hatte. Edgar suchte die Schuld für das Scheitern seines Traumes bei sich selbst. In einem kleinen biografischen Büchlein schrieb er später:

> *„Im Februar 1931 hielten es einige der Direktoren der Association of National Investigators Inc. für notwendig, das Krankenhaus zu schließen und das gesamte beschlossene Programm abzubrechen. Ich versuchte, die Bilanz meines Lebens und meiner Arbeit zu ziehen. Und ich fragte mich: Habe ich alles falsch gemacht?"*

Wie immer, wenn sein Leben in eine Krise geriet, begann er wieder mit Gott zu hadern und an seiner Gabe zu zweifeln. Am 6. Juni 1931 versammelte er 60 seiner Freunde, Wegbegleiter und Unterstützer, um zu entscheiden, wie es in Zukunft weitergehen sollte. Am Ende der Versammlung stand die Gründung der „Association for Research & Enlightenment".

Nach einigen Fehlbesetzungen wurde Edgars ältester Sohn Hugh Lynn zum Manager der Association gewählt. Er behielt dieses Amt für die nächsten zwölf Jahre, bis das Militär rief. Cayce war nun 54 Jahre alt und stand vor der nächsten großen Krise seines Lebens. Die Familie, deren Einkünfte nun voll auf die Tätigkeit von Cayce ausgerichtet war, litt unter akuter Geldnot, und die Blumenthals ließen sie nach nicht enden wollenden Streitigkeiten aus dem Haus werfen, das sie einst für Cayce gekauft hatten. In dieser Zeit wurde Cayce zweimal wegen Wahrsagerei und Praktizierens ohne ärztliche Lizenz verhaftet. Cayce war auf seinem persönlichen Tiefpunkt angelangt.

Ab September 1931 hatte er begonnen, mit Studiengruppen zu arbeiten. Er gab Anleitungen zum Training der hellseherischen und anderen paranormalen Fähigkeiten der Gruppenmitglieder, und einige entwickelten sich recht gut. In dieser Phase nahmen die visionären Fähigkeiten von Cayce zu. Seine Visionen malten ein düsteres Bild von der Zukunft unseres Planeten:

> *„Die Erde wird im westlichen Teil Amerikas aufbrechen. Ein großer Teil Japans wird im Meer versinken. Der nördliche Teil Europas wird sich innerhalb eines Augenzwinkerns verändern. Neues Land wird an der Ostküste Amerikas erscheinen. In den Trockenzonen werden Vulkane ausbrechen. Es wird zu einer Verschiebung der Pole kommen, so dass die Gebiete, die bisher kalt oder halbtropisch waren, zu tropischen Zonen werden."*

Durch seine Verbundenheit mit der Natur war ihm die Zukunft der Erde ein wichtiges Anliegen. Er nannte auch die Gründe und Auslöser der bevorstehenden Katastrophen und warnte vor einem Missbrauch der Natur.

Der Physiotherapeut Dr. Harold J. Reilly aus New York behandelte viele Patienten von Cayce, im Laufe der Zeit wurde er so zu einem guten Freund für Edgar. Reilly hielt sich bei seinen Behandlungen strikt an die Anweisungen der „Information", die ihn auch als Arzt ausgewählt hatte. Er veröffentlichte *Das große Edgar Cayce Gesundheitsbuch*, das eine große Schar von interessierten Lesern fand. Thomas Surgue, ein ehemaliger Kommilitone von Hugh Lynn, schrieb eine Biografie über Edgar Cayce, nach deren Veröffentlichung eine wahre Flut von Bitten um Readings über Edgar hereinbrach.

Als seine beiden Söhne zum Militär mussten, übernahm Cayce selbst die Leitung der Association. Doch schon wartete der nächste Tiefschlag auf ihn. Die Presbyterianer wählten ihn ab und er durfte keine Bibelklassen mehr unterrichten. Dies traf ihn mitten ins Herz.

Er gab nun mehr Readings als jemals zuvor. Cayce versetzte sich zweimal täglich in Trance und es kam vor, dass er Fragen beantwortete, die noch gar nicht gestellt worden waren, manche Briefe hatten ihn noch nicht einmal erreicht. So konnte er Notfälle schneller behandeln und er sparte außerdem Zeit.

Seine Aufgabe fordert ihren Preis

Die anstrengenden Trancesitzungen forderten einen hohen Preis, sein Gesundheitszustand verschlechterte sich zusehens. Er litt an einem hartnäckigen Husten und Heiserkeit, bis er schließlich wieder seine Stimme verlor. Sobald es ihm ein wenig besser ging, stürzte er sich wieder in seine Arbeit.

Nacheinander erlitt er zwei Schlaganfälle und war halbseitig gelähmt, seine Stimme verschwand und er konnte nur noch flüstern. Die letzten beiden Wochen seines Lebens lag er im Koma. Cayce hatte über seine Aufgabe, anderen Menschen zu helfen, seine eigene Gesundheit vernachlässigt und alle Warnungen in den Wind geschlagen. Er hatte sich nicht geschont und ständig versucht, Krankheiten aufzudecken und Leiden zu lindern.

Edgar Cayce starb mit 67 Jahren, am 3. Januar 1945, an einem Lungenödem.

Erik Jan Hanussen

Der Prophet des Dritten Reiches
2. Juni 1889–25. März 1933

DER MANN, DESSEN NAME LÄNGST ZUM SINNbild für Hellseherei geworden ist, war wohl der größte Scharlatan, den diese Zunft je erlebte. Hanussen war ein Okkultkünstler, der mit seinen ausgeklügelten Tricks und sorgfältig einstudierten Kunststücken die Menschen unterhielt. Man kann ihm sicher nicht jedes Talent absprechen, doch seine berühmtesten Vorhersagen und Auftritte waren nur eine perfekte Show. Er tingelte durch die Provinz und trat in kleinen Varietés auf. Seine Karriere kannte jede Höhe und Tiefe – vom gefeierten Star zum vergessenen Trickkünstler und wieder zurück.

Wenn die Geschäfte mit seinen alten Nummern nicht mehr so gut liefen, erweiterte er sein Repertoire, bis er schließlich bei der Hellseherei angelangt war.

In der Zeit nach dem Ersten Weltkrieg suchten die Leute Ablenkung vom eben erlebten Blutvergießen und der darauf folgenden Not. Sie wollten wieder an Wunder glauben, und Hanussen gab sie ihnen. Geschickt hatte er erkannt, wie er die Leichtgläubigkeit der Menschen zu seinem Vorteil nutzen konnte. Bei genauem Hinsehen hätten sie seine Wunder als Tricks erkannt, doch sie wollten ihm einfach glauben. Er wurde zum Liebling der Frauen und zum Magneten für die Massen. Ein Phänomen, das die Menschen faszinierte, und er wusste, was er seinem Publikum schuldig war.

Sein Geheimnis lag nicht in der Gabe der Hellseherei, sondern darin, das Publikum zu beschwören, mit seiner Menschenkenntnis ihre dunklen Geheimnisse zu erraten und auf sie suggestiv einzuwirken. Er kannte ihre geheimen Wünsche und er wusste, wie man sie manipulieren konnte. Er war ein autoritärer Mensch, der den Leuten seinen Willen aufzwang. Seine Kunden hatten das Gefühl, dass er mit seinem fixierenden Blick bis in ihre Seelen sehen konnte. Umgeben mit dem Nimbus des Mysteriums wirkten selbst seine oft derben Tricks geheimnisvoll.

Ein spektakulärer Gerichtsprozess, bei dem er sein „hellseherisches Können" unter Beweis stellen musste, endete für ihn in einem Triumph und machte ihn schlagartig weltberühmt.

Der in Wien geborene Jude ließ sich auf eine gefährliche Liaison mit den Nationalsozialisten ein. Er wollte der Prophet des Dritten Reiches werden, der Hellseher Hitlers. Seine gefährliche Nähe zur Spitze der SA wurde ihm schließlich zum Verhängnis. Seine verschleierte jüdische Abstammung und das Wissen um die Leichen in den Kellern seiner „Freunde" waren sein Todesurteil. Als er sich auf dem Gipfel wähnte, war sein Untergang bereits beschlossen. Nach Jahren des Reichtums, der Verschwendung, der Ausschweifung und des Ruhms kam das Ende unerwartet und grausam.

Hermann Chajm – Ein Spross aus jüdischer Familie

Hermann Chajm Steinschneider wurde am 2. Juni 1889 am Yppenplatz in Wien-Ottakring geboren. Er stammte aus einer angesehenen jüdischen Familie, aus der schon bekannte Rabbiner hervorgegangen waren. Die Verhältnisse, in denen er aufwuchs, waren sehr bescheiden. Sein aus Mähren stammender Vater Siegfried Steinschneider galt als das schwarze Schaf in der Familie. Er verdiente sein Geld als Schauspieler und fallweise als Vertreter. Sein Sohn bezeichnete ihn später als Schmierenkomödianten, doch er konnte immerhin auf ein Engagement am Theater an der Wien verweisen. Seine Mutter Julie war die Tochter des reichen Pelzhändlers Samuel Kohn, der die Verbindung mit Steinschneider verbot. Daraufhin entführte der verliebte Schauspieler das schöne Mädchen und die beiden flohen. Als Kohn Anzeige erstattete, wurde das flüchtige Paar verhaftet. Julie war jedoch schon mit Hermann schwanger und brachte ihren Sohn bald darauf zur Welt.

Nach einigen Jahren des Umherziehens, ließ die kleine Familie sich schließlich im mährischen Städtchen Boskovice nieder, wo Chajm, wie seine Eltern ihn nannten, die Grundschule besuchte. Im Jahre 1901 kehrten sie zurück nach Wien. Als Hermann zehn Jahre alt war, starb seine Mutter, nachdem sie lange schwer krank gewesen war. Das unsichere Wanderleben an der Seite eines unterbeschäftigten Schauspielers hatte ihre Kräfte aufgezehrt. Sein Vater heiratete erneut und Hermann riss von zu Hause aus.

Mit 14 Jahren schloss er sich einer Wandertruppe von Zirkuskünstlern an und zog mit ihnen durchs Land. Nach seinen eigenen Erzählungen betätigte er sich in dieser Zeit als Trapezkünstler, Löwenbändiger, Pferdewärter und als Volksliedersänger. Auf seinen Reisen eignete er sich die Tricks an, die er später zum Überleben brauchte. Er lernte, wie man sein Publikum fesselte, und dass ein kleiner Betrug oder eine Hochstapelei zum Geschäft gehörten.

Der nun erwachsene Hermann Steinschneider heiratete die Souffleuse Herta Samler. Am 19. Mai 1912 fand die Hochzeit statt. Ihr gemeinsames Kind starb kurz nach der Geburt, was das Ende für diese Beziehung bedeutete. Bereits 1913 trennte sich das Paar wieder, die Ehe blieb jedoch noch sieben weitere Jahre bestehen.

Am 28. Mai 1913 wurde er Redakteur einer Zeitschrift namens *Blitz*. Unter dem Pseudonym „Faun“ schrieb er Gesellschaftsberichte. Sein mageres Gehalt als Reporter besserte er bald damit auf, dass er Prominente mit den Geschichten erpresste, die er über sie in Erfahrung brachte. Mit den Bürstenabzügen in der Hand wurde er bei ihnen vorstellig, bei Bezahlung der geforderten Summe verschwand der angedrohte Artikel diskret aus dem Schmierblatt. Als er im Januar 1914 entlassen wurde, gründete er seine eigene Zeitschrift, die er ebenfalls *Blitz* nannte. Im Februar desselben Jahres lernte er Joe Labero kennen, der sich selbst als „Experimental-Psychologe“ bezeichnete und ihm seine ersten parapsychologischen Kunststücke beibrachte. Eine weitere Bekanntschaft aus dieser Zeit war der Zauberkünstler Eugen de Rubini, geborener Leo Rubiner. Auch er wurde sein Lehrmeister.

Hermann Steinschneider verfasste einige Enthüllungsartikel sowie zwei Broschüren über Okkultismus und deckte die Tricks von Zauberkünstlern auf, um sie als Betrüger zu entlarven. Als sich schließlich die Exekutive für ihn zu interessieren begann, verschwand er aus Wien.

Hermann ging nach Berlin. Hier versuchte er erstmals, mit telepathischen Kunststücken Geld zu verdienen, und machte damit die ersten Schritte in eine Richtung, die sein weiteres Leben bestimmen sollte. Er suchte versteckte Gegenstände und entdeckte das Nummernspiel zum Erraten einer Zahl. Bald begann er diese Kunststücke weiterzuentwickeln. Er baute Prophezeiungen und Weissagungen ein, die vor allem aus verschiedenen Allgemeinplätzen für jedes Alter und jeden Familienstand bestanden, in denen sich jeder wiedererkennen konnte. Mit dieser Nummer tingelte er einige Jahre durch die Provinz und verbesserte seine Fähigkeiten immer weiter.

Die Zeit des Ersten Weltkrieges

Als er im Ersten Weltkrieg zur k. u. k. Armee einberufen wurde, nutzte er seine erlernten Tricks, um sich Vorteile zu verschaffen, denn vom direkten Kriegsgeschehen hielt der Soldat Steinschneider nicht viel. Er prophezeite seinen Kameraden Dinge, die in der Heimat geschahen, seine Weissagungen erfüllten sich meist prompt und wurden durch eintreffende Feldpostkarten bestätigt.

Seinem Kompanieführer sagte er die Geburt seines Sohnes voraus. Als dies durch das Eintreffen von Post aus der Heimat bestätigt wurde, winkte die erste Beförderung für den offenbar hellseherisch sehr begabten Soldaten.

Das Geheimnis seines Erfolges war ein Freund bei der Feldpoststelle, der ihn mit Informationen versorgte, die von den eben eingetroffenen Postkarten stammten. Hermann sorgte dafür, dass die Poststücke einige Tage zurückgehalten wurden, damit er seine erstaunlichen „Prophezeiungen" unters Volk bringen konnte.

Als ihm das Leben an der Front zu viel wurde, fand er sehr bald eine adäquate Lösung. Es überkam ihn ein unerklärliches, aber zweckdienliches „Gemütsleiden", das sich in unkontrollierbarem Zittern äußerte. Sein Plan ging auf und er wurde zur Feldgendarmerie versetzt. In Golice veranstaltete er seine ersten Séancen, die jedoch noch sehr unprofessionell ausfielen. Da es sonst jedoch wenig Unterhaltung gab und er sein Programm ständig verbesserte, trat er bei den Festen der Offiziere auf, um für Unterhaltung und Zerstreuung zu sorgen. 1916 entdeckte er ein neues Geschäftsfeld für sich. Steinschneider besorgte sich Literatur zum Umgang mit der Wünschelrute und wurde k. u. k. Wassersucher. Er wurde erst in Galizien eingesetzt, später in Bosnien. Die Erfolge, die er mit seiner neuen Profession zu verzeichnen hatte, waren zwar nur mager, aber er wusste diese geschickt für sich einzusetzen. Mit der Wassersuche für die Armee und seinen telepathischen Auftritten hatte er es geschafft, den Fronteinsätzen zu entgehen. Man traf ihn auf Festen, wo er mit seinem Talent viel Geld verdiente.

1917 erschien sein erstes Buch, das er unter dem Namen Hary Steinschneider in Krakau veröffentlichte. Es trug den klingenden Titel *Worauf beruht das? – Telepathie, ihre Erklärung und Ausübung.* Er deckte darin auch die Tricks der falschen Telepathen auf, die diese benutzten, um das Publikum hinters Licht zu führen. Ein Gebiet, auf dem er bald selbst eine wahre Meisterschaft erlangen sollte.

Hermann wird zu Erik

Im April 1918 verbrachte er einen seiner zahlreichen Urlaube in Wien. Er organisierte einen großen Auftritt, um seine an der Front und in den Offizierskasinos erlernten Tricks und Kunststücke in der Reichshauptstadt vorzuführen. Da er das als Hermann Steinschneider, Zugsführer im Urlaub, schwer durchführen konnte, ohne sich Ärger einzuhandeln, musste er eine Lösung finden. Dies war die Geburtsstunde von Erik Jan Hanussen.

Er schaffte es, das Interesse von Presse und Publikum zu wecken, und plante eine große Veranstaltung im Wiener Konzerthaus, zu der alles erschien, was Rang und Namen hatte. Im Publikum saßen an die 2000 Menschen, sogar Mitglieder des Kaiserhauses waren anwesend. Über Nacht war Erik Jan Hanussen, ein Telepath dänischer Abstammung, zur Berühmtheit geworden. Er ließ seinen Namen jedoch nie amtlich ändern, darum fand sich in seinen Papieren weiter der Name Hermann Steinschneider, was ihn später teuer zu stehen kam.

Nach Kriegsende nutzte er das Verlangen der Menschen nach Ablenkung und den Wunsch nach Wundertaten für seine Zwecke. Er bot, was verlangt wurde, und umgab seine neu geschaffene Identität als Hanussen mit dem Mysterium, das sein Publikum erwartete.

Mit 30 Jahren schuf er sich das Image des Wundermannes und rühmte sich, Wasserquellen für die Armee gefunden und in fernen Ländern als Kriminaltelepath Morde aufgeklärt zu haben.

Unter dem bekannten Theaterdirektor Ben Tiber (1867–1925) trat er mit großem Erfolg im Apollo Theater mit seinen „Experimental-Vorträgen" auf. Nach dem großen Banknotendiebstahl in der Österreichisch-Ungarischen Bank im Jahre 1919 verkündete Hanussen, den Dieb mit seinen telepathischen Fähigkeiten fangen zu wollen. Mit diesem Schachzug gelang es ihm wieder, die Aufmerksamkeit der Presse auf sich zu lenken. Im Direktionssessel der Bank ließ er sich in Trance fallen und nannte den staunenden Journalisten den Namen des Diebes und den Auffindungsort des Geldes. Leider war es der falsche Mann, doch die Meldungen waren draußen und der Rest war uninteressant. Als der richtige Dieb schließlich von der Polizei überführt und verhaftet wurde, hatte die Kunde von Hanussens Heldentat bereits die Runde gemacht. Schließlich bekam er von der Österreichisch-Ungarischen Bank ein Dankschreiben und 4000 Kronen für seine Bemühungen.

Sieben Jahre nach der Trennung von seiner ersten Ehefrau erfolgte nun die Scheidung. Am 3. August 1920 heiratete Hanussen die bereits hochschwangere Theresia Luksch, genannt Risa, im Seitenstetten-Tempel. Am 9. September 1920 wurde seine Tochter Erika Steinschneider geboren.

Der frisch gebackene Ehemann und Vater kümmerte sich allerdings nicht lange um seine junge Familie, sondern ging auf eine ausgedehnte Tournee, von der er erst 1922 zurückkehrte.

Langsam begann sein Stern wieder zu sinken. Die Konkurrenz unter den Wundermännern war groß. Da sein Name in Wien an Glanz verloren hatte, musste er einen großen Coup landen, um wieder der Mittelpunkt zu werden. 1923 trat im Wiener Ronacher der „Eisenkönig“ Breitbart auf. Siegmund Breitbart galt als stärkster Mann der Welt, der mit seinen bloßen Händen Ketten zerriss und Eisenstangen verbog. Hanussen forderte den stärksten Mann und neuen Liebling der Wiener nicht nur heraus, er wollte ihn lächerlich machen. Er entschlüsselte die Tricks des „Eisenkönigs“ mithilfe dessen Assistenten und eines nächtlichen Besuches im Zimmer des Artisten und engagierte ein 18-jähriges Mädchen, das dieselben Kunststücke vorführen sollte. „Martha Farra“ wurde mit den gleichen präparierten Requisiten ausgestattet, wie auch Breitbart sie benutzte. Um die unerklärlichen Kräfte des jungen Mädchens plausibel zu erklären und um dem Spektakel etwas Mystisches und Übersinnliches zu verleihen, wurde sie in Trance versetzt.

Der Streit zwischen Hanussen und Breitbart fand ein jähes Ende, als Hanussen als tschechoslowakischer Staatsbürger am 5. Februar 1923 kurzerhand ausgewiesen wurde.

Er startete eine Tournee durch Amerika und Europa, die ihn durch Varietés und kleine Theater führte. Das vorgeführte Programm bestand aus einem Sammelsurium diverser Tricks.

Die Scheidung von seiner zweiten Ehefrau erfolgte im Frühjahr 1924. Theresia Steinschneider zog mit ihrer Tochter Erika nach Meran. Im Sommer 1927 trat Hanussen in kleinen Theatern in Böhmen auf. Um wieder nach oben zu kommen, engagierte er Erich Juhn als Sekretär und Impresario und erschloss wieder einmal einen neuen Geschäftszweig. Er stürzte sich nun auf die Hellseherei, und bald hatte er wieder größere Auftritte.

Mit unvergleichlicher Theatralik las er den Charakter und den Lebensweg eines Menschen aus dessen Handschrift und gab mit verbundenen Augen Ereignisse wieder, die zuvor vom Publikum auf Zettel geschrieben wurden. Danach fanden Sprechstunden statt, in denen er von Ratsuchenden befragt werden konnte.

Am 1. Januar 1928 fand seine dritte Hochzeit statt. Die glückliche Braut war Elfriede Charlotte Rühle, genannt „Fritzi". Wieder nahm er sich keine Zeit für seine frisch angetraute Ehefrau und trieb stattdessen seine Karriere weiter voran. Vor seiner Vorstellung am 9. Februar 1928 äußerte der verstörte und beunruhigte Hellseher: „Ich weiß nicht, ich habe ein verflucht dreckiges Gefühl heute." In der Nacht zum 11. Februar 1928 wurde er in seinem Hotelzimmer in Teplitz-Schönau gemeinsam mit seinem Sekretär verhaftet. Als Grund wurde Betrug durch angebliche Hellseherei genannt, überführt durch den Bezirksgendarmen Havlicek. Nach seiner Verhaftung wurde er nach Leitmeritz überstellt, wo er fünf Monate in Haft saß, bevor man ihn gegen Kaution freiließ. Das Verfahren gegen seinen Sekretär, Erich Juhn, wurde eingestellt.

Ein triumphaler Schauprozess

Am 13. März 1929 wurde schließlich Anklage gegen Erik Jan Hanussen erhoben. Der Vorwurf lautete:

> *„Der Angeklagte Hermann Steinschneider wird beschuldigt, nachbenannte Personen durch listige Vorstellungen und Handlungen in Irrtum geführt und ihren Schwachsinn durch abergläubische und hinterlistige Verblendung missbraucht zu haben."*

Man hatte 40 Personen gefunden, die sich von Hanussen betrogen und ausgenützt fühlten. Die Anklage bezeichnete sie unschmeichelhaft als „Schwachsinnige“, um Hanussen nach Paragraf 201a des StGB anklagen zu können, der schwachsinnige Personen vor Betrügern schützen sollte. Die geschädigten Personen beklagten einen Schaden zwischen 25 und 2000 Kronen. Die erste Hauptverhandlung am 16. Dezember 1929 musste abgebrochen werden und wurde erst am 22. Mai 1930 fortgesetzt.

Gleich zu Beginn der Verhandlung rief Hanussen: „Für das, wofür mich die Staatsanwaltschaft hier anklagt, bin ich in Deutschland als gerichtlicher Sachverständiger vereidigt.“

Nach langem Hin und Her und schier endlosen Zeugenaussagen befand das Gericht, dass Hanussens Antrag auf Vorführung seines Könnens im Gerichtssaal stattgegeben wird.

Das zusammengestellte Programm, das er vorführen sollte, sah Folgendes vor:

1. Das Suchen eines versteckten Gegenstandes
2. Grafologische Experimente auf der Tafel
3. Psychografologie aufgrund vorgelegter Schriften
4. Ein Zettelexperiment mit fünf Fragen (Hellsehen)

Hanussen atmete auf, er sollte sein Bühnenprogramm vorführen. Die ersten drei Experimente verliefen erfolgreich und ohne Fehler. Er fand einen versteckten Schlüssel, machte beim grafologischen Experiment eine gute Figur und las aus der Schrift des Staatsanwaltes. Dann versetzte er sich in die übliche Trance, um die geforderten fünf Fragen zu beantworten. Hier patzte er ein wenig, die Beantwortung war nicht ganz richtig und etwas lückenhaft, aber das Publikum im Gerichtssaal war begeistert. Nach seiner Vorführung wurde er diversen Tests durch „Sachverständige“ unterzogen.

Am 27. Mai 1930 wurde Erik Jan Hanussen vom Gericht im vollen Umfang von der erhobenen Anklage freigesprochen. Dieses Urteil war eine Sensation und der eben noch weitgehend unbekannte Hanussen wurde mit einem Schlag weltberühmt. In den Pressemeldungen überschlugen sich die Reporter geradezu, um die Konkurrenz mit spektakulären Einzelheiten aus dem Prozess und dem Leben Hanussens zu überbieten.

Hanussen und die Nazis

Der nun prominente Hellseher reiste nach Deutschland. Mit seinem Sekretär hatte er sich zerstritten, deshalb folgte Juhn ihm nicht nach Berlin. Von seinem ehemaligen Arbeitgeber enttäuscht, veröffentlichte dieser noch im Jahre 1930 ein Enthüllungsbuch über Hanussen, in dem er alle seine Tricks aufdeckte. Er wollte sich an Hanussen dafür rächen, dass er ihn nach seinem steilen Aufstieg hatte fallen lassen, und arbeitete an seiner Vernichtung. In seinem Buch heißt es:

> *„Ich weiß ganz positiv, dass Hanussen seit dem Tag, an dem er das sogenannte Hellsehen in sein Programm aufgenommen hat, bis zum Tage meiner Trennung von ihm, was zwei Jahre später der Fall war, auch nicht ein einziges Mal wirklich Hellsehen konnte. Ich bin im Gegenteil davon überzeugt, dass ihm keinerlei übernatürliche Fähigkeiten eigen sind, wenn man nicht seine brutale Hemmungslosigkeit und übernormale Kühnheit als solche bezeichnen will.“*

Zur gleichen Zeit erschien noch ein zweites Buch: Hanussen veröffentlichte seine Autobiografie *Meine Lebenslinie* im Universitas-Verlag.

Berlin war ein kochender Kessel, die Arbeitslosenzahlen und die Unzufriedenheit der Bevölkerung stiegen. Auf der anderen Seite lebten einige Leute in unbeschreiblichem Luxus, die Dekadenz der Vorkriegszeit wurde zum Nährboden für Hanussens Aufstieg.

Der nun gerichtlich bestätigte Hellseher zog erst ins Eden Hotel, danach in eine Wohnung am Kurfürstendamm 16, dort hielt er wieder seine Sprechstunden ab und nannte sein Gewerbe nun: Psychographologie, Geschäfts- und Schicksalsberatung.

Hanussen war wieder einmal dabei, sein Repertoire zu erweitern, um dem Geist der Zeit zu entsprechen. Er wurde nun „politischer Hellseher". Die Massen begannen sich in eine bestimmte Richtung zu bewegen und Hanussen war an ihrer Seite. In seiner *Hanussen-Zeitung* und in seinen Jahrbüchern lieferte er kapitale Fehlprognosen der politischen Entwicklung, weil er zwischen den Lagern hin und her taumelte, um am Ende nicht auf der falschen Seite zu stehen. Er wollte auf die Seite der Gewinner, der Mächtigen. Da es erforderlich schien, entdeckte er nun auch seine nationalistische Seite. Während des Ersten Weltkrieges war ihm jede Ideologie noch herzlich egal gewesen, nun stellte er sich eindeutig in die Reihe derer, die er für die kommenden Machthaber hielt. Er verkündete den unausweichlichen Sieg Adolf Hitlers und des völkischen Gedankens.

Hanussen hatte politisch auf das richtige Pferd gesetzt und wurde reich. Er besaß ein Schiff, genannt „Die Yacht der sieben Sünden", das für seine orgiastischen Wochenendausfahrten berüchtigt war. Er war schon immer ein Frauenheld gewesen, was seinen drei Ehen auch nur eine sehr kurze Lebensdauer beschied, doch nun war er der umschwärmte Mittelpunkt.

Hanussen war kein schöner Mann, er war untersetzt, hatte buschige Augenbrauen und einen stechenden Blick, doch sein Reichtum und seine Berühmtheit zogen die Frauen magisch an. Seine erotische Ausstrahlung und die Nähe zu den Frauen in seinen

Sprechstunden taten ihre Wirkung und er ließ keine Gelegenheit ungenutzt.

Über die Schauspielerin Maria Portales lernte er den SA-Führer Wolf-Heinrich Graf von Helldorf (1896–1944) kennen. Helldorf war ein Spieler und Verschwender und brauchte dringend Geld. Er sprach Hanussen direkt darauf an und dieser gewährte ihm gerne einen Kredit. Er sah das verborgte Geld als Investition in seine Zukunft und öffnete sein Scheckbuch. Auch Helldorfs Freunde und sein Adjutant Friedrich Wilhelm Ohst (1896–unbek.) standen bald in Hanussens Schuld.

Um seinem neuen Status gerecht zu werden, wurde er förderndes Mitglied der SA und spendete große Beträge. Er gab rauschende Feste für seine neuen Freunde, um sie bei Laune zu halten. Wenn es gewünscht wurde, stellte er auch seine extravaganten Autos zur Verfügung, ohne zu fragen, wofür die SA-Leute sie verwendeten.

Er war früher schon launisch und unbeherrscht gewesen, doch nun entwickelte er die Befindlichkeiten einer Diva und vertrieb reihenweise Sekretäre und Mitarbeiter. Wenn man ihn rief, trat er auch wieder als Sachverständiger in Gerichtsprozessen auf.

Im November 1931 veröffentlichte er die Zeitschrift *Die andere Welt. Das Magazin mit dem Wunderbaren* und ab Januar 1932 die *Hanussen-Zeitung*. Das Wochenmagazin hatte eine Auflage bis zu 140.000 Stück und war damit eine der auflagenstärksten Zeitungen Berlins. Er veröffentlichte astrologische Börsentipps und prophetische Beiträge, die er in inneren Schauen empfing.

Seine Sprechstunden waren überlaufen und es herrschte eine enorme Nachfrage nach Terminen. In einer Séance am 16. März 1931 sagte er den Untergang von New York durch eine Naturkatastrophe voraus. Er sollte eine Reise nach New York in ferner Zukunft beschreiben, Hanussen begann zu lachen und meinte, das sei unmöglich, weil New York nicht mehr existiere.

Joseph Goebbels (1897–1945) war kein Freund von Hanussen, und auch von anderer Seite drohte größte Gefahr. Sein ehemaliger Sekretär Erich Juhn holte zum vernichtenden Schlag gegen ihn aus. Er war nun der Sekretär des Hellsehers und Psi-Phänomens Max Moecke, dem schärfsten Konkurrenten seines einstigen Arbeitgebers. Ismet Dzino, der neue Sekretär von Hanussen, wurde verhaftet und wegen Betrugs angeklagt.

Im *Angriff*, der Berliner Gauzeitung der NSDAP unter der Leitung von Joseph Goebbels, wurde diese Geschichte freudig aufgegriffen und in der Ausgabe vom 12. Dezember 1931 in einem Nebensatz auf die jüdische Abstammung Hanussens angespielt. Dieser erkannte sofort die Gefahr und brachte Helldorf dazu, bei Goebbels zu intervenieren. Die Zeitung veröffentlichte daraufhin eine Gegendarstellung, und Goebbels' Argwohn schlug in Hass um.

Die Spitze der SA stand tief in Hanussens Schuld. Geld, Frauen, Orgien, wenn gewünscht auch mit Knaben, Autos, seine Wohnung, schmeichlerische Berichte in seiner Zeitung – der Hellseher stellte zur Verfügung, was gewünscht war. Er kannte die Untiefen in der Moral der neuen Mächtigen und spielte ein gefährliches Spiel.

Nach außen hin wuchs sein Ansehen weiter. Vor einem Autorennen auf der Avus 1932 sagte der den Tod des Fürsten Lobkowitz voraus. Im März nahm er bei Columbia die erste „Hellsehende Schallplatte" auf und bei seinen umjubelten Auftritten in der Scala wurde er gefeiert.

Nun schlug Juhn erneut zu. Gemeinsam mit dem Chefredakteur der Zeitung *Berlin am Morgen* begann er zu recherchieren. Am 25. Mai 1932 erschien ein Artikel mit dem Titel *Ein Scharlatan erobert Berlin.* Hanussen wurde darin als Schwindler, Betrüger, und Scharlatan verunglimpft. Nach diesem ersten Streich folgte eine Artikelserie. Eine eidesstattliche Erklärung Erich Juhns bekräftigte die Authentizität der Aufdeckungen des Blattes.

Hanussen seinerseits wusste, dass eine Klage mit folgendem Schauprozess nur im Sinne des Gegners ausgehen konnte, daher hielt er am Anfang still. Schließlich folgten mehrere Klagen gegen *Berlin am Morgen* und *Welt am Abend.* Als er bei Gericht seinen Pass auf Verlangen des Vorsitzenden vorzeigte, war der dort eingetragene Name „Hermann Steinschneider", Wasser auf die Mühlen seiner Gegner.

Auf Anraten seiner Anwälte erwirkte er zwei Verfügungen gegen die Zeitung *Berlin am Morgen.* Erstens wurde die Behauptung, dass Hanussen ein Hellseher-Schwindler sei, verboten. Die zweite Verfügung betraf die Behauptung, Hanussen sei der Neffe des Rabbiners Daniel Possnitz aus dem Ghetto von Preßburg. Die Antwort folgte prompt. Es war ein Dokument aufgetaucht, dass die dritte Eheschließung von Hermann Steinschneider am 1. Januar 1928 im Tempel zu Rumburg von Rabbiner Ignatz Popper nach jüdischem Ritus stattgefunden hatte.

Die Redakteure verfassten als Antwort eine Denkschrift unter dem Titel *Wider den Hellsehschwindel, der Fall des Hellsehers Herschmann Steinschneider, genannt Erik Jan Hanussen.* Die belastenden Originaldokumente wurden bei der 21. Zivilkammer des Landesgerichts I hinterlegt.

Hanussen erkannte immer noch nicht die Gefahr, in der er schwebte. Im Westen Berlins, in der Lietzenburger Straße 16, mietete er eine Etage und schuf seinen „Palast des Okkultismus", um sich selbst zu inszenieren. Die Ausstattung bestand aus einer Glas- und Stahlkonstruktion mit geschickten Lichteffekten.

In seinem Sprechzimmer stand ein monströser Schreibtisch auf einem Podium, den man durch mehrere Stufen erreichte. Die Besucher saßen auf der unteren Ebene und mussten so zu ihm emporblicken. Es gab eine runde Bar aus Glas mit Tierkreiszeichen, die von innen beleuchtet wurde. An der Decke fanden sich fluoreszierende Sterne, in den Räumen standen Käfige mit exotischen Vögeln, Terrarien mit Schlangen und Aquarien. Im okkulten Interieur versteckten sich Abhörvorrichtungen und alles, was die moderne Technik zu bieten hatte.

An der Seite der Mächtigen

Am 30. Januar 1933 wurde Adolf Hitler (1889–1945) als deutscher Reichskanzler vereidigt.

Ob Hanussen mit Hitler persönlich zusammentraf, ist nicht bestätigt, aber doch sehr wahrscheinlich. Gerüchten zufolge, soll er ihn auf Vermittlung von Helldorf mehrmals im Hotel Kaiserhof, seinem damaligen Hauptquartier, besucht haben. Jetzt, da Hitler offiziell an der Macht war, fühlte Hanussen sich stark. Er hatte sich für die „richtige" Seite entschieden.

Max Moecke wurde ins Romanische Café gebeten. Hanussen erwartete ihn dort mit einem Trupp von SA-Männern. Der Konkurrent wurde gestellt und mit der Peitsche geschlagen, anschließend nötigte man ihn, auf einen der Tische zu klettern, wie ein Hahn zu krähen und anschließend die Hand zum Hitlergruß zu erheben. Der Widersacher war gedemütigt.

Um den Gerüchten und Zeitungsartikeln vorzubeugen, versuchte Hanussen gefälschte Papiere zu organisieren, die beglaubigten, dass er als Sohn arischer Eltern geboren wurde und erst später von Juden adoptiert und aufgezogen wurde. Als dies nicht klappte, bereitete er seine Konvertierung und Taufe vor, die im Februar 1933 vollzogen wurde. Nun konnte er auch Mitglied der NSDAP werden.

Die glanzvolle Eröffnung seines „Palasts des Okkultismus" fand am 26. Februar statt. Unter den Gästen waren bekannte Schauspielerinnen, Filmleute, prominente Geschäftsleute, Journalisten und

SA-Offiziere. Bewundert und gefeiert war er auf einem neuen Gipfel angelangt.

Hanussen trat in die Mitte der Zauberbar, beleuchtet von ausgeklügelten Lichteffekten. Er versetzte sich in Trance und beantwortete die gestellten Fragen mit verbundenen Augen. Graf Helldorf, der mit seinem Adjutanten Ohst erschienen war, überreichte ihm seinen Zettel. Hanussen stand auf und begann zu sprechen:

> *„Ich sehe Flammen. Es brennt. Eine furchtbare Feuersbrunst ist ausgebrochen. Verbrecher haben Feuer gelegt. Sie wollen Deutschland im letzten Augenblick in ein Chaos stürzen. Sie zünden etwas an, ein großes öffentliches Gebäude. Man muss zupacken, um das Gewürm zu vertilgen. Sie wollen den Sieg Hitlers verhindern. Nur die eiserne Faust des erwachenden Deutschland kann Chaos und Bürgerkrieg bannen. Wer Hitler in den Arm fällt, hilft dem Bolschewismus."*

In der Nacht auf den 28. Februar 1933 brannte der Reichstag in Berlin. Hanussen hatte es vorausgesehen. Doch es gab Gerüchte, dass der Brandstifter Marinus van der Lubbe vorher Kontakt zu Hanussen aufgenommen hatte und dieser an der Brandstiftung nicht unbeteiligt war.

Van der Lubbe stand den Kommunisten nahe und dies nahm Hitler zum Anlass, um den Kampf gegen Kommunisten und Sozialdemokraten auszurufen. Die *Verordnung zum Schutz von Volk und Staat* wurde vom Kabinett beschlossen und Hanussen jubelte. Eines seiner größten Probleme hatte sich mit einem gewaltigen, blutigen Schlag erledigt. Mit dem Verbot und der Internierung der Kommunisten und der Einstellung deren Zeitungen war auch die Hetzkampagne gegen ihn zu Ende. Der „Hitler-Hellseher", der „Prophet des Dritten Reiches" hatte gesiegt.

Hanussen intervenierte gegen die Schließung des *12 Uhr Blattes,* in dessen Druckerei auch seine Zeitung gedruckt wurde. Karl Vetter, der Leiter des Verlagshauses Rudolf-Mosse, wurde bei ihm vorstellig, um ihn um Hilfe zu bitten. Die Zeitungen *Berliner Tagblatt* und *Weltblatt* wurden daraufhin nicht geschlossen und Friedrich Wilhelm Ohst wurde der neue Chefredakteur. Eine Position, die eigentlich Hanussen für sich beanspruchen wollte. Mit seinen Forderungen wurde er Vetter und Ohst lästig und man beschloss, ihn sich vom Hals zu schaffen.

Das brutale Ende

Am 24. März 1933 wurde Erik Jan Hanussen von der SA in seiner Wohnung abgeholt und in die Kaserne in der General-Pape-Straße gebracht. Auf Befehl von SA-Führer Karl Ernst (1904–1934) wurde er von SA-Obersturmbannführer Rudolf Steinle erschossen, was dieser in einem Geheimschreiben vom 25. Juli 1933 gesteht.

Die Leiche Hanussens wurde am Freitag, den 7. April 1933 in einer Tannenschonung an der Landstraße von Baruth gefunden. Das Gesicht des Hellsehers war durch Wildfraß völlig unkenntlich. Die Untersuchung der Leiche ergab, dass er bereits zehn bis 14 Tage tot war. Er war mit einem großkalibrigen Revolver erschossen worden. Es gab keine Kampf- oder Abwehrspuren.

Bei seiner Beerdigung stand nur seine ehemalige Ehefrau Fritzi an seinem Grab. Er hatte sie verlassen, als sein letzter Aufstieg begann.

Die Ermittlungen im Mordfall Steinschneider wurden eingestellt, weil es keine Anhaltspunkte zur Ausforschung des Täters gab. Friedrich Wilhelm Ohst wurde später verhaftet und verschwand spurlos. Genauso wie die Schuldscheine der SA-Führung, die Hanussen stets bei sich getragen hatte.

Am 29. Juni 1933 fand eine Gläubigerversammlung statt, die Forderungen beliefen sich auf 142.536 Mark. Die Gläubiger pfändeten die Autos, die Yacht und seine Wohnung.

Literatur

Die Seher und Orakelstätten Griechenlands

Minois, Georges: Die Geschichte der Prophezeiungen. Albatros Verlag 2002.

Bauer, Wolfgang; Zerling, Clemens: Lexikon der Orakel. Atmosphären Verlag 2004.

Vandenberg, Philipp: Das Geheimnis der Orakel. Archäologen entschlüsseln. Tosa Verlag 2004.

Kloft, Hans: Mysterienkulte der Antike. Götter, Menschen, Rituale. C.H. Beck'sche Verlagsbuchhandlung 1999.

Dosedla, Heinrich C.: Orakel Seher Visionäre. Weltuntergänge von der Sintflut bis 2012. Molden Verlag 2010.

Sibyllen, Auguren und Haruspices/Rom

Preller, Ludwig: Römische Mythologie. Phaidon Verlag 1997.

Gardner, Jane F.: Römische Mythen. Reclam 1994.

Minois, Georges: Die Geschichte der Prophezeiungen. Albatros Verlag 2002.

Bauer, Wolfgang; Zerling, Clemens: Lexikon der Orakel. Atmosphären Verlag 2004.

Fiebag, Peter; Gruber, Elmar; Holbe, Rainer: Mysterien des Altertums. Heilige Stätten, versunkene Länder, geheimnisvolle Legenden. Knaur 2002.

Vandenberg, Philipp: Das Geheimnis der Orakel. Archäologen entschlüsseln. Tosa Verlag 2004.

Dosedla, Heinrich C.: Orakel Seher Visionäre. Weltuntergänge von der Sintflut bis 2012. Molden Verlag 2010.

www.imperiumromanum.com

www.imperium-romanum.info.com

Biblische Propheten

Die Bibel

Dosedla, Heinrich C.: Orakel Seher Visionäre. Weltuntergänge von der Sintflut bis 2012. Molden Verlag 2010.

Minois, Georges: Die Geschichte der Prophezeiungen. Albatros Verlag 2002.

Bauer, Wolfgang; Zerling, Clemens: Lexikon der Orakel. Atmosphären Verlag 2004.

www.ekd.de/propheten/42501.html

www.bibelgesellschaft.at

www.uibk.ac.at/theol/leseraum/bibel/

Apollonius von Tyana

Bock, Emil: Die drei Jahre. Beiträge zur Geistesgeschichte der Menschheit. Verlag Freies Geistesleben & Urachhaus GmbH 2009.

Koskenniemi, Erkki: Apollonius von Tyana in der neutestamentlichen Exegese. Mohr Siebeck 1994.

Bauer, Wolfgang; Zerling, Clemens: Lexikon der Orakel. Atmosphären Verlag 2004.

Grimm, Günter: Heroen, Götter, Scharlatane. Heilserwartungen und Heilsbringer der Antike. Verlag Philipp von Zabern 2008.

Eisenhauer, Gregor: Scharlatane. Zehn Fallstudien. Eichborn Verlag 1994.

www.alchemylab.com/apollonius.htm

Hildegard von Bingen

Diers, Michaela: Hildegard von Bingen. dtv 1998.

Beuys, Barbara: Denn ich bin krank vor Liebe. Das Leben der Hildegard von Bingen. Insel Taschenbuch 2009.

Feldmann, Christian: Hildegard von Bingen. Nonne und Genie. Verlag Herder 2008.

www.heiligenlexikon.de/BiographienH/Hildegard_von_Bingen.html

Mother Shipton

Araujo, Fabio R. de: Mother Shipton: Secrets, Lies, and Prophecies. IAP 2009.

www.mothershiptonscave.com/mother_shipton.htm

www.mysterousbritain.co.uk/okkult/mother-shipton.htm

www.crystallinks.com/mother_shipton.htm

http://shinx-suche.de/hexerei1/shipton.htm

Nostradamus

Scheck, Frank Rainer: Nostradamus. dtv 1999.

Ernst, Ernst R.: Nostradamus. Astrologe, Magier, Wunderheiler. Der Prophet der Apokalypse. Wilhelm Heyne Verlag 1986.

Dimde, Manfred: Nostradamus. Das Handbuch des Weltschicksals. Das Geheimnis der Zyklen in der Prophetie des großen Sehers. Droemersche Verlagsanstalt 2003.

Ovason, David: Das letzte Geheimnis des Nostradamus. Die Entschlüsselung der Geheimsprache des Meisters durch die moderne Wissenschaft. Wilhelm Heyne Verlag 1997.

Alessandro Graf von Cagliostro

Freller, Thomas: Magier, Fälscher, Abenteurer (Cagliostro, Vella, Saint-Germain). Artemis & Winkler Verlag 2006.

McCalman, Iain: Der letzte Alchemist. Die Geschichte des Grafen Cagliostro. Insel Verlag 2004.

Kiefer, Klaus H. (Hrsg.): Cagliostro. Dokumente zu Aufklärung und Okkultismus. Gustav Kiepenheuer Verlag 1991.

Militz, Philip: Freimaurer in 60 Minuten. Thiele Verlag 2010.

Marie Anne Adélaide Lenormand

Dimitriadis, Dicta: Marie-Anne Lenormand. Portrait einer berühmten Seherin. Cascada Verlag 2006.

Minois, Georges: Die Geschichte der Prophezeiungen. Albatros Verlag 2002.

Bauer, Wolfgang; Zerling, Clemens: Lexikon der Orakel. Atmosphären Verlag 2004.

www.tarotwelten.de/tapers2.htm

Helena Petrovna Blavatsky

Wehr, Gerhard: Helena Petrowna Blavatsky. Eine moderne Sphinx. Pforte Verlag 2005.

Botheroyd, Sylvia: Helena P. Blavatsky. Eine Einführung in ihr Leben und Werk. Aquamarin Verlag 2006.

Eisenhauer, Gregor: Scharlatane. Zehn Fallstudien. Eichborn Verlag 1994.

Tingley, Katherine: Helena Petrowna Blavatsky. Ein Genius verändert die Welt. Verlag Esoterische Philosophie 1992.

www.geheimlehre.de

Aleister Crowley

Bouchet, Christian: Aleister Crowley. Das Leben eines modernen Magiers. Urania Verlags AG.

Crowley, Aleister: Liber Aleph Vel CXI. The Book of Wisdom or Folly, in the Form an Epistle of 666, the Great Wild Beast to His Son 777, Being the Equinox. Red Wheel/Weiser 1991.

Crowley, Aleister: Confessions, Band 2. Die Bekenntnisse des Aleister Crowley. Kersken-Canbaz-Verlag 1993.

Crowley, Aleister: Magick without Tears. Magick im Alltag lernen, Band 1. Kersken-Canbaz-Verlag.

Frater V.D.: Sexualmagie. Freisetzung und gezielte Anwendung der Kräfte des Eros. Ansata Verlag 2008.

Pasi, Marco: Aleister Crowley und die Versuchung der Politik. Ares Verlag 2006.

Edgar Cayce

Bro, Harmon H.: Edgar Cayce. Seher, Heiler, Mystiker an der Schwelle des neuen Zeitalters. Ariston Verlag 1992.

Gammon, Margaret H.: Astrologie ohne Geheimnisse. Die esoterische Astrologie nach den „Readings" des berühmten amerikanischen Trance-Mediums Edgar Cayce. Arcturus-Verlag 2001.

Griesbeck, Robert: Die großen Seher. Ihre unglaublichen Prophezeiungen zur Jahrtausendwende. Realis Verlag 1994.

www.cayce-portal.de

www.edgarcayce.org/edgar-cayce1.html

Erik Jan Hanussen

Frei, Bruno: Der Hellseher. Leben und Sterben des Erik Jan Hanussen. Prometh-Verlag 1980.

Gugenberger, Eduard: Hitlers Visionäre. Die okkulten Wegbereiter des Dritten Reiches. Ueberreuter Verlag 2001.

Eisenhauer, Gregor: Scharlatane. Zehn Fallstudien. Eichborn Verlag 1994.

Hanussen, Erik Jan: Meine Lebenslinie. Wunderkammer Verlag 2009.

Kugel, Wilfried: Hanussen. Die wahre Geschichte des Hermann Steinschneider. Grupello Verlag 1998.

KULTURGESCHICHTE

K&S

Streifzüge durch die Welt der Astronomie vom Altertum bis heute

Christian Pinter

Helden des Himmels

224 Seiten
Format 16 x 24 cm
Hardcover mit Schutzumschlag

ISBN 978-3-218-00794-8
K&S

Christian Pinter lässt die großen Momente der Astronomie Revue passieren. Etwa, wie eine Mondfinsternis Kolumbus das Leben rettete und ihn in seinem Irrglauben bestärkte, Indien erreicht zu haben. Oder wie eine Wette in einem Londoner Wirtshaus Isaac Newton veranlasste, gleich eine ganz neue Physik zu entwickeln.

Vor 400 Jahren hat Johannes Kepler seine beiden ersten Planetengesetze formuliert. Und im selben Jahr begann Galileo Galilei, mit seinen Fernrohrbeobachtungen das damals gültige Weltbild zu erschüttern.

Das Buch erzählt von den Geschichten, mit denen die Menschen die Himmelslichter umrankten – vor allem aber die Geschichten jener, die den Aufbau des Alls ergründeten.